파리에서 둔황까지

폴 펠리오 지음
박세욱 편·역주

파리에서 둔황까지

초판 1쇄 인쇄 2021년 6월 10일
초판 1쇄 발행 2021년 6월 21일

지은이 폴 펠리오
옮긴이 박세욱
펴낸이 이대현
편 집 이태곤 권분옥 문선희 임애정 강윤경
디자인 안혜진 최선주 이경진 ㅣ **기획마케팅** 박태훈 안현진
펴낸곳 도서출판 역락 ㅣ **등록** 1999년 4월 19일 제303-2002-000014호
주 소 서울시 서초구 동광로46길 6-6(반포4동 577-25) 문창빌딩 2층(우06589)
전 화 02-3409-2060(편집부), 2058(영업부) ㅣ **팩시밀리** 02-3409-2059
이메일 youkrack@hanmail.net
역락홈페이지 www.youkrackbooks.com

ISBN 979-11-6742-033-6 03910

파리에서
둔황까지

De Paris à Dunhuang

폴 펠리오 지음

박세욱 편·역주

역락

스타인(A. Stein), 『세린디아(Serindia)』, 제2책, 사진 191, 동쪽으로 흐르는 물줄기 건너편에서 바라본 둔황의 '천불동 석실' 파노라마.

『둔황 석굴(Les grottes de Touen-Houang)』 제2책, 54호 석실 입구에서 왼쪽 감실의 조상 사진
XCVII

▌『둔황 석굴(Les grottes de Touen-Houang)』 제5책, 139호 석실 외부, 사진 CCC

역자의 말

본 역서는 폴 펠리오가 중앙아시아에서 둔황의 문서를 발견하기까지의 경위와 발굴한 자료들의 중요한 의미를 파악하기 위해 구성했다.

폴 펠리오는 유럽의 다른 동양학자들과는 달리 특기할 만한 대중적 강의가 없다. 서평이나 주고받은 서신조차도 모두 전문 학술적 내용을 담고 있을 뿐만 아니라, 범위와 대상 역시 '동양' 세계를 모두 아우르고 있어, 글 제목도 파악하지 못하는 경우가 허다하다. 게다가 그의 연구 작업도 번역되어 소개된 경우가 거의 없다. 이러한 점이 펠리오 씨의 학문적 삶에 대한 일목요연한 정리를 어렵게 하고 있다.

그렇게 가치 없는 글이라는 의미가 아니라, 그의 연구 작업에 접근하기 위해서는 적어도 중국 고문을 해독할 수 있는 능력을 갖추어야 하고, 동서양으로 펼쳐진 폭넓은 학문적 지식을 요구하고 있다. 파리에서 중국으로 가는, 육로이든 바닷길이든, 여정의 모든 대상이 자신의 연구 영역이나 되는 것처럼 주제의 선택은 자유롭다. 그 과정에서 필요한 언어적 탁월함과 천재성에 탄복하지 않을 수 없다. 이러한 점들이 펠리오 연구 작업에 대한 접근을 어렵게 했다. 이제 역자는 처음으로 그의 연구성과 속으로 독자들을 끌어들이고자 한다.

　이 책이 나오기 몇 달 전, 역자는 『8세기 말 중국에서 인도로 가는 두 갈래 여정』이라는 펠리오 씨의 장편 연구성과를 역주하여 출간했다. 냉정하게 평가해보더라도, 이 책은 세계 최초로 1세기 만에 펠리오의 연구를 재탄생시킨 것, 그 자체만으로 의미가 있다. 그러나 이 육중한 글을 역주하면서, 언제나 생각했다. "이 책을 누가 볼 수 있을까?" 또는 "너무 깊게 들어가는가?" 아니면 "이 책으로 이끄는 안내서가 필요하지는 않을까?" 등등의 생각이 들었다. 전문학자가 아니라면, 들어본 적도 없는 단어, 용어, 지명, 학자들의 출현들은 분명 독서의 걸림돌이 될 것이라고. 결국, 두 편의 작업을 동시에 진행하기로 마음먹고, 먼저 『파리에서 둔황까지』를 완성했다. 당연히 『파리에서 둔황까지』를 우선 출간하려, 두 곳 출판사 문을 두드렸다. 한 곳은 심사숙고 끝에 손을 들었고, 지방의 한 곳은 원고를 고려조차 하지 않은 듯했다.

　역자는 '전문학술' 도서와 '교양' 도서로 구분하여 언급하고 싶지 않다. 인류가 가지고 있는 모든 지식에는 그 필요성이 있다. 말하자면, 전문학술과 교양의 경계가 무엇이냐는 반문이다. 분명 『8세기 말 중국에서 인도로 가는 두 갈래 여정』은 낯설고 부담스러운 점은 부인할 수 없다. 부디 『파리에서 둔황까지』가 이러한 무거움을 덜어 줄 수 있기를 바란다.

　『파리에서 둔황까지』는 동서양 문화교류, '실크로드' 또는 둔황 석굴을 한 번이라도 들어본 독자라면 이해할 수 있는 내용의 자료를 준비하였다. 어쨌거나, 적어도, 생소하지는 않으니까. 이 책은 펠리오 연구

세계의 근간을, 그의 목소리를 통해, 추적할 수 있도록 구성했다.

　발표된 연도 순서로 본다면, 「중앙아시아에 관한 몇 가지 설명」(1906), 「감숙성에서 찾은 중세 도서관」(1908), 『오뜨아지에서 보낸 3년』(1909), 「동투르키스탄 조사보고서」(1910), 『오뜨아지』(1931), 「펠리오의 학문적 삶」(1950)입니다. 그러나 내용의 시간적 흐름과 상호 연관성에 따라, 오뜨아지에서 보낸 3년, 감숙성에서 찾은 중세 도서관, 동투르키스탄 조사보고서, 중앙아시아에 관한 몇 가지 설명, 오뜨아지, 펠리오의 학문적 삶으로 그 순서를 조정했다.

　먼저 『오뜨아지에서 3년(Trois Ans dans la Haute Asie)』은 엄격히 말하자면 펠리오가 직접 쓴 것은 아니다. 펠리오가 둔황에서 돌아온 1909년 12월 10일 소르본 대학교 대강당에서 열린 콘퍼런스에서 학회 회원들과 일반인을 대상으로 발표한 내용을 기록 편집한 글이다. 이 강연록은 『프랑스 아시아위원회 회보(Bulletin du Comité de l'Asie française)』, 1910년 1월호에 실렸는데, 그것을 발췌하여 프랑스 아시아위원회에서 단행본으로 출판한 책이다. 펠리오는 프랑스 탐사대가 오뜨아지에서 3년 동안 어떻게 활동했고 어떤 성과를 냈는지, 그간의 경위를 사진 전시와 함께 보고하고 있는 현장으로 이끈다. 이 자료는 2차 연구서를 통해서가 아니라, 직접 펠리오의 목소리를 들을 수 있다는 점에서 그 의미가 있다. 1세기 만에 다시 보물을 들고 개선하여, 펠리오 씨가 이제 우리에게 연설하고 있는 듯하다. 1세기 전, 프랑크 왕국 후예들의 무지가 재연되지 않기를 바란다. 여기 '오뜨아지'란 표현은 몽골지역과 쿤룬산맥 북부의 중앙아시아 전역을 지칭한다. 중국에서는 '신장지역'으로 번역하곤 하는데, 대응하는 영역이 맞아떨어지지 않는다. 따라서 여기서는 펠리오 씨의 용어를 그대로 사용한다.

　두 번째 자료는 「감숙성에서 찾은 중세의 도서관(Une bibliothèque médiévale retrouvée au Kan-sou)」란 제목으로 『극동프랑스학교 학보(Bulletin de l'École française d'Extrême-Orient)』, 1908년(제8권), 501~529쪽에 수록된 펠리오의 글이다. 당시 펠리오 탐사대의 최고 책임자였던, 아시아협회 회장 에밀 세나르(Émile Charles Marie Senart, 1847~1928) 씨에게 보냈던 일종의 보고서 형식의 서한으로, 『극동프랑스학교학보(BEFEO)』 편집자들이 최대한 원문을 살려 편집한 것이다. 이글로 볼 때, 협회 측에서는 펠리오가 이끄는 탐사대의 활동이 만족스럽지 못했다. 그들은 경쟁하는 국가에 내놓을 만한, 소위 '빛나는' 또는 '최초의' 성과를 내라는 채근이 심했다. 다시 말해, 중앙아시아를 무대로 러시아, 영국, 네덜란드, 독일, 일본이 경쟁하고 있었고, 후발주자였던 프랑스팀은 다른 나라의 탐사대가 지나간 곳만 다니는 것처럼 보였다. 그 때문인지 펠리오는 곳곳에서 탐사대가 찾은 것에 대한 의미를 구차할 정도로 역설하고 있다.

　본국 학계의 안목으로 보았을 때, 둔황 석굴의 문서들은 미지의 세계를 탐험하며, 얻어낸 화려한 '전리품'에 비하면, 그 특별한 의미와 중요성을 파악하기에는 너무 어려웠다. 보물을 들고 왔으나 보물임을 알아보지 못하는 무지한 사람들을 설득하기 위해, 펠리오 씨는 둔황에서 자신들이 무엇을 발굴했으며, 그것들이 인류사에 얼마나 소중한 '보물'인지를 조목조목 들어 설명했다.

　현장에서 쓰인 이 글은 펠리오의 중국문화와 문학에 대한 조예가 얼마나 깊었는지를 가장 잘 보여준다. 펠리오는 아우럴 스타인(영국탐사대)

보다 8년이나 늦게 둔황에 도착했지만, 그가 발굴한 자료들은 스타인이 가져간 것들과는 비교할 수도 없이 귀중하면서도 가치 있는 것들이었다. 왜냐하면, 펠리오는 여러 아시아 언어를 구사할 수 있는 능력과 중국학에 관한 폭넓은 지식을 토대로, 직접 자료들을 선별해 냈기 때문일 것이다. 그러나 안타깝게도 유럽의 동양학자들에게 둔황 자료의 중요성은 한참 뒤에나 인식되었다. 비록 소르본 대학 대강당에 많은 학자가 운집해 경청하고 있었지만, 알아듣는 사람은 드물었고, 그들은 냉담했다. 우리 또한 둔황 장경동에서 발굴된 펠리오의 문서들에 대해 그 중요성을 잘 모르고 있을뿐더러, 그 정보들도 간접적인 자료에 의한 것들이었다. 펠리오의 이 '간곡한' 서간문이 우리의 시야에서 벗어나지 않기를 바란다. 학술지에 논문형식으로 편집·수록되어 참고도나 사진이 없다. 독자의 이해를 돕고자, 다른 자료에서 몇 장 추출하여 보탰다. 그 짧은 시기, 그 열악한 조건에서 이와 같은 해제를 써낸 펠리오의 열정과 초인적인 기억력에 감탄할 수밖에 없을 것이다.

세 번째, 동투르키스탄 조사보고서(1910)는 금석문 및 문학 아카데미 (Comptes rendus des séances de l'Académie des Inscriptions et Belles-Lettres) 학기 보고서, 54년도, 1호, 1910, 58~68쪽에 수록된 글이다. 이 보고서는 앞서 본 「감숙성에서 찾은 중세의 도서관」의 내용을 일목요연하게 정리하고, 둔황의 자료가 어떤 의미가 있으며, 향후 유럽의 중국학계에 불러온 변화, 그리고 프랑스가 중국학 연구의 중심이 될 수밖에 없는 필연성을 기술하고 있다. 특히 둔황에서 북경으로 들어와 수 만권의 중국 문헌 자료를 확보해 가는 과정이 자세히 언급되어 있는데, 이러한 북경에서의 학술 활동은 이 문건에서만 볼 수 있는 내용일 것이다.

　네 번째, 중앙아시아에 관한 설명(1906)은 일종의 조사보고서로, 『BEFEO』, 1906(6), 255~269쪽에 수록되어 있다. 이 자료에서 언급한 고고학적 조사는 펠리오의 탐사대가 카슈가르에 도착하여 첫 번째 이루어낸 학술 활동이므로, 본 편역에서 첫 장에 위치해야 할 것이다. 그러나 펠리오 일행이 그곳에서 발굴한 것에는 주목할 만한 것이 사실상 없으므로, 그다지 학자들의 주목을 받지 못했고, 그만큼 소개도 많이 이루어지지 않았다. 게다가 생소한 지명과 기술들이 많이 보이기 때문에, 독서의 '편의'를 고려하여 조정했다. 이 자료는 카슈가르 북쪽에 있는 '세 석굴[三山洞]'과 테구르만(Tegurman) 유적에 관한 보고서로, 앞서 다녀간 아우럴 스타인이 언급하지 않은 곳이다. 다시 말해서, 이곳에서 발굴된 유물들은 대체로 도자기 조각들에 불과하지만, 이 글에서 다루고 있는 유적의 지리적 환경과, 구성 그리고 문화에 관한 자료로는 유일하다. 특히 중국 공주에 관한 전설을 원음 그대로 로마자로 옮기고[본서에서는 생략함] 번역하여 소개한 것은, 펠리오 씨의 학문적 자세를 잘 보여준다.

　다섯 번째 자료는 파리, 에디션 아티스티크(L'Edition artistique)에서 1931년 단행본으로 출판된 『오뜨아지(La Haute Asie)』로서 "오뜨아지에서의 탐사와 여행(Explorations et voyages dans la Haute Asie)"라는 부제목이 달린 소책자이다. 이 자료는 사실 파리에서 둔황까지라는 책의 이름에 부합하지 않고, 연대도 유난히 이후에 이루어진 문건이지만 여기에 함께 수록하는 이유는 다음과 같다.

펠리오 씨는 '오뜨아지(Haute Asie)'라는 자신만의 고유한 용어를 사용한다. 1장에서 둔황 석굴의 성과를 발표하는 자리에서도, 『오뜨아지에서 보낸 3년』이라고 언급했다. 오뜨아지란 '상부 아시아'란 의미로, 일반적으로 중앙아시아, 시베리아 그리고 히말라야 사이의 영역을 지칭한다. 따라서 티베트, 신장, 몽골지역을 포괄한다. 중국의 학자들은 '신장'으로만 번역하는데 차이가 크기 때문에 '오뜨아지'라는 명칭을 그대로 사용할 수밖에 없다. 이 지역에서 펠리오 탐사대가 이루어낸 학술 자료들은 매우 전문적이고 그 양도 상당하다. 펠리오 탐사대는 다른 나라에 비해 늦게 출발하였기 때문에 그만큼 더 많은 자료를 확보하려 했고, 그만큼 학문적 기술에서 심혈을 기울였다고 할 수 있다. 본서에서 간략하게 요약하여 가늠해볼 정도의 작업이 아니다. 그러나 이 소책자는 이러한 학술 활동의 요약집이라고 할 정도로, 오뜨아지의 전체적인 면을 잘 개괄하고 있으므로 본서에서 함께 소개한다. 에밀 가스파르돈(Emile Gaspardone, 1895~1982)의 서평에 따르면, 이 책은 마지막 시트로엥 미션(Mission Citroën)을 기획한 사람들의 요청으로 작성되었다. 오뜨아지의 지리적 설명을 시작으로, 오뜨아지의 기원부터 오늘날까지의 역사를 다루고 있는데, 말하자면 오뜨아지의 약사(略史)인 셈이다. 게다가 그 지역 민족들에 대한 엄격한 기술을 보탰고, 그 문화 속에서 오뜨아지의 정치적, 종교적 역할을 다뤘다. 말하자면, 오뜨아지에 관해 종합적인 개술로서는 이만큼 정확하고 간략한 책은 없다고 해도 과언이 아니다. 게다가 매우 희귀한 자료라는 측면도 간과할 수 없다. 특히 이 소책자는 이처럼 오뜨아지의 역사, 문화, 종교, 언어를 개괄하고 있을 뿐만 아니라, 향후 사후 유작으로 출간된 『몽골비사』를 요약하고 있다는 점에서 유용하며, 특히 칭기즈칸의 삶을 소개하는 부분은 매우 인상적이다.

옛 중국 문인들처럼 『연보』 같은 것이 있으면 삶을 조감하기 수월하련만. 앞서 언급했듯이 펠리오의 학문적 열정과 활동을 전체적으로 개괄해 내기는 쉽지 않다. 이 난관을 풀어보기 위해 동시대 학자의 힘을 빌려보고자 마지막 장을 구성했다. 동시대의 인도학자 루이 레누(Louis Renou, 1896~1966)의 「아카데미 임원인 폴 펠리오의 삶과 작업에 관한 기술(Notice sur la vie et les travaux de M. Paul Pelliot, membre de l'Académie)」이란 글이다. 추모 성격의 이 글은 『금석문 및 문학의 아카데미 학기 말 보고서(Comptes rendus des séances de l'Académie des Inscriptions et Belles-Lettres)』, 제94회(2호, 1950), 130~144쪽에 실렸다. 펠리오의 전체적인 학문 활동을 학계와의 관계성, 연구의 의미 등을 고려하여 균형 있게 잘 개술하고 있다.

펠리오 씨는 자신의 어학 능력과 중국문화에 대한 해박한 지식을 갖추고 있었을 뿐만 아니라, 탐사에 앞서 철저한 사전준비와 선행 연구를 빠짐없이 검토했던 것으로 보인다. 그래서 그의 글에는 많은 서구의 동양학자들이 등장하는데, 우리에게는 대부분 생소한 학자들이다. 펠리오 씨의 연구 세계를 더욱 정확하게 이해하도록, 가능한 논의에서 벗어나지 않도록 유념하면서, 이들에 대한 활동 정보를 담은 각주를 붙였다. 2장과 6장에는 사진이나 참고도가 수록되지 않았다. 독자들의 이해를 돕기 위해 펠리오 탐사대가 촬영한 것을 중심으로 몇 장의 참고 사진을 실었다.

우리는 '실크로드'라고 하면 연상되는 단어는 둔황이고, 둔황하면 법현, 현장, 혜초 같은 구법승을 떠올리며, 혜초라고 하면 바로 『왕오천축국전』을 알아본 폴 펠리오를 자연스럽게 떠올린다. 그런데도 폴 펠리오에 관한 책들은 우리나라에 한 권도 소개되지 않았다. 우리에게도 20세기 서방 탐험가들의 여행기록이 상당수 소개되었고, 나아가 직접 실크로드를 탐방하며 쓴 여행기도 속속 출간되고 있다. 그런데도 20세기 초의 탐사기록과 그들이 남긴 흑백 사진들은 여전히 유효하다. 게다가 우리는 펠리오 자신의 목소리는 한 번도 들어보지 못했다. 혁혁하고 흥미진진한 모험담에 이끌리다 보면 정작 그 중요한 의미를 간과하기에 십상이다. 표의문자를 몰랐던 사람들에게 한자는 정말 불가사의한 글자였겠지만, 한자문화권에 사는 우리에게는 별다른 것이 없다. 저들이 중요하다고 하여 우리에게도 유의미한 것은 아니다. 우리나라 국립박물관에도 '오오타니 컬렉션'이란 둔황과 중앙아시아의 유물이 소장되어있다. 작은 '편린'이라 할지라도 그것은 전체를 구성하는 것이었으므로, 우리와의 관계성을 찾아가야 한다. 역자는 본 역서가 그러한 질문의 출발선에 서 있기를 바란다.

마지막으로 '길 위에서 방황하는' 인문학을 위해 이 책을 선택해준 출판사의 혜안에 감사드린다. 한두 차례 '손절'을 받고 나니 더욱 고맙다.

메토도스 인문과학연구소에서, 2021년 4월 15일 씀.

차례

TROIS ANS
DANS LA HAUTE ASIE

CONFÉRENCE DE M. PAUL PELLIOT

AU GRAND AMPHITHÉATRE DE LA SORBONNE

LE 10 DÉCEMBRE 1909

EXTRAIT DU « BULLETIN DU COMITÉ DE L'ASIE FRANÇAISE » (JANVIER 1910)

PARIS

COMITÉ DE L'ASIE FRANÇAISE

19-21, RUE CASSETTE 19-21

—

1910

▌『오뜨아지에서 보낸 3년』, 1909년 12월 10일 소르본 대학 대강당에서 행한 펠리오의 콘퍼런스, 『프랑스 아시아협회 회보』에서 발췌(1910년 1월), 파리, 프랑스 아시아협회, 19-24, 까세트 (Cassette) 길 19-21, 1910

Nº 29. — Paul Pelliot, en 1916.

No 29. 폴 펠리오, 1916년

오뜨아지에서 보낸 3년

1909년 12월 10일
소르본 대학 대강당에서 행한 펠리오의 콘퍼런스

1909년 12월 10일 폴 펠리오 씨는 프랑스 아시아 위원회(Comité de l'Asie française)[1]와 지리학회(Société de géographie)[2]의 초청을 받았다. 넓은 강당에 4천여 명의 회원들이 자리를 가득 메웠다. 이 모임은 에밀

---

1 프랑스 아시아 위원회(Comité de l'Asie française): 프랑스 국회 식민 분과 위원장 유젠느 에티엔느(Eugène Étienne, 1844~1921)의 주재로 중국에서 수행해야 할 일이나 인도차이나에서의 체계적인 조직 활동, 중동 즉 페르시아의 경제 발전, 오세아니안 문제를 논의하기 위해 구성된 위원회이다. 1901년 4월부터 월간 회보인 프랑스 아시아위원회 회보(Bulletin du Comité de l'Asie française)를 1940년까지 발행했다.
2 지리학회(Société de géographie): 다른 학회와 혼동하지 않도록 '파리 지리학회'라고 한다. 프랑스 지리학자 장 니콜라 보아슈(Jean-Nicolas Buache, 1741~1825)의 주도로 1821년 7월 19일 첫 모임을 하고 그해 12월 15일 파리 시청에서 공식적으로 출발한 학회로 세계에 가장 오래된 지리학회로 현재까지 이르고 있다. 지리학적 탐사와 연구를 중심으로 프랑스 지리학의 명성을 세계에 알리는 데 이바지했다. 초대 회장은 라플라스(Pierre-Simon de Laplace, 1749~1827)가 맡았고, 이 콘퍼런스가 열리고 있을 때는 르 미르 드 빌레(Charles Marie Le Myre de Vilers, 1833~1918)가 1906년부터 회장을 맡고 있었다. 정기 간행물로는 지리학회 학보(Bulletin de la Société de géographie)가 1822~1899년까지 월간 발행되었고, 1900년부터는 『지리학, 지리학회보(La Géographie, bulletin de la Société de géographie)』로 1939년까지 월간 발행되었으며, 전후 1947년부터는 『Acta Geographica』로 2001년까지 계간으로 발행되었다. 2001~2007년까지는 『La Géographie』으로 발간되었고 2007년부터는 컬러판으로 간행되었다. 2008년 3월부터는 『지리학회 회원 사이의 학보(Bulletin de liaison des membres de la Société de géographie)』(1528호)로 이어지고 있다.

세나르(Émile Senart)[3] 씨와 지리학회 회장인 롤랑 보나파르트(Roland Bonaparte) 왕의 주도 아래 이루어졌다. 이들의 옆으로 여러 주빈이 자리했다. 고등교육부 수장이자 공교육 장관 대리 바이에(Charles Bayet) 씨는 참석하기로 해 놓고 오지 못한 장관을 대신하여 거듭 사과를 했다. 금석문 및 문학 아카데미(Académie des Inscriptions et Belles-Lettre)의 종신 서기인 페로(Perrot) 씨, 과학 아카데미(Académie des Sciences)의 종신 서기인 다르부(Darboux) 씨, 마담 마씨유(Massieu), 에띠엔느(Etienne) 씨, 귀랭(Guillain) 씨, 르봉(Lebon) 장군, 파리 공의회(Conseil municipal de Paris) 회장, 외무부와 식민국의 장관 대리들, 상업 지리학회(Société de Géographie commerciale) 회장인 르그랑(Legrand) 씨, 과학발전협회(Association pour l'avancement des sciences) 회장 가리엘(Gariel) 씨, 릴 지리학회(Société de Géographie de Lille)의 그레피(Crépy) 씨, 르 미르 드 빌레(Le Myre de Vilers) 씨가 참석했다. 국방부 장관이 참석했고, 콘퍼런스 중간에 식민부 장관(Ministre de les Colonies)인 트루이오(Trouillot) 씨가 와서 회장석 옆에 앉았다.

또한, 의사 바이앙(Vaillant)과 누에뜨(Nouette) 씨도 주빈석에 앉았다. 이들은 펠리오 씨의 탐사를 성공적으로 보좌하여 영광을 함께 하기 위함이었다.

---

3 에밀 세나르(Émile Charles Marie Senart, 1847~1928): 프랑스 인도학자. 많은 묘지명뿐만 아니라, 불교, 힌두교, 특히 우파니샤드(Upaniṣad)의 자료들을 불어로 번역했다. 콜레주 드 프랑스에서 펠리오의 지도교수로 있었다. 1882년 금석문 및 문학 아카데미 회원으로, 1908년부터 1928년까지 아시아협회(Société asiatique)를 이끌었고, 1920년에는 프랑스 동방 우정 협회(l'Association française des amis de l'Orient)의 설립자이기도 하다.

콘퍼런스를 시작하면서 에밀 세나르씨는 다음과 같이 개회사를 했다.

신사 숙녀 여러분!

책 속에만 갇히지 않았던 학문은 직접 옛날 유적으로 접근하는 방식에 익숙해졌고, 그것들의 비밀을 밝히고 문헌적 전승이 언제나 너무 조금씩 입맛에 따라 나눠주는 정보들을 찾으려 애쓴 이래로, 우리는 성공적으로 무관심에서 벗어나, 모호한 불확실성 속에서 잃었던 것으로 보였던 우리 지구의 한 모퉁이에 새 생명을 불어넣는 것을 보아왔습니다. 동투르키스탄은 밤과 침묵으로부터 '살아남은' 최후의 것입니다.

얼마 전까지만 해도 그곳은 접근할 수 없는, 체류하는 것만으로도 여행자의 삶을 유명하게 하는 것으로 간주하였던 곳입니다. 중앙아시아는 중앙아프리카보다 절대 오래되지 않았거나, 덜 신비로운 곳이 결코 아니었습니다. 러시아 군대가 마침내 접근하는 방법을 찾아냈습니다. 지리적 발견과 고고학적 발굴이 그로부터 따라 나왔습니다. 그것들은 거의 비슷한 행보를 유지했고, 종종 한 사람의 손에서 나온 것처럼 보일 정도로 일관적이었습니다.

우리는 서로 가장 생생한 흥밋거리에 이끌렸습니다.

한편으로, 아시아 대륙이라는 이 심장을 탐사하고, 해발고도뿐만 아니라 모든 면에서 매우 특이하고 거대한 이 분지의 지리 구조와 기상 상황을 규정하는 것은 중요합니다. 다른 한편으로, 민족성이라든가 중앙집권화된 지배를 구성해내지는 못했을지라도, 수 세기 동안 서방과 원동(遠東) 사이에 있었던 육로를 통한 모든 관계에 있어 하나의 길목으로 작용한 나라를 재발견하는 것과 관계됩니다. 그 길을 통해 고대 세계와 기독교 세계로부터의 영향이 스며들었고, 그 길에서 스키타이에서 몽골까지 서방으로 덤벼든 정복 유목민들이 끊임없이 이어졌고 서로 충돌했습니다. 그 길에서 쉼 없이, 파미르와 카라코람(Karakorum)산맥의 협로들은 상업 활동과 북쪽과 중국으로 향하는 인도의 종교 활동을 순환시켰으며, 거꾸로 인도의 요람과 성지를 향한 중국인들의 순례가 이뤄졌습니다.

사막의 모래는 더할 나위 없는 최고의 보존자였습니다. 말하자면 이러한 문명과 알려지지 않은 것들, 그리고 사라진 유구한 역사가 얼마나 많이 그 소중한 흔적들을 보관하지 않을 수 있겠습니까? 이것이 바로 첫 번째 시도가 입증해 주는 것입니다. 세기말부터 이러한 시도들은 중앙아시아와 극동 탐사를 위한 국제협회를 탄생시킬 정도로 호기심과 보편적 바람을 일깨웠습니다.

아! 의지와 자료 면에서 더 왕성했던 프랑스 지부는 학문적 대국들의 열렬한 경쟁심을 자극하는 연구들 속에서 그만한 몫을 확보해 줄 것을 고대해왔습니다. 오랜 기다림 끝에, 프랑스 지부는 동방에 대한 열정, 지식, 교양, 경험에서 명실상부한 폴 펠리오를 발탁했고, 그에게 과업을 부여했습니다.

그의 시도는 소중하고 강력한 힘들을 한곳으로 모으는 행운을 얻었습니다. 첫날부터 프랑스 아시아위원회와 지리학회는 이러한 시도에 열렬한 관심을 보였습니다. 프랑스의 학문과 국익을 위해 복무하려는 우호적 동료 의식으로 똘똘 뭉쳐, 우리 두 협회는 오늘 이 모임을 마련하여 참석한 여러분께 얻은 성과를 헌정하고자 합니다. 우선으로, 다양한 방면에서 꾸준한 열정으로 탐사에 이바지하여, 대중들에게 알릴 만한 분들을 여러분께 상기시켜 드리고

자 합니다.

　무엇보다도 정부의 관대한 장려는 요긴하게 과업에 도움이 되었습니다. 저는 직접 교육부 장관님께 감사를 드리고자 합니다. 갑자기 몸이 좋지 않아 이 마지막 순간을 함께하지 못했습니다. 너무나도 안타깝지만, 우리의 의도에 흔쾌히 동의해 주신 고등교육부 국장께서 대신 참석해 주신 것만으로 만족합니다. 외교부 장관님께서는 그저께 아시아위원회가 조사팀을 위해 마련한 격의 없는 첫 번째 모임에 참석해 주시어 무한한 영광으로 생각합니다. 식민부 장관님은 직접 우리와 함께하라는 뜻으로 대표를 보내 참석하게 하셨고, 국방부 장관님도 대표를 보내 호의적인 메시지를 전해 주셨습니다. 정부의 대표단을 비롯하여 베누와 가르니에(Benoît Garnier)[4] 재단 덕분에, 극동학교의 젊은 수장에게 너무나 소중했던 도움을 줄 수 있었던 금석문 및 문학 아카데미의 대표들에게 감사의 인사를 올립니다. 그리고 과학 아카데미와 박물관의 협력을 통해 탐사에서 자연과학에 걸맞은 자리를 얻을 수 있었습니다. 파리와 릴(Lille)의 상업 지리 학회, 과학진흥협회의 회장님 등등 모두 잊을 수가 없습니다. 더는 여러분을 기다리게 하고 싶지 않습니다.

　솔직히 소개하는 사람으로서의 제 임무를 엄격하게 지키기 참 어렵습니다. 얼마나 펠레오 씨와 그의 헌신적인 동료들인 바이앙 박사(Dr. Vaillant)와 누에뜨(Nouette) 씨에게, 더욱 학술적인 준비와

4　베누와 가르니에(Benoît Garnier, 1822~1883): 프랑스 중부 쌩 시프리앙(Saint-Cyprien) 출신의 외교관으로, 1879년 바타비아(Batavia), 1882년 캘커타의 총영사를 지냈다. 금석문 아카데미에 많은 재산과 도서를 기증하여, 그의 유언에 따라 아프리카와 아시아의 학술 조사를 후원하는 재단이 설립되었다(1883년 4월 11일). 마다가스카르섬의 한 식물에는 그의 이름이 붙여지기도 했다[Gladiolus garnieri].

더욱 용감한 성의로 위대한 과업을 완성해 준 것에 경의를 표하고 싶겠습니까? 그러나 이는 여러분들의 갈채에 맡겨야 할 것입니다. 신사 숙녀 여러분께서는 또한 고귀한 과업을 지지하는 뜨거운 열정으로 최근 같은 지역에서 활동한 저명한 외국인들, 스벤 헤딘 (Sven Hedin), 폰 르 코크(von Le Coq), 스타인(Stein) 등의 교훈을 통해, 이제 여러분께서는 진실을 알고자 하는 사람들과 학자들의 찬탄을 끌어냄과 동시에, 프랑스인의 가슴을 적셔줄 작업과 노력을 평가할 준비가 충분히 되어있을 것입니다.

이러한 담화가 끝나자 열화와 같은 박수가 있었다. 고등 교육국장인 바이예 씨는 갑작스럽게 이번 모임에 참석하지 못한 것을 유감스럽게 생각한다는 교육부 장관의 말을 전했다. 이어 바이예 씨는 이러한 교육부 장관의 유감 표명이, 이들 나라를 알고 있었고 그곳에서 살았기 때문에 극동의 사물들에 매우 관심이 있는 만큼 더 절실할 것임을 지적했다.

그의 높은 권위로 장관께서는 펠리오 씨와 그의 동료들에게 바칠 찬사에 함께할 것입니다. 그는 프랑스를 고대 동방 문명의 고고학과 문헌적 보물들로, 중국보다도 으뜸으로 위치시킬 유물들을 탐사에서 가져온 용감하고 지칠 줄 모르는 탐사대원들에게 공화국 정부의 감사를 표했습니다. 왜냐하면, 펠리오 씨가 가져온 많은 필사본과 예술품들은 오늘날까지 유일한 것들이기 때문입니다.

마지막으로 교육부 장관이 잊지 않고 강조한 것은 바로 반은 사막인 아시아 이 중심의 대로에 프랑스라는 이름을 존중하고 사랑하게 할 줄 알았던 이 프랑스 젊은이들의 그 아름다운 용기, 인내, 집요함, 특히 능숙함입니다. 정부를 대표하는 사람은 이 좋은 증거와 탄복할만한 조공품에 빚을 졌습니다. 왜냐하면, 이들은 학문과 조국의 우수한 봉사자들이기 때문입니다.

이 말로 야기된 갈채가 끊이지 않았다. 펠리오 씨는 자리에서 일어나 콘퍼런스를 시작하자, 자리에 있던 청중들이 길고 열렬한 환호를 선사했다. 침묵이 잦아들자 펠리오 씨는 다음과 같이 설명했다.

수년 전 고교 논술대회에서 상을 타기 위해 처음으로 이 담장 안으로 들어왔을 때만 해도, 이 자리에 초청받아 연설하게 될 것으로 생각하지도 못했습니다. 먼저 나의 동료와 나에게 영광스럽게도 오늘 저녁의 이 모임을 마련해준 프랑스 아시아위원회와 지리학회에 감사의 말을 해야겠습니다. 또한, 저는 우리에게 충분한 보상이 될 발표의 기회를 준 이 행사에 참석해 주신 여러 장관님과 학회의 회원들에게 감사의 뜻을 표합니다. 마지막으로 알든 모르든 오늘 저녁 프랑스의 탐사를 확인하기 위해, 우호적인 마음으로 많이 찾아 주신 여러분께 간략하게 진실한 감사의 말을 전합니다.

여러분께 우리 탐사의 출발과 목적에 관해서는 프랑스 아시아위원회의 회장님께서 방금 여러분께 간단명료하게 나의 과업을 설명해 주셨습니다. 따라서 저는 매우 개괄적으로 설명해 드리고 그 나머지에 대해서는 사진으로 대신하고자 합니다. 생생하고도 단조로운 많은 사진으로 파리의 삶과는 매우 다른 삶을 환기하고자 합니다. 그리고 그것은 오랫동안 우리의 삶이었습니다.

방금 제가 받았던 논술대회의 상을 말씀드렸습니다. 그런데도 우리가 교육부 장관님, 금석문 및 문학 아카데미, 과학 아카데미, 역사 박물관 등등에서 도움받은 모든 것들을 되새기지 않을 수 없습니다. 저는 또한 프랑스 아시아위원회와 10여 년 전부터 호의를 다양하게 베풀어주신 회장님에게 아주 특별한 은혜를 입었습니다. 또한, 중앙 아시아 탐사를 위한 국제협회의 프랑스 위원장으로 당선된 뒤로 우리의 시도를 진흥해 주신 세나르(Senart) 씨께서는 많은 경험과 학자로서의 권위를 가지고 성공에 이바지하셨습니다.

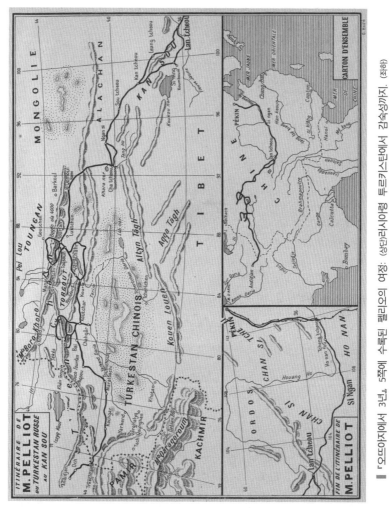

■ 『오뜨아지에서 3년』 5쪽에 수록된 펠리오의 여정: (상단)러시아령 투르키스탄에서 감숙성까지. (하단)
펠리오 여정의 끝. (우하) 전체 여정.

저는 지리학회와 학회장님, 롤랑 보나파르트 왕자님을 잊지 않고
있습니다. 롤랑 보나파르트 왕자님은 지리학자이자 박물학자로서 우
리의 탐사에 도움을 주셨습니다. 지리학회는 전 세계에 걸친 작업으

로 탐사대에 필요에 따라 적절한 비용을 잘 안배해 주지는 않았습니다. 그렇지만 적어도 앙리 도를레앙(Henri d'Orléans)[5] 재단의 미지급금을 쓰도록 해주면서 우리의 탐사를 아시아 명사의 후원 아래 유지시켜 주셨습니다. 공교롭게도, 이 이름에는 유난히 슬픈 기억이 연결되어 있습니다. 1901년, 큰 병을 앓고 있지 않았던 저는 사이공의 한 병원을 나왔습니다. 바로 그날 앙리 도를레앙이 그 병원에 들어가 죽었습니다. 이런 상황에서 지리학회는 당연히 모르고 있었겠지만, 과업을 수행하기 위해 온 사람들에게 그는 상징이자 뒷받침이었으므로, 그의 죽음이 늦춰질 수는 있어도, 요절할 것으로는 생각지도 못했습니다.

저는 고고학, 역사, 언어를 담당하는 것으로 하고, 동료로는 지도 작업과 천문 그리고 자연사를 담당할 식민군대의 의사 루이 바이앙(Dr Louis Vaillant)[6]과 사진기록을 맡길 샤를르 누에뜨(Charles

---

5 앙리 필립 마리 도를레앙(Henri Philippe Marie d'Orléans, 1867~1901): 오를레앙 가문 출신으로, 사진가, 동양화가, 작가, 탐험가, 박물학자로 활동하였다. 오늘날 베트남 사이공에서 말라리아에 걸려 33세의 나이로 1901년 9월 9일 죽었다.

6 루이 바이앙(Louis Vaillant, 1876~1963): 1902년 보르도(Bordeaux)에서 뱀독이 내장 손상에 미치는 실험 연구로 학위를 받고 군의관이 되었고, 천문, 지형, 박물학에 조예가 깊어 1905년 중앙아시아의 펠리오 탐사에 발탁되었다. 펠리오의 탐사대에서 그는 카슈가르와 난주 사이 2,500km의 여정을 그렸고, 이전 지도의 오류들을 고쳐가며 47개 지점을 정확하게 결정지었으며, 북쪽에서 남쪽까지 300km, 동쪽에서 서쪽까지 100km에 달하는 쿠차(Kucha) 오아시스의 지도를 작성했다. 게다가 개괄적으로 툼슈크, 우루무치, 사주(沙州)의 지도를 그렸으며, 이러한 오아시스들의 인문, 자연지리, 특히 사구의 움직임에 따른 위험성을 관찰해냈다. 바이앙은 지역의 더 깊은 지리적 연구를 하기 위해 정기적으로 일행과 떨어져 활동했다. 1907년 여름에 그는 쿠차 북쪽에 있는 구리광산과 주마치-타그(Zamutch-Tagh)의 명반과 석탄을 확인하기 위해 톈산산맥으로 들어갔고, 9월에는 카라쿨(Karakul) 호수 주변의 동식물을 연구했으며, 12월에는 혼자 마나스(Manas) 유적을 탐사했다. 또한, 타반보그드

Nouette)[7] 씨를 발탁했습니다. 후원자들과 저는 이들의 많은 역량과 열정을 잘 알고 있었습니다. 여러분께서도 이 콘퍼런스 과정에서 이러한 기대를 저버리지 않았고 그 이상이었음을 보게 될 것입니다.

▌ 6쪽. 이르케슈탐(Irkeshtam, 키르기스탄과 중국의 국경 인근)과 카슈가르(Kashgar) 사이에 풍화된 암석들(이 보고서의 사진들은 펠리오 미션의 사진사였던 누에뜨 씨의 사진들을 영인한 것이다.)

산(Tabyn-Bogdo-Ola, Tavan Bogd-Ula)의 산괴인 율군 타렉(Youlgoun-Terek) 골짜기를 가로지르기도 했다. 1908년 둔황까지 탐사한 다음, 그는 혼자 서녕(西寧)으로 가서 쿰붐(Koumboum) 라마교 사원[塔尔寺]을 찾았다. 이러한 그의 탐사 보고는 「중앙아시아 고고학 탐사를 통해 얻은 지리적 작업에 관한 보고(Rapport sur les travaux géographiques faits par la mission archéologique d'Asie centrale)」라는 제목으로 1955년, 『역사적 그리고 과학적 연구 위원회(지리학 분야)-Comite des Travaux Historiques et Scientiques(section de Geographie)』, 77~164쪽에 수록되어 있다. 이후 군의관으로 바이앙은 통킹에 두 차례 군사 원정에 참여하여 1922년 12월 28일 레지옹 도뇌르 훈장을 받았다.

7 샤를르 누에뜨(Charles Nouette, 1869~1910): 펠리오 탐험대의 사진사로 펠리오를 따라다니며 오늘날 보기 힘든 수많은 사진을 남겼다. 특히 둔황 석굴에서의 작업은 유럽 다른 나라에서 찍은 사진들과 비교되지 않는다. 그의 사진들은 귀메 박물관(Musée Guimet)에 소장되어있다.

우리의 준비는 거의 1년이 걸렸습니다. 우리는 1906년 6월 15일 파리를 떠나 10여 일이 걸려 모스크바와 오렌부르크(Orenburg, 우랄산맥 최남단의 도시)를 거쳐 서투르키스탄의 수도인 타슈켄트(Tashkent, 우즈베키스탄의 수도)에 도착했습니다. 이미 잘 알고 계시는 이 나라에 대해서는 언급하지 않을 것이고, 사진들을 보여드리지도 않겠습니다. 왜냐하면, 이미 20년 전에 폴 나다르(Paul Nadar)[8]가 보여준 것들보다 더 잘한 것이 없기 때문입니다. 다만 타슈켄트에서 거의 한 달을 머물렀다는 것만 말씀드리겠습니다. 최소한 동 튀르크인의 관습을 알기 위해서는 이러한 지체가 필요했습니다. 저는 그때까지 책으로만 매우 개략적으로 학습했습니다. 그러는 사이 우리의 짐이 도착했고 그제야 우리는 철길의 종점 너머 병참기지가 있는 오슈(Och)로 간 다음 거기에서 카슈가르(Kashgar)[9]로 갈 카라반을 꾸렸습니다. 우리는 거기에서

---

8 폴 나다르(Paul Nadar, 1856~1939): 프랑스의 사진작가.
9 카슈가르[喀什, Kashgar, Kashi, Kashagiri, Srikrirati]: 신장웨이우얼자치구의 가장 서쪽에 있으며 동서양의 접점이 되는 지점에 있다. 인근에 아프가니스탄, 키르기스탄, 타지키스탄, 파키스탄의 국경들이 있는 곳이다. 둔황에서 서쪽으로 갈 때, 남쪽 길로 가든, 북쪽으로 가든 만나게 되는 지점이다. 이곳에서 파미르고원을 넘어 서양으로 향했다. 현재 중국 명칭인 카스[喀什]는 카스가얼[喀什噶尔]의 약칭이다. 이곳은 이미 프톨레마이오스 지리서에 카시(Kasi)로 나타난다. 원래 '바위'를 뜻하는 [Kāš]에 동부 이란어로 '산'을 의미하는 [-ɣar], 그리고 중세 페르시아어 [gar], 고대 페르시아어와 팔라비어로 '산기슭(또는 언덕)'을 의미하는 [girīwa]가 붙어 Kashgar, Cascar, Cashgar 등의 알파벳으로 표기되었다. 옛 중국 명칭인 소륵(疏勒)은 티베트어[Su-lig]에서 나온 것 같고, 이 티베트어 명칭은 캬슈갈의 산스크리트 명칭인 Śrīkrīrāti에서 나왔다는 설이 있다. "현장의 여행기는 그 명칭이 산스크리트어 Śrīkrīrāti이고, 그 뜻은 상서로운 환대(Fortunate Hospitality) 정도의 의미이다. 현지 명칭은 중국어로 소륵이라 음역 되었다(…) 중국 여행자의 관점에서, 소륵은 페르가나(Ferghana)와 박트리아(Bactria)로 가는 길에서 주요한 시장이었고, 이광리(李廣利)가 군대를 이끌고 페르가나의 '천마'를 얻기 위해 그곳에 갔다는 것은 충분히 그럴법하다. 한나라 시기에 그곳의 인구는 최초로 쿠차의 4분의 1, 즉 1,510가구, 18,647명으로, 그중에서 2,000명이 무기를 들 수 있었다(2세기에는 병사의 숫자가 21,000명이 될 정도로 인구가 폭증했다).

러시아 황제 폐하가 우리에게 배정해 준 러시아 기병들을 만났습니다. 이 기병대는 우리를 아시아를 거쳐 북경까지 수행해 주었습니다. 1906년 8월에, 74필의 말로 구성된 카라반과 함께, 해발 약 4,000m의 탈딕다반(Taldyqdavan)을 넘어, 키르기스(Kirghiz) 알라이(Alay, 키르기스탄 오슈지역 남단)의 환상적인 초원지대를 따라가며, 파미르의 북쪽에 있는 이르케슈탐(Irkeshtam, 키르기스탄과 신장웨이우얼자치구의 경계)의 러시아 중국 국경을 지나 20여 일 만에 카슈가르에 도착했습니다. 마침내 우리는 동투르키스탄에서의 첫걸음을 내디딘 것입니다.

***

동투르키스탄은 그 중심 부분인 카슈가르로 한정해본다면, 남쪽, 서쪽 그리고 북쪽에 지구의 가장 높은 산맥과 동쪽과 북동쪽에는 중원과 남몽골을 분리하는 경계로 둘러싸인 닫힌 분지 분지입니다. 중앙의 함몰된 부분인 로프노르(Lop Nor, 신장웨이우얼자치구 타클라마칸 사막

그 도시에는 가판대를 갖춘 시장들이 있었다고 한다. 서한(西漢) 시기(기원전 206년~기원후 9) 중요한 수비대 주둔지였으나, 1세기 초에 호탄(Khotan)에 넘어갔다가 반초(班超)에 의해 재탈환되었다. 그렇게 서역으로 가는 무역 루트가 티로스의 마리노스(Marinus of Tyre)가 마케도니아 티티아누스 마에스(Maës Titianus)의 중개인들을 통해 실크로드의 정보들을 모으고 있을 당시 확보되었다"(John E. Hill, A Translation of the Chronicle on the 'Western Regions' from the Hou Hanshu, Mallory and Muir, 2000, 69쪽). 당나라 시기에는 불교가 번성했으나, 위구르 제국이 쇠퇴한 이후 대략 10세기부터 이슬람화되었으며 티키계 위구르인이 대부분을 차지하고 있다. 지리적 중심을 차지한 장점 때문에 중계무역지로 역할을 하면서, '일요시장'의 명성은 고대로부터 잘 알려져 있다. 이곳에는 영국과 러시아 영사관이 설치되면서 주변 탐사의 출발점이 되었다. 펠리오 탐사대의 출발도 여기에서 시작한다.

과 쿰타그 사막 사이에 있는 소금호수)는 타림분지를 지나 소실되지 않고 사막을 가로지를 수 있는 모든 물줄기를 받아들입니다. 카슈가르의 비탈진 산들은 완전히 민둥산으로 불모입니다. 천산의 북쪽 비탈을 지날 때를 빼면, 우리는 산을 보지 않고도 거의 2년 동안 여행할 수 있습니다. 나무는 없습니다만 약간의 풀은 있습니다. 거기에서 유량 은 격해지거나 불규칙해집니다. 게다가 기후는 너무 건조합니다. 강 우량은 매우 적고 눈도 거의 드물게 내립니다. 눈이 내리더라도 태 양과 지열이 이 눈을 녹여버리고, 이 지역에서 습한 상태는 눈이 녹 으면서 대기 속으로 증발해버려 땅을 적시지 못합니다. 어느 겨울날, 쿠차(Kucha)[10]에서 멀지 않은 곳에서 저는 기슭에 있는 한 봉수대를 조사하러 갔습니다. 이전에 누군가 한두 개의 견본을 가져다준 터 라, 저는 거기에서 고문서들을 찾을 수 있을 것으로 생각했습니다.

---

10 쿠차[Kuqa-Kucha-Kuche]: 현 중국어 발음인 쿠처는 龜玆-拘夷-歸玆-屈支-丘玆[丘慈, 邱 慈]-屈玆-庫徹-庫車[苦叉] 순으로 음역된 것 같다. 이 밖에도 曲先, 姑藏등의 음역이 있는데, 687년의 티베트 연대기에 구잔(Guzan) 또는 쿠산(Küsan)에 해당하는 음으 로 보인다. 신장웨이우얼자치구 북서쪽 오아시스 도시로, 텐산산맥 남쪽 기슭, 타 림분지의 북쪽 가장자리에 위치한다. 수원으로 쿠차 강과 무자르트(Muzart) 강이 있지만, 유량 대부분은 타클라마칸 사막 북에 자리한 소금 습지로 빨려든다. 이곳 은 기원전 65년 한나라 선제(宣帝) 시기부터 '구자(龜玆)'라는 이름으로 중국 역사 에 등장한다. 토하라 B어를 말하는 아리안들로 구성하며, 악수와 쿠얼러(Korla) 사 이, 실크로드 북쪽 루트의 중심지였다. 백족[民家]이 통치하면서 불교의 중심지가 되었는데, 키질(Kizil) 석굴은 그 유적이다. 3~7세기 불교를 중국에 소개한 승려들 의 대부분은 쿠차 출신이라는 것으로도 짐작할 수 있다. 당나라는 658년 쿠차도 호부를 설치했으나 남쪽에서는 티베트, 북쪽에서는 튀르크인들의 견제를 받아 이 름만 유지하던 끝에 결국 790년경 당나라 힘은 쿠차에서 소멸하였다. 9세기에 위 구르 제국의 붕괴가 이어지면서 위구르 인들은 투루판 지역에 정착하며 쿠차를 차지했고 18세기에 들어서서야 다시 중국의 행정력이 미치기 시작했다. 위구르 인들이 통치하면서 주민들은 튀르크 무슬림이 되었다. 현재는 무슬림과 중국지역 으로 나뉘어 있다. 잘 갖추어진 관개시설을 토대로, 면, 곡물, 과일을 생산하는데, 배, 포도, 무화과, 멜론으로 유명하다.

바로 그곳, 눈이 덮였으면 20㎝ 땅 아래에서, 천년의 악천후에도 훼손되지 않은 원형 그대로의 목판을 발굴해 냈습니다. 결국, 아주 약한 고도 차이 때문에 매우 메마른 이 지역의 강들이 흡수되고 증발함에 따라 빠르게 고갈되었습니다. 따라서 문화를 위해 필요한 것들이 수원이 풍부한 곳, 바로 산맥이 끝나는 부분에 자리를 잡게 된 것입니다. 이곳이 바로 여러분들에게 설명하고자 하는 곳으로, 스벤 헤딘[11]의 기행들이 유감스러운 명성을 당당히 얻은 이 타클라마칸 사막의 남쪽과 북쪽에 있는 두 갈래의 오아시스들입니다. 이들 오아시스에서 토질은 우수합니다. 과일들은 풍부하여 저는 카슈가르의 멜론과 비길 수 있는 것은 사마르칸트(Samarkand, 우즈베키스탄의 두 번째 큰 도시)의 멜론밖에 없다고 생각합니다. 그러나 이러한 비옥함은 인공적인 관개시설이 없다면 불가능한 것입니다. 비가 내리지 않으므로 수로가 필요했습니다. 또한, 정치적 혼란이 있을 때마다 민족들이 사라졌고, 물은 더는 흐르지 않아 정원들은 말라 죽게 되니, 몇 년 안에

11 스벤 엔더스 헤딘(Sven Anders Hedin, 1865~1952): 여러 차례 중앙아시아 탐사를 통해 중요한 고고학적 발굴과 지리학적 발견을 끌어낸 스웨덴 지리학자이다. 이미 20세 (1890) 때 코카서스, 페르시아, 메소포타미아를 여행했고, 스웨덴-노르웨이 탐사대의 통역관으로 활동했다. 1891년 호라산(Khorāsān, 페르시아 북동부)과 서투르키스탄을 여행했고, 1893~1898년에는 우랄산맥, 파미르고원, 로프노르를 경유하여 베이징까지 아시아를 가로지르는 탐사를 수행했다. 또 1899~1902년에는 타림강을 따라서 중국의 서부를 지나 고비사막을 탐사했다. 이후 그는 최초로 티베트의 트랜스 히말라야 탐사를 했으며 그 지역의 상세한 지도를 작성했다(1905-1908). 1차 세계 대전 동안 스벤이 보인 친독일 성향은 동료들과 인도, 러시아, 중국 정부의 반감을 샀다. 그렇지만 그는 1927~1933년 중국-스웨덴 탐사를 이끌며, 만주와 신장 사이 327개의 고고학 유적지를 탐사하여, 오늘날 사막과 초원지대에서 광범위하게 펼쳐진 석기시대 문화를 밝혀냈다. 그리고 1928년에는 타림강의 유량에 관계되는 로프노르 호수의 비밀을 밝혀내기도 했다. 그의 주요 활동들은 『중앙아시아를 넘어(Through Asia)』(1898), 『남부 티베트(Southern Tibet)』(1917~1922), 『탐험가로서의 내 인생(My Life as an Explorer)』(1926), 『실크로드(The Silk Road)』(1938) 등에 잘 나타나 있다.

건재하던 시설물들이 사막화되고, 극도로 황폐해졌습니다.

인구는 오아시스에 집중되어 있어 거대하게 펼쳐진 사막과 분리되어 있습니다. 이 지역은 프랑스의 두 배 반 정도가 되고 2백만 주민이 살고 있을 뿐입니다. 동투르키스탄은 정치적으로는 중국에 속하지만, 행정조직만 중국적입니다. 인구는 이슬람교도들이며, 튀르크어를 사용합니다. 어쨌거나 이슬람은 상당히 늦은 종교입니다. 모하멧은 7세기에 살았을 뿐이고, 약 천 년경에 부분적으로 카슈가르를 차지했을 뿐입니다. 이슬람으로 개종하기 이전 투르키스탄의 민족들은 불교도였습니다. 여러분, 우리 탐사의 첫 번째 목표는 바로 카슈가르에서 이슬람 시기 이전의 불교 흔적을 찾는 것이라고 할 수 있습니다.

▌ 툼슈크(Toumchouq) 발굴 조사 현장

우리는 카슈가르에서 쉽게 여행했습니다. 우리는 말을 타고 다니기 위해서, 중국에서 매우 유명한 일리(Ili, 신장 이리 카자흐 자치주)의 말 몇 필을 서투르키스탄에서 샀는데[부록 참고 사진 1], 매우 만족스러웠습니다. 비저병(鼻疽病, 말 전염병의 일종)에 걸리지도 않고 사고도 없이 기차로 도착한 말들은 2년 뒤에도 매우 건장하여 좋은 조건으로, 혹 이익을 남기고도 팔 수 있었습니다. 수송대는 카라반의 길을 따라 중국식 수레로 갔고 주요 역참에서 이들과 합류했습니다. 우리는 텐트나 불결하고 편치 않은 중국인 여관에서 숙박했습니다. 돈은 어느 정도는 은덩이로 운반되기도 했고, 또 어느 정도는 우루무치에서 교환할 러시아 지폐로 가져갔습니다. 음식물은 그 나라에서 해결했고, 절대적으로 많은 사막 지역에서는 통조림으로 살았습니다. 분명 우리는 잘 먹기 위해서 동투르키스탄에 가는 것이 아니었습니다. 우리는 지독한 암소고기나 역한 양고기 같은 것들을 먹었습니다. 유목민들에게 다른 것은 아무것도 없었습니다. 오아시스에서 우리는 닭과 달걀을 찾을 수 있었습니다. 그리고 이슬람교도 나라들 밖, 즉 중원에서 최근 실패로 끝났지만, 영국에서 소비시키려고 시도했던 그 돼지를 딱 한 번 먹었습니다. 소고기는 거의 없었습니다. 원칙적으로 노동에 유용한 이 동물을 도살하는 것은 중국에서는 금지되어있습니다. 가끔 먹는 약간의 야크 고기가 맛있다고 생각했습니다. 고기와 부풀리지 않은 그 지역의 토속 빵, 쌀, 옥수수가 있었습니다. 일반 음료는 차와 물인데, 중국인들에게는 생명수였습니다. 또 더욱 고약한 것은 '샴페인'이라 부르는 수입 음료였습니다. 저의 동료들은 상당이 나쁜 기억 속에 이러한 식단을 유지했고, 여행의 끝에서는 영원히 오믈렛, 돼지 콩팥, 국, 조밥, 차는 더는 먹지 않겠다고 선언하기도 했습니다.

카자흐인들은 우리보다 더 힘들어했습니다. 어떤 이들은 삶은 염소의 폐를 먹느니 차라리 굶겠다고 한 것이 생각납니다.

'밍우이' 또는 천불동 석굴의 외부. Ming oi 또는 Mingoi는 위구르어로 글자 그대로의 의미는 '천 개의 집'이란 뜻으로, '천불동(千佛洞)'으로 번역한다. 포괄적으로 사원 유적을 지칭하기도 한다.

한 '밍우이'의 많은 석실 중 하나의 내부.

***

다시 우리의 여정으로 돌아와, 우리는 물질적인 측면에서 미래를 확보하고 1906년 8월에 카슈가르에 도착했습니다. 그러나 어디에서 학문적 탐사를 시작할 것인가가 문제였지요. 회장님께서 1897년부터 고고학적 탐사가 카슈가르에서 이어져 왔음을 여러분께 상기시켜 주셨으니, 그 탐사의 끝에서 시작하기로 했습니다. 우리의 계획으로는 카슈가르에서 북동쪽으로 한 달 여정에 있는 쿠차라는 오아시스가 첫 번째로 떠올랐습니다. 거기에는 더 오래되고 더 번영했던 옛 카슈가르의 왕국이 있었지만, 우리의 선행자들이 그곳에 닿지 않은 것 같았습니다. 그러나 카슈가르에 와서야 독일인들이 오랫동안 쿠차를 조사했고, 러시아인 베레조프스키(Berezovskii)[12]도 탐사했다는 것을 알게 되었습니다. 우리는 먼저 카슈가르 주변을 탐사하고 다녔습니다. 한 달의 작업 끝에 지리적, 고고학적, 언어학적 관점에서 객관적인 사실을 확인하고 흥미로운 발상을 했지만, 이렇다 할 결과를 도출하지는 못했습니다. 저는 이러한 왕래에 대해서 말하지 않고, 곧바로 극동으로 가는 머나먼 길로 여러분을 안내하겠습니다.

---

12 미하일 미하일로비치 베레조프스키(Mikhail Mikhailovich Berezovsky, 1848~1912): 세인트 페테르부르크 대학 생물학을 전공한 동물학자로, 1876년부터 포타닌(G. N. Potanin)의 몽골, 중국 북서부, 동투르키스탄, 티베트 북동부 탐사에 참여했다. 모두 14차례의 탐사에, 동식물 학자로 참여했고, 1902~1908년에는 지리학자 겸 민족학자로서 중국과 중앙아시아 탐사대를 이끌었다.

카슈가르 주변을 한 달간 조사한 뒤에 우리는 마침내 쿠차로 향했
습니다. 우리를 처음으로 미소 짓게 한 고고학적 행운은 이 오아시
스로 가는 길 중간에 있었습니다. 마랄바치(Maralbachi)[13]의 북동쪽,
툼슈크(Tumxuk)[14]라 불리는 작은 마을에 도착했습니다. 그곳에서 멀

---

13 마랄바시(Maralbachi): 위구르어 마랄베시(Maralbexi)의 불어식 표기로, 중국어로는 바
추 현(巴楚县)이다. 신장웨이우얼자치구 카스 지구의 현급 행정구역으로 Maralbeshi,
Maralbishi로 표기하기도 한다.
14 툼슈크(Tumxuk): 투무수커(图木舒克). 위구르 라틴 알파벳으로 툼슈크(Tumshuq)이다.
신장웨이우얼자치구, 말라베시, 카슈가르가 둘러싸고 있다. 펠리오 일행은 카슈가
르에서 북쪽 길을 통해 중국으로 들어가는 루트를 택했음을 알 수 있다. 그 이유
는 이미 아우럴 스타인을 중심으로 한 영국탐사대가 많은 조사를 이미 수행했기
때문에 상대적으로 조사가 적은 루트를 선택했을 것으로 보인다.

지 않은 곳에 완전히 매몰된 유적이 있었습니다. 거기에서 스벤 헤딘은 상당히 늦은 이슬람교 시설의 잔해들일 것으로 생각했었습니다. 아주 우연히 저는 야영지의 끝으로 갔습니다. 말에서 내려 유적의 시대에 관한 실마리를 찾으며 유적지를 배회했습니다. 말채찍으로 땅을 긁다가, 스타일 면에서 완벽히 그리스 불교식 인형을 찾아냈습니다. 여러분! 알렉산더 대왕 이후에 그리스 왕조들이 파미르의 서쪽, 주로 박트리아에서 유지되었음을 말씀드려야겠습니다. 기원이 시작되기 전에 불교는 이들 지역에 들어왔고, 인도와 헬레니즘화 된 동방의 접촉이 반은 인도식, 반은 헬레니즘 식인 혼합된 예술을 낳았는데, 이들은 특히 인더스강 상류에서 번성하여 우리는 그리스 불교예술이라 부릅니다. 기원후 1세기 언저리에 이들 그리스 왕국들은 언제나 중앙아시아에 있었던 지칠 줄 모르는 정복자의 이 보고(寶庫)에서 온 침략자들에 의해 대체되었습니다. 이 '야만인'들은 결국 개종하게 되었고 그 민족들의 예술에 굴복하게 되었습니다. 이들 덕분에 그리스 불교예술은 불교와 함께 인더스와 옥수스(Oxus)[15] 강 유역을 떠나 파미르고원을 넘어 서서히 발전하여 그리스와 인도의 믿음과 예술적 양식을 중국과 일본까지 가져갔습니다. 동투르키스탄은 이러한 긴 루트의 몇몇 기지 역할을 했습니다. 툼슈크의 인형은 카슈가르 지역의

---

15 옥수스(Oxus): 고대 그리스어 옥서스(Ὦξος)의 라틴어 표기이다. 아랍어로는 지혼(Jihôn), 또는 자이훈(Jayhoun)이라 한다. 고대에는 오허수(烏滸水), 규수(嬀水)로 불리다가 원나라 시기부터 우즈베크어, 아무다르요(Amudaryo) 투르크멘어 아무데리아(Amyderýa) 등과 같은 이름을 음역하여 암목하(暗木河), 아목하(阿木河)라고 불렀다. 이로부터 아무다리야(Amu Darya, 다리야는 바다나 강을 뜻함), 아무(Amu), 아모(Amo) 등의 표기가 나왔다. 파미르고원에서 발원해, 힌두쿠시산맥을 빠져서 투르크메니스탄과 우즈베키스탄의 국경 지대의 북서쪽에서 흐르는 강이다. 이 강의 주요 지류는 판즈(Panj) 강으로 아프가니스탄과 타지키스탄의 경계를 이룬다.

황폐한 이 구석에, 이슬람에 의해 정복되어 폐허가 되기 1000년 전에 불교 사원이 세워졌음을 입증해 주고 있습니다. 이는 우리의 선행자들이 알아내지 못한 것으로 우리가 정리해야 할 것입니다.

▌코물(Qomoul, 하미)과 둔황 사이에서 만난 눈 폭풍. 코물(Qomoul)은 중국어 하미(哈密)의 위구르어 표기로, 하물(Hamoul)이라고도 한다. 몽골어 표기는 카밀(Khamil)이다. 고대부터 곤오(昆吾), 이오(伊吾), 이주(伊州) 등으로 불리다가 원나라 시기 합밀국(哈密國)이 건국하면서 합밀로 불리게 되었다. 서쪽으로는 투루판이 있고 동쪽으로는 고비사막이 있다. 중국 내륙으로 들어가려면 하미에서 남동쪽 길을 따라 주천(酒泉), 장액(張掖)으로 이어지는 소위 '하서회랑'으로 접어들게 된다. 펠리오 일행은 실크로드의 북쪽길을 통해 하미까지 탐사하고 그 정남쪽에 있는 둔황으로 향하고자 했던 것이다.

이 작업에는 하루 평균 25~30명의 일꾼으로 6주가 걸렸습니다. 건물의 전체 면모를 되찾아 세웠습니다. 많은 조각의 파편들, 새겨진 나무, 기이한 도자기들이 수집되었습니다. 우리의 체류가 끝날 무렵에 우리는 매우 손상되고 잘 부서지는 진흙을 굳혀 만든 부조의 회랑을 발굴했는데, 장식적인 그 위용이 아직도 기억에 생생합니다. 보존할 수 있고 가져올 수 있는 이러한 유물들은 루브르 박물관에 전시될 것입니다. 옆모습, 자세, 복식들을 한 번만 보더라도 7~8세기의 동투르키스탄 예술가들이 인도-스키타이 왕들의 지배하에서 간다라의 그리스 불교예술을 만들어 낸 조각가들을 연결하는 밀접한 유사성을 볼 수 있을 것입니다.

툼슈크의 조사는 매우 우연한 것이었습니다. 겨울이 되자 대규모 수송단과 함께 모피 옷을 출발시켜버린 사람들에게 너무 추웠습니다. 임무가 완수되었을 때 우리는 무언극을 하는 사람들이 되어있었습니다. 1907년 1월 2일 마침내 쿠차에 도착했습니다. 춘추복으로 벌벌 떨며 두 달이 지나서야 수레와 짐을 찾았고, 우리의 카자흐인 보코브(Bokov)가 어려움 없이 가져온 것이었습니다.

***

우리는 쿠차 지역에서 근 8개월을 머물렀습니다. 프랑스에서 출발할 때 우리를 사로잡은 것은 바로 밍우이(Ming-uï)였습니다. 사람들은 튀르크어로 '천 개의 집'이란 뜻인 이 이름으로, 사암(砂巖), 황토, 충적토가 집적된 곳에 인공적으로 파서 석굴을 만들고 이슬람이 도래하기 전에 불교 사원으로 사용한 곳을 불렀습니다. 특히 천산의 남쪽 기슭에 이러한 밍우이들이 있었고, 천불동(千佛洞)이란 이름으로 중국의 서북쪽에서도 찾을 수 있습니다. 쿠차의 것들은 중국의 저술들 속에서 잘 알려져 있으며, 유럽 여행자들도 그것들을 보고한 적이 있습니다. 우리는 여전히 7~10세기의 벽화들로 뒤덮여 있는 이 석굴들을 조사하고 사진으로 남기기 위해 제때 도착하기를 기원했습니다. 그러나 다른 사람들이 우리보다 먼저 왔다 갔습니다. 독일인들, 일본인들, 러시아인들이 밍우이들을 탐사하여 그래도 사진으로 남길만한 것들은 있었지만 다른 사람들이 다녀간 뒤라 이렇다 할 수확은 없었습니다. 다행히도 야외 사원들이 남아있었습니다. 그곳에서 찾은 것들은 더욱 우연한 것이었습니다. 이전의 탐사대들이 등한히 했던 것들이었습니다. 우리가 착수한 것은 그것들이었습니다. 우리의 인내는 보상을 받았습니다. 우리는 거기에서 조각된 나무, 인장, 동전, 옻칠하여 그림이 그려진 관, 특히 필사본들을 수집했습니다. 이러한 관점에서 보면 툼슈크가 우리를 망쳐 놓은 것은 아니었습니다. 쿠차의 서쪽에 있는 한 사원의 뜰에서 소금과 모래로 뒤덮여 층층이 누워있는 필사본을 찾아냈는데, 온전한 것도 있고 훼손된 것들도 있었습니다. 우리는 매우 조심스럽게 불순물들을 제거하여 가져왔습니다. 대부분이 소위 브라흐미[16]라는 인도어로 쓰였는데, 그 언어는 대

---

16 브라흐미(Brāhmī): 기원 전후로 인도에서 사용된 가장 오래된 문자를 부르는 명칭이다. 아직 판독되지 않은 인더스문자를 제외하면 인도의 가장 오래된 문자로 데바나가리어(Devanagari), 타밀어, 벵골어, 티베트어의 등의 기원으로 알려져 있다. 가장 잘 알려진 브라흐미 기록은 기원전 3세기로 추정되는 아쇼카 왕의 비문이다. 이 비문보다 이전의 것일지도 모르는 남부 브라흐미 알파벳인 타밀-브라흐미 문자로 쓰인 명문들이 남인도와 스리랑카에서 발굴된 도자기에서 발견되었다. 5세기 굽타 문자는

부분이 중앙아시아에서 사라진 방언들로서 근 10년간의 연구들이 되 살려내고 있습니다만 그 해석은 여전히 난관에 봉착해 있습니다. 그 것들은 러시아, 독일, 영국과 같은 주변국에 프랑스의 위상을 드러내 게 해줄 것이고, 우리 이전에 보여줬던 것보다 더 신속하고 탄탄한 동기가 될 것입니다.

그러는 동안 바이앙 박사는 쿠차 오아시스의 상세 지도를 만들었 습니다. 그것에 비하면 러시아에서 만든 40베르스타(versta)[17]짜리 지도는 개괄적이며 거의 정확하지 않은 정보를 보여줄 뿐입니다. 누에뜨 씨는 키질의 밍우이로 가서 일련의 흥미로운 사진들을 찍었

종종 '후기 브라흐미'라고 불린다. 6세기 이후 브라흐미 문자는 여러 지역으로 전파 되어 브라흐미 문자 계열을 형성했다. 이 브라흐미 문자는 영국동인도회사의 관리로 서 고고학자이자 문헌학자인 제임스 프린셉(James Prinsep, 1799~1840)이 판독해 냈다. 레이몬드 올친(F. Raymond Allchin, 1923~2010)과 같은 학자들은 브라흐미가 청동기시대 인더스문자와 함께 순수하게 자생적으로 발전한 것으로 생각한다. 한편 헌터(G. R. Hunter)는 『하라파와 모헨조다로의 문자와 다른 문자와의 관계(The Script of Harappa and Mohenjodaro and Its Connection with Other Scripts)』(1934)에서 브라흐미 알파벳은 아 람어의 알파벳보다 훨씬 더 잘 어울리는 인더스문자에서 나왔다고 밝혔다. 기원전 약 1900년경 인더스문명의 붕괴와 기원전 4세기 중반에 보이는 최초의 브라흐미 문 자 사이의 1500년 동안 끼워 넣을 만한 증거가 없지만, 이러한 인더스문자 기원설은 셈어 알파벳과 브라흐미 알파벳이 인도-아리안어에서 어떻게 작용하는지에 있어서 현격한 차이 때문에 힘을 얻어가고 있다. 동시대의 아마도 조금 더 오래된 카로슈티 문자는 아람문자에서 나온 것으로 추측되는 반면, 브라흐미 문자는 그렇게 간단치가 않다. 그런데도 왕실의 아람문자 기원설을 알브레히트 웨버(Albrecht Weber, 1825~1901) 의 『인도연구(Indische Studien)』(1857)와 게오르그 뷜러(Georg Bühler, 1837~1898)의 『브라 흐미 알파벳의 기원에 관하여(On the origin of the Brahmi alphabet)』(1895)가 출간된 이 후로 대부분 학자가 제기하고 있다. 카로슈티처럼 브라흐미는 프라크리트(Prakrit) 초 기 방언들을 기록하는 데 사용되었다. 현존하는 기록들은 대부분 건물과 무덤의 명 문들과 전례용 문헌에 국한되어있다. 산스크리트어는 수 세기가 지나서야 쓰이기 시 작했다. 따라서 브라흐미는 산스크리트어와 완벽하게 어울리는 것은 아니고, 여러 산 스크리트 어음들은 브라흐미 문자로 쓸 수도 없다.

17 베르스타(versta): 과거 러시아에서 쓰던 길이(거리) 단위로 1베르스타는 500사젠(сажень)과 같으며 1.0668km에 해당한다.

47

▍ 난공(瀾公)

습니다. 저는 옛날 율두즈(Youldouz, 신장웨이우얼자치구 카이두 강의 지류) 강과 테케스(Tèkès, 이리강의 지류 중 하나) 강의 튀르크인들이 카슈가르 지역의 튀르크인들과 만날 수 있었던 길을 알아내고자 쿠차의 북쪽에 있는 천산을 넘어가려 했습니다. 코즐로프(Kozlov)[18]가 북쪽 비탈로 넘으려는 같은 시도를 했으나 실패했었습니다. 최고의 안내인들과 함께 저는 그곳을 넘

---

18 표트르 쿠즈미치 코즐로프(Pyotr Kuzmich Kozlov, 1863~1935): 노인울라의 흉노 무덤을 발굴한 것으로 잘 알려진 러시아의 탐험가이다. 여기에서 펠리오가 언급하고 있는 탐사는 그의 세 번째 또는 네 번째 탐사를 말하는 것으로 보인다. 이 세 번째 탐사(1893~1895)는 니콜라이 프르제발스키(Nikolay Przhevalsky, 1839~1888)의 조수였던 로보로브스키(V. I. Roborovsky)가 이끌었다. 목표는 우루무치 남산(南山)지역과 티베트의 남동쪽 경계를 조사하는 것이었다. 그러나 로보로브스키가 병이나 실질적으로 코즐로프가 탐험대를 이끌었고 최종 보고서를 발표했다. 1899년 코즐로프는 처음으로(네 번째) 몽골-티베트 탐사대를 이끌었다. 그는 이 탐사를 통해 많은 호수(특히 코코노르), 메콩강, 양쯔강의 수원뿐만 아니라 많은 고산을 상세하게 기술했다. 게다가 코즐로프는 중앙아시아의 민족과 경제에 관한 뛰어난 개괄을 제시했으며 많은 동식물 표본들을 수집해 왔다. 몽골-티베트 탐사는 『몽골과 캄(Монголия и Кам)』, 『캄과 돌아오는 길(Кам и обратный путь)』라는 두 책에 기술되어 있다. 이 작업으로 그는 러시아 지리협회의 금메달을 수상했고 이후 명예 임원이 되었다.

어, 거의 4,000m의 새로운 두 협로를 확인하고 쿠차로 돌아올 수 있었습니다.

우리는 쿠차에서 더는 할 것이 없어 현지 중국인 관리인 지주(知州)에게 여행 허가를 받았습니다. 체류하는 동안 우리는 그에게 아니면 동투르키스탄에 있는 그의 동료들에게 최상의 정보를 들었습니다. 카슈가르

▌ 둔황의 사구 중간에 있는 월아천(月牙泉). 『둔황 석굴 (Les grottes de Touen-Houang)』, 제1책, 사진 CCCLV. 이 사진 옆에는 월아천을 멀리서 찍은 사진이 첨부되어 있다[부록 참고 사진 2]. 이 두 사진 아래에는 "모래언덕 한중간에 있는 반달 모양의 호수"라는 설명이 달려 있다.

의 도태(道台)[19]는 역참마다 여관을 안배해 주었습니다. 파이자바드 (Faizabad, 아프가니스탄 북동부의 도시)에서 지주는 성 밖으로 나와 예복을 갖춰 입고 우리를 맞아주었습니다. 쿠차의 지주는 언제나 우리를 도와 일꾼들을 모아 주었습니다. 그런데도 유럽인이 아무리 좋은 의도가 있다고 할지라도 중국 관리에게는 연루되었다는 이유가 될 수 있었습니다. 어떤 사건이 발생하면 그 중국인은 이임되거나 벌금을 내야 하거

---

19 도태(道台): 청나라 관직 명칭으로 도원(道員)이라고 한다. 성(省)과 지부(知府) 사이의 지방 장관을 일컫는다.

나 좌천될 수 있었습니다. 그래서 쿠차의 현명한 지주는 우리가 떠남에 큰 안도의 한숨을 쉬었을 것입니다. 그는 문제가 될 수 있는 것을 전혀 남기지 않았습니다. 중국식으로 그는 우리에게 식량과 말들을 위한 건초를 작별의 선물로 보내주었습니다. 그리고 그는 세심하게 나의 비서를 통해 말을 전했습니다. 자기가 이곳에 왔을 때 사람들에게 징발한 것이 아니고 지주로서 그것들을 샀기 때문에 아무런 저의 없이 받아도 된다고 말입니다.

**

1907년 9월에 우리는 쿠차를 떠나 성의 도읍인 우루무치(Ürümqi, 신장웨이우얼자치구의 최대 도시)로 향하여 한 달 만에 도착했습니다. 날씨는 여전히 더웠지만, 바이앙 박사는 한 차례 이상 헌신적인 모습을 보여주었습니다. 동투르키스탄을 가로지르며, 일반적으로 말의 걸음으로 대충 계산하지만, 그는 나침판으로 우리의 여정을 작성했습니다. 그러나 엄청난 열기 때문에 우리는 해가 뜨기 전에 출발했습니다. 그러나 그는 작업 때문에 그렇게 할 수 없었습니다. 또한, 지도상 같은 조건들이 쿠차와 우루무치 사이에서 더 높은 정확성을 요구했기 때문에, 이 구간의 길을 도보로 가야 했는데, 몇 주 동안 종종 해가 내리쬐는 정오 무렵 달궈진 모래 위를 말입니다. 덧붙여 말씀드리자면, 그의 작업은 겨울이라고 해서 더 적합한 것은 결코 아니었습니다. 온도는 영하 35도를 밑돌았습니다. 분명히 말씀드리거니와, 특히 바람이 부는데 바람을 거슬러 가려면, 얼어 마비된 손가락을 커다란 장갑에서 꺼내 금속 기구의 뜨거움과 차가움을 동시에 겪어야 하는 것은 정말 고역입니다. 저녁이면 다른 사람들이 쉬고 있을 때도 그는 손가락 사이에서 얼어버린 만년필 잉크를 불에 끊임없이 녹여가며 하루의 작업을 정리해야 했습니다. 그의 인내심은 초인적이었습니다. 그 쉼 없는 반복은 바이앙 박사보다 덜 과감했고 덜 단호했다면 곧바로 포기했을 것입니다.

* * *

우리는 1907년 10월에는 동투르키스탄의 행정적, 정신적 도읍인 우루무치에 있었습니다. 우리의 의도와는 무관한 상황들, 특히 돈의 변화가 거의 석 달 동안 우리를 붙잡아 두었습니다. 그러나 이 석 달 동안 우리는 우루무치에 있는 영사관 지배인이 놀랄 정도로 성(省) 정부의 환대와 신뢰를 누렸습니다. 여러 여건이 우리를 도와주었습니다. 우루무치에서 인구의 절반은 튀르크어를 말하고, 반은 중국어를 사용합니다. 제가 방문했던 성의 한 학교에서는 러시아어와 영어를 가르치고 있었습니다. 다행히 이전에 공부해 둔 것이 있어서 영어, 러시아어, 튀르크어, 중국어로 충분히 의사를 표현할 수 있어서 교장에게 상당한 '우의'를 얻었습니다. 게다가 성의 포정사(布政使, 일종의 재무장관)[20]는 박식한 사람으로 동투르키스탄에 관한 훌륭한 지

---

[20] 여기서 말하는 포정사는 바로 왕수남(王樹枏, 1852~1936)이다. 왕수남의 자는 진경(晉卿), 만년의 호는 도려노인(陶廬老人)으로, 청말 민국 초의 문인 관료이다. 광서(光緒) 12년(1886) 진사에 급제하여 호부(戶部) 주사(主事)를 시작으로 여러 지방의 지현(知縣)과 지주(知州)를 지냈다. 광서 32년(1906) 감숙, 신강의 포정사(布政使)에 제수되었다. 학부(學部)와 헌정편사관(憲政編查館), 예학관(禮學館) 등에서 자문과 고문을 맡았다. 1914년 청사관(淸史館)의 총편수관을 맡아 함풍제, 동치제 시기의 대신

리서를 마련해 주었습니다. 그래서 다행하게도 바이앙 박사가 그린 고도에 관해 정보를 주고받을 수 있었습니다. 그는 우리의 천문학적 관찰을 활용하고 싶어, 현지의 한 전문가에게 축사(縮寫)하도록 하여 유럽방식을 가르쳐 줄 것을 제의했습니다. 그러나 이 시도는 그 전문가가 대수(代數)를 몰라 실패로 돌아갔습니다.

들의 열전을 편찬했다. 이후 참정원(參政院)의 참정(參政), 국사관(國史館) 총편수관을 역임했다. 그는 유가 경전을 비롯하여 지리, 철학, 문학, 지방지 등 약 50종의 저술을 남겼다. 펠리오 일행에게 마련해 주었다는 동투르키스탄 관련 지리서는 신강국계도지(新疆國界圖志), 『신강산맥도지(新疆山脈圖志)』. 『신강도로도지(新疆國界圖志)』 중 하나일 것으로 보인다. 이어서 펠리오가 들고 있는 왕수남의 책은 순서대로 『희랍춘추(希臘春秋)』, 『구주족류원류략(歐洲族類源流略)』, 『피득흥아기(彼得興俄記)』를 말한다.

▌둔황 천불동에서. 『둔황 석굴(Les grottes de Touen-Houang)』, 제1책, 사진 Ⅶ. 이 사진 아래에는 "천불동, 첫 방문"이라는 설명이 달려 있다.

여러분, 이 포정사는 높이 평가할 만한 문인이자, 『그리스 역사 (Histoire grecque)』, 『유럽 민속학(Ethnographie de l'Europe)』, 그리고 내가 별도로 약간의 교정을 해주었던 『표트르 대제 평전(Histoire de Pierre le Grand)』의 저자였습니다. 한편 매우 유식한 인물들이 그곳에 유배됐었는데, 그들 중 변법파의 한 어사는 「춘희(椿姬)」21를 칭송하기도 했습니다. 이로부터 사람들은 많은 요청과 자문해왔습니다.

---

21 「춘희」는 뒤마 피스(Alexandre Dumas fils, 1824~1895)의 '동백 부인(La Dame aux camélias)'이란 소설로 일본에서 번역된 제목이다. 이 소설은 청말 고문가였던 임서(林紓, 1852~1924)가 광서 23년(1897)에 왕수창(王壽昌)과 함께 『파리다화녀유사(巴黎茶花女遺事)』라는 제목으로 번역하여, 1899년 1월 복주(福州)에서 처음으로 간행되었다. 펠리오가 말하는 어사(御史)는 왕수창으로 추측되지만, 정확히 확인하지는 못했다.

한 사람은 지난 2세기 동안 유럽 철학의 발전에 관한 것들을 몇 페이지로 기술해 줄 것을 원하기도 했습니다. 또 어떤 사람은 유럽에서 대출과 이자에 관한 조건들을 명시한 논문을 요구하기도 했습니다. 그는 그 글을 이용하여 카슈가르 지역의 사람들이 인도의 고리대금업자에게 벗어나게 해주고자 했습니다. 인도의 고리대금업자는 법정이율이 매달 3%인 것에 만족하지 않고 8, 10, 12%를 요구하며 중국의 고리대금업자와 좋지 않은 경쟁을 하고 있었다고 합니다. 우루무치에서 저는 인도차이나 경계에 관한 노련한 지식인을 만났는데, 그가 바로 소(蘇) 장군[22]으로, 사형을 받았으나 사면되어 추방되었고 레지옹 도뇌르 3등 수훈자가 된 사람입니다. 마지막으로 난국공(瀾國公)[23]도 우루무치에 있었습니다. 그는 죽은 광서제의 사촌이자 1900년 의화단 대장 단군왕(端郡王)[24]의 형제입니다. 1900년 우리는 서로

---

22 광서(廣西) 제독 소원춘(蘇元春, 1844~1908): 자는 자희(子熙)로 광서(光緒) 11년(1885) 음력 5월 29일 광서 제독에 임명되었다가 광서 29년(1903)에 수도에 소환되어 황제를 알현하고 직책이 갈렸다. 이후 유광재(劉光才)가 후임을 맡았다.

23 난국공(瀾國公): 재란(載瀾, 1856~1916). 돈군왕(惇郡王)의 셋째 아들이자 광서제의 사촌형으로 보국장군(輔國將軍), 진보국공(晉輔國公)에 봉해졌다. 무술정변 이후 서태후는 광서제를 폐위하고 새 황제를 옹립하려 했다. 재란과 그의 형인 재의(載漪)는 서태후가 재의의 아들 부준(溥儁)을 세우도록 종용했다. 서태후는 광서 26년(1900) 원단에 부준을 자리에 올리려 했으나 서구 열강들의 반대로 철회했다. 재란과 재의는 의화단을 빌미로 서양 사람들을 공격해야 한다고 선동했다. 1900년 7월 8개국 연합군이 북경을 점령하자 서태후, 광서제, 재란 등은 서쪽으로 도망갔다. 이후 강화가 이루어졌지만, 연합군이 재란을 수괴로 지목하자 청나라 조정은 재란의 작위를 뺏고 신장지역에 감금해 버렸다. 1901년 신장 순무(巡撫) 요응기(饒應祺)는 그가 황족임을 고려하여 상당히 우대하며 넉넉한 생활을 하게 해주었다고 한다. 신해혁명 이후 재란은 시베리아로 갔다가 고향 집으로 돌아왔고 1916년 심양에서 병으로 죽었다.

24 단군왕(端郡王): 재의(載漪, 1856~1922)의 봉호이다. 그의 전체 이름은 아이신기오로 자이이(愛新覺羅 載漪)로 청나라 황족이다. 도광제의 서자이자 돈각친왕(惇恪親王, 도광제의 이복동생)의 양자인 돈근친왕(惇勤親王)의 아들로 1861년 함풍제(咸豊帝)에게 이

싸웠지만, 시간은 모든 것을 잦아들게 했습니다. 난국공은 1901년 신축조약 때문에 종신 유배형에 처해 있었는데, 여기 사진첩에 들어있습니다. 우리는 술잔을 주고받으며 우의를 다졌습니다. 그러나 서로 헤어지게 되는 좋은 동료는 아니었습니다. 1907년 마지막 날에 우리는 동쪽으로 출발했습니다. 관리들은 우리에게 여정에 필요한 많은 물품을 선물로 보내주었습니다. 마지막 면담에서 난국공은 침울하게 우리에게 "당신들은 떠나고 나는 남는군요"라고 말했다. 저는 우리가 원치 않게 떠나는 것이 좋겠다고 생각했을 때, 머물도록 강요했던 때를 상기시켜 줄 필요가 없다고 생각했습니다.

혁단군왕(已革端郡王)으로 책봉되었다. 서태후가 재의의 둘째 아들 부준(溥儁)을 보경제(保慶帝)로 세웠다가 1900년 폐위되어 보국공으로 강등되었다.

새들이 끄는 달의 수레. 둔황 석굴. 6세기 전반의 벽화. 『둔황 석굴(Les grottes de Touen-Houang)』 제5책, 사진 CCLXIII. 사진 아래에는 "120호 석굴 N, 아래 벽면, 왼쪽 부분: 달 수레"라는 설명이 달려 있다.

둔황 석굴. 위(魏 北魏, 386~534년)나라의 제단(기원후 5세기경). 『둔황 석굴(Les grottes de Touen-Houang)』, 제 3책, 사진 CXCV. 사진 아래에는 "111호 석굴 a, 제단(정면과 왼쪽 모서리)"이라는 설명이 달려 있다.

***

1907년 12월에 우루무치를 떠나 우리는 이듬해 2월 1일 감숙성 서쪽 끝인 둔황에 도착했습니다. 파리를 떠날 때부터 둔황은 우리 대장정의 한곳으로 확정되어 있었습니다. 프르제발스키(Prjévalskii)[25], 크라이트너(Kreitner)[26], 보닌(Bonin)[27]을 통해 우리는 성의 남동쪽 20km 지

---

25 니콜라이 미하일로비치 프르제발스키(Nikolay Mikhaylovich Przhevalsky, 1839~1888): 폴란드 출신의 러시아 제국군대의 장교로 중앙아시아를 탐사한 탐험가이다. 특히 우리에게는 '프르제발스키의 말'로 잘 알려져 있다. 첫 번째 군사적 탐사인 우수리(Oussouri)강으로의 탐사(1867~1869)를 통하여 탐험가로서 인정을 받은 뒤, 몽골과 탕구트 지역으로의 탐사(1871~1873), 준가리아와 로프노르 탐사(1876~1878), 티베트 대탐사(1879~1880), 황하의 수원과 타클라마칸 탐사(1883~1885) 등의 탐사를 수행했다. 그가 둔황 인근에서 1주일을 야영하면서 둔황석굴을 지나쳤던 것은 바로 그가 그토록 열망했던 티베트 대탐사(1879~1880, 결국 라싸에 들어가지 못함)에서였다. 프르제발스키가 둔황의 문서를 발견하지 못했던 것은 그의 관심사가 동식물 표본 수집과 티베트 라싸에 입성하는데 있었던 것으로 보인다. 따라서 둔황문서와 펠리오는 어떤 점에서는 운명적인 귀결이라고도 볼 수 있을 것이다. 1888년 마지막으로 티베트로 향하다가, 장티푸스에 걸려 카라콜(Karakol)에서 사망했다.

26 구스타프 리터 폰 크라이트너(Gustav Ritter von Kreitner, 1847~1893): 오스트리아 지리학자이자 외교관이다. 양조장 아들로 태어난 그는 사관학교에서 지리학을 공부하고 1877년 12월 4일 벨라 체세니(Béla Széchenyi, 1837~1908) 백작이 인도를 탐사하고 중국으로 갔을 때, 지리학자로 참여했다. 이 탐사는 2년 반이 걸렸고 미얀마 양곤에서 끝났다. 폼페이에서 시작해서 인도를 관통하여 히말라야까지 탐사했고, 또 상해에서 중국을 관통하여 고비사막으로 들어갔다. 이러한 탐사기록을 1881년, 『극동아시아(Im fernen Osten)』라는 책으로 출판되었다. 1884년에는 일본 요코하마의 영사로 갔다가 현지에서 1893년 11월 20일 뇌졸중으로 사망했다.

27 챨스 유데스 보닌(Charles Eudes Bonin, 1865~1929): 인도차이나의 프랑스 부총독으로 1893년 라오스에, 그 이후에는 말레이시아에 배속되었다. 이를 기회로 1895~1896년 사이 해당 지역의 첫 번째 탐사를 하였다. 이 탐사에서 그는 감숙과 몽골을 가로질렀다. 1898~1900년 사이에 그는 아미산에서 북경에 이르는 두 번째 탐사를 수행했다. 1901년 영사로, 다음 해는 대사관 서기관으로 임명되었다. 1904년 그는 극동을 떠났다. 이후 페르시아, 리스본 등지에서 활동하다가 마지막으로 외무성 기록보관소장을 지냈다.

점에 천불동이라는 석굴군이 있다는 것을 알고 있었습니다. 언제 조성되었는지는 지금까지 정확하게 알지는 못하지만, 이슬람이 훼손하지 않은 상태로 벽화들이 보존되어 있다는 것을 알고 있었습니다. 우리는 그곳에 대하여 어떠한 고고학적 연구도 없었고, 그 중요성이 항상 부각된 만큼 그 연구에 몰두하기로 작정했습니다. 여러분께서는 곧 사신들을 통해 우리의 시도가 헛되지 않았으며 둔황의 석굴들이 6~10세기 중국 불교예술의 가장 소중한 유산 중 몇몇을 간직해준 것을 보게 될 것입니다. 그리고 여정에 또 다른 관심사가 이번 탐사에 추가되었습니다. 우루무치에서 저는 1900년 둔황 석굴에서 필사본들을 찾았다는 말을 들은 적이 있습니다. 그 타타르인 장군이 나에게 귀띔해 주었습니다. 난국공도 적어도 8세기로 거슬러 올라가는 불경 필사본을 보내주기도 했었습니다. 추가적인 정보들을 통해 저는 이러한 발견이 어떻게 이루어진 것인지를 알 수 있었습니다. 왕도사(王道士)[28]란 사람이 석굴 중 하나를 치우다가 우연히 봉합된 작은 석굴을

---

28 왕도사(王道士): 왕도사의 법명(法名)은 법진(法眞)이며 본명은 원록(圓籙)이다. 원록(圓籙)은 원록(元籙)인데, 이 두 이름은 출가한 이후에 사용하였다. 왕도사는 호북성 마성(麻城)현 사람으로, 대략 청나라 도광(道光) 36년(1850) 출생하여 1931년 음력 4월 18일까지 80여 생을 살다가 죽었다. 그는 고향 마을에 한발이 닥쳐 일찍이 타지로 도망하였고, 장기간의 떠돌이 생활을 한 뒤에 숙주(肅州)의 순방군(巡防軍) 병졸로 충당되었다. 그런 뒤 군대를 나와 그곳에서 도사가 되었고 서쪽으로 떠돌다가 둔황에 이르러 막고굴(莫高窟)에 정착하게 되었다. 그 뒤에 우연히 대량의 옛날 두루마리들과 비단 그림을 발견하게 되어 20세기 둔황학 연구의 서막을 올리게 되었다. 스타인은 광서(光緖) 33년(1907) 초 왕도사를 처음 방문하였을 때, 일찍이 왕도사가 둔황에 정착한 시기를 세 번이나 말하고 있는데, 한번은 '7년 전'이라고 했고, 두 차례는 '8년 전'이라고 하였다(Aurel Stein, 『Serindia, Detailed Report of Explorations in Central Asia and Westernmost China』, Oxford, clarendon, 1921, vol. II, 801, 804, 808쪽) '7년 전'이라고 생각해 보면, 광서(光緖) 26년(1900)이 되고, '8년 전'이라고 하면 광서 25년(1899)이 된다. 하지만 왕도사가 둔황의 문서들을 발견한 것에는 두 가지 설이 있다. 하나는 광서 25년 음력 5월이고 하나는 광서 26년 음력

열었는데, 바로 그곳에서, 많은 두루마리 문서들을 발견했다고 합니다. 동지인 스타인이 우리보다 앞서 둔황을 거쳐 갔음에도 저는 좋은 수확이 있을 것이라는 희망을 확신하고 있었지요. 그래서 우리가 둔황에 도착하자마자 저는 왕도사를 찾기 시작했습니다. 그를 만나기는 쉬웠습니다. 그는 우리를 석굴로 오게 했습니다. 마침내 그는 그 석실을 나에게 열어 주었고 저는 사방 3m도 되지 않는 작은 방에 들어가게 되었습니다. 거기에는 이중 삼중으로 두루마리들이 꽉 들어차 있었습니다. 모든 종류의 문서들이 다 있었지요. 두루마리로 된 것, 첩(帖)으로 된 것, 한문으로 쓴 것, 티베트어로 쓴 것, 위구르어로 쓴 것, 산스크리트어로 쓴 것들이 있었습니다. 여러분께서는 제가 사로잡힌 감정이 어땠을지 쉽게 상상할 수 있을 것입니다. 극동의 역사에 전혀 기록되지 않은 중국 필사본들의 가장 훌륭한 발견을 마주하고 있었던 것입니다. 이러한 문서들을 보는 것이 다가 아니었습니다. 만약 이렇게 한번 휙 본 것으로 만족하고 빈손으로 돌아가 점차 훼손되어가고 있는 이 보물들을 방치한다면 어찌 되겠는가 하는 의문을 가지게 되었습니다. 다행히도 왕도사는 문맹이었고 수계를 받은 성직자였습니다. 그는 탑을 세우기 위해 돈이 필요했습니다. 빠르게 진행되었지만, 전부를 확보하려는 생각을 포기해야 했습니다. 왕도사는 비난을 받을까 걱정했던 것입니다. 그래서 저는 석실에 웅크리고

5월이다. 둔황의 문서를 발견하게 된 원인은 부서진 굴의 쌓인 모래를 치웠기 때문이므로, 왕도사가 둔황에 정착한 이후이며, 모금하여 폐사(廢寺)를 치워 도관(道觀)으로 개조하는 행동은 결코 돈황에 막 도착하여 단기간 내에 조치할 만한 것은 아니다. 따라서 스타인의 '7년 전'이라는 설은 왕도사가 광서 26년에 둔황에 도착했다는 설인데, 시간상으로 현저하게 늦다. 왕도사의 자세한 사적에 관해서는 『돈황이야기』(2008, 연암서가) 부록편을 참고하시오.

앉아 3주 동안 맹렬하게 서가의 목록을 작성했습니다.

▍ 둔황 석굴. 위(魏 北魏 386~534년)나라의 제단(기원후 5세기경). 『둔황 석굴(Les grottes de Touen-Houang)』
제4책, 사진 CXCIV. 사진 아래에는 "111호 석굴, 오른 벽면"이라는 설명이 달려 있다.

1만 5천 두루마리 이상이 제 손을 거쳐 갔습니다. 저는 연도와 내용에 따라 가장 중요한 관심거리를 제공하는 것들, 전체의 3분의 1을 골랐습니다. 골라낸 부분에는 브라흐미 또는 위구르어로 된 문서들이 들어있고 티베트어로 된 문서도 많고 특히 중국어로 된 것이 많습니다. 중국학으로 보면 이루 헤아릴 수 없는 풍부한 보고가 그곳에 있었습니다. 분명 대부분이 불교에 관한 것들이지만, 또한 역사, 지리, 철학, 순수한 문학 그리고 모든 장르의 법령, 임대차계약서, 장부, 일상적인 기록들도 들어있습니다. 이 모두가 11세기 이전의 것들입니다. 1035년에 침략자들이 동쪽에서 밀어닥치자, 승려들은 서둘러 은신처에 책과 그림들을 몰아넣고 회벽을 만들어 벽면을 장식했습니다. 침략자들에게 학살되고 뿔뿔이 흩어지게 되었지만, 서가의 유물들은 그들과 함께 사라졌고 1900년에 우연히 되찾게 된 것입니다. 지난 8년 동안 어떠한 유식한 사람도 그곳을 지나면서 이 문서들을 조사하거나 그 중요성을 알아내지 못하는 행운이 우리에게 만들어진 것입니다. 여러분, 이러한 중요성은 우리에게만 중요한 것이 아니라는 것에는 조금의 과장도 없습니다. 이 중국의 옛 문서들은 중국에서 매우 희귀한 것들일 뿐만 아니라 유럽에서는 전혀 없는 것들입니다. 게다가 우리는 서적에 따라 작업할 수 있었을 뿐, 대중의 관점에서 의도적으로 재편집되지 않은 자료들에 근거하지는 못했었습니다. 처음으로 중국학자들은 유럽의 역사가들처럼 고문서에 따라 연구할 수 있을 것입니다. 마지막으로 이 석실에는 다른 것들도 있었습니다. 비단이나 삼베에 그려진 동시대의 그림들입니다. 이것들은 루브르 박물관이 소유하고 있는 매우 빈약한 컬렉션들의 앞자리를 차지할 것입니다. 몇몇 인쇄된 것들, 말하자면 10세기 심지어는 8세기까지 거슬러 올라가는 목판 인쇄물들로 구텐베르크보다 5~7세기를 앞서는 것입니다. 세상에 알려진 가장 오래된 인쇄물입니다.

■ (위)쿠차 근처의 수바치(Soubachi)에 있는 서쪽 사원의 벽화. (아래)둔황 석굴. 공양자들의 모습(10세
기). 아래 사진은 『둔황 석굴(Les grottes de Touen-Houang)』 제3책, 사진 CXXXV에 보인다. 사진
아래에는 "74호 석굴, 왼쪽 벽, 첫 번째 그림(세부)"이라는 설명이 달려 있다.

▌둔황 석굴. 필사본들이 들어있던 석실에서. 『둔황 석굴(Les grottes de Touen-Houang)』, 제6책, 사진 CCCLVIII. 사진 아래에는 "163호 석굴, 사본들이 들어있던 석실"이라는 설명이 달려 있다.

***

1908년 5월에 석굴 연구가 끝나 우리는 둔황을 떠났습니다. 바이앙 박사는 앞으로 더 발전할 한 지역에서 자연사 사료를 더 수집하는데, 전념하기 위해 거기에서 여정을 멈추었습니다. 7월에 바이앙 박사가 서녕(西寧) 쿰붐(Koumboum)29 사원에 가 있는 동안, 누에뜨 씨와 나는 양주(涼州)에서 운남, 사천 그리고 감숙성을 가로지르는 대장정을 마친 올론 탐사단(Mission d'Ollone)30을 만나는 기쁨을 누렸습니다. 서안부(西安府)에서 마지막으로 책과 고문물을 수집하기 위해 1개월을 머문 뒤에, 우리는 1908년 10월 초 정주(鄭州)에 도착하여 기

---

29 쿰붐(Koumboum) 사원: 잠파 링(Jampa ling) 사원으로도 불리며, 중국어로는 타얼쓰(塔尔寺)이다. 티베트 불교(라마교) 겔룩파의 대사원 중 하나로, 달라이 라마가 소속된 겔룩파의 창시자 쫑카바(Zongkaba, Tsongkhapa, 쫑카 사람이란 뜻, 1357~1419)가 태어난 곳이기도 하다. 3대 달라이 라마 쇠남갸초(Sonam Gyatso, 1543~1588)가 1560년 쫑카바를 위해 세운 사원으로, 청해성 암도(Amdo) 지역, 시닝(西宁)시 서남쪽으로 25km 지점, 루샤얼쩐(鲁沙尔镇)에 있다. 프랑스 에바리스트 레지스 윅(Évariste Régis Huc, 1813~1860) 신부가 1845년 체류하면서 서구세계에 알려졌으며, 특히 프랑스 여성 여행 작가인 알렉산드라 다비드 넬(Alexandra David-Néel, 1868~1969)이 1918년에서 1921년까지 체류하면서 남긴 기록과 사진들이 귀중한 자료로 남아있다. 기록상으로 펠리오는 프랑스인으로서 두 번째 이곳을 찾은 셈이다. 펠리오 일행이 이곳에서 어떤 사진 기록을 남겼는지는 아직 발표되지 않았다.

30 앙리 돌론(Henri d'Ollone, 1868~1945): 프랑스 브장송 출신의 군인이자 탐험가로 아프리카와 아시아 탐사대에 참가했다. 1904년부터 중국을 여행한 경험으로, 1906년 비한족의 문화와 민족을 연구하는 학술 탐사대를 맡아 1909년까지 이끌었다. 이 탐사는 8천 km에 달했고, 헤아릴 수 없는 지리적, 고고학적, 민족적, 언어적 성과를 가져왔다. 많은 지도, 사진, 연구 보고서 등이 『중국의 무슬림에 관한 연구(Recherche sur les musulmans chinois)』로 1911년 출간되었다. 특히 1908년에는 오대산에서 13대 달라이라마를 접견하기도 했으며, 운남, 사천, 감숙, 영하 등지를 탐사하면서 아랍의 정복이 중국에서 이슬람 전파의 계기가 아니라는 견해를 밝히기도 했다. 또한, 중국의 무슬림을 위구르와 회족으로 대별하고 있는 점도 주목할 만하다.

차를 탔습니다. 안디잔(Andidjan, 우즈베키스탄의 도시로 카슈가르와 코칸드 중간에 위치)을 떠난 지 2년이 넘은 것이지요. 이틀 뒤에 우리는 북경에 도착했습니다. 정확히 여행이 완료된 것입니다. 한 발의 총도 쏘지 않고 평화롭게 잘 지나온 것이지요. 탐험가로서 우리는 건강하게 돌아온 것에 대한 비장한 마음이 들었습니다.

***

그러나 저의 목표를 완전히 이룬 것은 아니었습니다. 단방(端方)[31] 총독과 같은 중국 예술품 애호가의 소장품들에 접근할 수도 있었습니다. 그의 집에서 누에뜨 씨는 약간의 사진을 찍을 수 있었습니다. 마침내 나의 동료들은 수집한 것을 가지고, 프랑스로 돌아갔습니다. 저는 얼마간 인도차이나와 접촉을 재개하러 갔습니다. 그곳에 애착이 많았고, 수년간 만나보지 못했기 때문에 저는 한동안 그곳에 살았습니다. 그 이후로 저는 마지막 임무에 착수했습니다. 유럽의 모든 도서관에는 매우 빈약한 중국 자료를 가지고 있습니다. 파리의 도서관은 18세기 이후로 더는 늘어나지 않았습니다. 우리가 찾은 문서들을 연구하는데 이미 인쇄된 것들이 부족하다면, 우리가 가져간 문서들이 무슨 소용이 있겠습니까? 그래서 상해와 북경에 머무는 마지막 몇

---

31 단방(端方, 1861~1911): 만주 귀족 가문 출신으로, 자는 오교(午橋)이고 호는 도재(匋齋)이다. 청나라 말의 정치가이자, 금석학자로 많은 예술품을 소장하고 있었다. 이후 보로운동(保路運動)이 일어나 사천 총독으로 부임해 가다가 피살되었다. 많은 장서를 모았는데, 그 서실을 '보화암(寶華庵)', '도재(匋齋)'라 불렀다고 한다. 그가 찍은 장서 인장으로는 '낙도주인진상(樂道主人眞賞)', '단방장기(端方藏記)' 등이 있다.

달 동안 파리의 국립도서관을 위해 거의 3만 권 또는 본(本)을 확보했습니다. 그러는 동안 둔황에서 우리가 발굴한 것에 관한 소문이 중국학자들 사이에서 퍼졌습니다. 단방 총독은 우리의 귀중한 문서 중 하나를 빌려 가서는 온 나라 수집가들에게 돌아다니게 하는 바람에 그것을 되찾는데 6주나 걸렸습니다. 북경의 학자들은 연이어 우리 동료들이 가져가지 않은 몇몇 자료들을 검토하고 영인하러 왔습니다. 결국, 그들은 연회 자리를 마련해 주면서 우리의 문서 중 가장 중요한 것들을 방대한 문집으로 영인 출간하기 위한 협회를 구성하여, 파리에서 그들의 작업을 쉽게 할 수 있도록 주선해 달라고 요구했습니다. 이는 적어도 우리가 그들에게 해주어야 합니다.

우리의 성과를 요약하자면, 누에뜨 씨는 수천 장의 사진을 찍어 왔습니다. 오늘 저녁 여러분들께서 자료들을 볼 수 있을 것입니다. 바이앙 박사는 거의 2,000km에 달하는 여정을, 25개의 천문학적 지점으로 연결하여 작성했고, 그가 행한 계산으로부터 우리는 위도 400m, 경도 1㎞의 오차범위 내로 이르게 되었습니다. 우리가 작업한 환경에서 그 이상을 요구할 수는 없습니다. 지질학적 표본들, 800여 종의 식물, 200여 종의 조류, 포유동물, 많은 곤충, 해골과 인체 측정치는 자연사의 컬렉션을 구성하고 있습니다. 우리들의 그림, 목판 조각, 청동기, 자기들은 루브르 큐레이터들이 전용 전시실로 옮겨갈 예정입니다. 마지막으로 우리는 국립도서관에 유럽에 없는 중국의 간행물과 중국에서도 비견할 것이 없는 중국 필사본들을 가져왔습니다.

▎ 양주(涼州)에서 돌론(D'Ollone)과 펠리오 탐사대의 만남 장면

　편집자주: 3월 12일 토요일, 루브르 박물관에 펠리오 전용 전시실
이 공식적으로 마련되었다. 교육부 장관, 오몰(Jean Théophile Homolle,
1848~1925) 씨, 세나르 씨, 베네디트(Bénédite) 씨와 여러 초청받은 사
람들이 참석했다. 펠리오 씨는 엘리트 청중들에게 전시물, 놀라운 회
화, 조각, 날염 되고 수를 놓은 천들, 목각 조상, 테라코타, 청동기
등등을 설명해 주었다. 중앙아시아의 예술사에 관해서, 루브르는 이
제 우리의 탐사대들 덕분에 이전에 수행된 탐사들이 수집한 것들과
겨루게 될 컬렉션을 제공하게 되었다.

감숙성에서 찾은 중세 도서관[1]
중앙아시아 탐사를 담당한 극동프랑스학교(EFEO) 교수 폴 펠리오

천불동(千佛洞)을 찾은 이후로 우리는 둔황에서 2~3일을 더 머물렀습니다. 나는 그동안 1831년에 간행된 『돈황현지(敦煌縣志)』의 두 사본을 확보하려 했습니다. 나는 이 책을 모스크바 루미안체프 박물관(Rumyantsev Museum)에서 한 사본을 보았고, 그 이후 다른 하나는 우루무치에서 본 것으로 알고 있었습니다. 판각본이 아문(衙門)에 있었지만, 느슨했던 이곳의 현령은 그것이 있는지도 모르고 있었습니다.

게다가 나는 서송(徐松)[2]이 『서역수도기(西域水道記)』에서 1823년으로

---

1 편집자주: 이 글은 펠리오 씨가 프랑스 학사원(l'Institut de France) 임원인 세나르 씨에게 보낸 편지에서 발췌한 것이다. 원래의 형태를 존중하여 바꾸지 않았다.
2 서송(徐松, 1781~1848): 자는 성백(星伯) 또는 맹품(孟品)으로 절강성 소흥(紹興) 출신의 청나라 사학자이다. 가경(嘉慶) 10년(1885)에 진사에 급제하고 한림원(翰林院) 편수(編修)에 임명되었다. 가경 16년 탄핵되어 이듬해(1812년) 이리(伊犂)로 유배되었다. 악수, 투르판, 우루무치를 둘러보고 「신강부(新疆賦)」를 지었고, 이어서 1819년에는 천산의 남북로와 산천 지형을 기술한 『서역수도기(西域水道記)』 12권과 『한서서역전보주(漢書西域傳補注)』를 완성했다. 같은 해 사면되어 중앙 조정으로 복귀하여 지리와 금석학 방면에서 상당한 명성을 누렸다. 가경 25년(1821)에는 기운사(祁韵士, 1751~1815)가 주편한 『서수총통사략(西陲總統事略)』 12권을 산정하여 『신강지략(新疆識略)』을 지었다. 그의 대표작으로는 『당양경성방고(唐兩京城坊考)』 5권, 『서역수도기』 12권, 『한서서역전보주』 등을 들 수 있다.

■ 둔황 석굴의 평면도와 입면도 펠리오 작성 『둔황 석굴(Les grottes de Touen-Houang)』 I, 마지막 페이지에 수록되어 있음

판독한 한 비문을 찾는 것으로 시작했습니다. 샤반느(Chavannes)³씨

---

3 엠마누엘 에두아르 샤반느(Émmanuel-Édouard Chavannes, 1865~1918): 유럽에서 『사기』의 최초 번역자로 잘 알려진 프랑스의 저명한 고고학자이자 중국학자이다. 리옹 출신의 샤반느는 1885년 그랑제꼴 고등사범학교 문학과에 입학하여 페로(Georges Perrot, 1832~1914)를 만나 중국학에 입문하게 된다. 하지만 최종적으로는 동양학자 앙리 꼬르디에(Henri Cordier, 1849~1929)의 권유에 따라 당시 미개척분야였던 중국의 역사에 관심을 두게 된다. 샤반느는 콜레주 드 프랑스에서 에르베이 생 드니스(d'Hervey-Saint-Denys)에게 한문을, 국립동양언어문화연구학교(INALCO)의 모리스 잠텔(Maurice Jametel, 1856~1889)에게 중국어를 배웠다. 1889년 더 깊은 연구를 위해 그는 중국으로 갔고, 당시 북경에 있던 프랑스 대표부에서 기획한 학문적 탐사에 자리를 얻었다. 샤반느는 1893년까지 중국에 체류했다. 1892년 에르베이 생드니의 죽음에 따라 공석이 된 콜레주 드 프랑스 중국어 교수 자리를 얻어 1893년 귀국했다. 그의 제자 중에는 폴 펠리오, 마르셀 그라네(Marcel Granet, 1884~1940), 로베르 데 로투르(Robert des Rotours, 1891~1980)등과 같은 중국학자들이 있었고, 민속학자, 고고학자, 의사, 소설가였던 세갈렌(Victor Segalen, 1878~1919)도 있었다. 콜레주 드 프랑스에서의 활동은 매우 활발했다. 프랑스 학사원(l'Institut de France)이 되었고, 여러 외국학 협회의 명예 이사직을 맡았으며 『통보』의 통신원을 거쳐 1915년에는 금석문 및 문학 아카데미의 회장으로 선출되었다. 그러한 활동에도 불구하고 1907년 중국으로 돌아가 고대의 비문과 유물들을 연구했다. 역사 방면에서 1890년 북경에서 간행된 사마천의 「봉선전」을 필두로 『사기』를 유럽 최초로 번역했다. 금석학 분야에서 베르톨드 라우퍼(Berthold Laufer)가 "[그는]정상적인 방법론으로 어려운 이 분야에 접근한 최초의 지식인으로, 논란의 여지가 없는 성과를 냈다"고 칭송할 정도로 샤반느의 성과는 선구적이었다. 1893년 진(秦)나라 비문에서 비롯하여 원나라 시기의 비문들까지 분석하고 번역해 냈다. 1907년 상당한 사진과 탁본을 확보했다. 이러한 자료들은 1909년 『북중국에서의 고고학적 탐사(Mission archéologique dans la Chine septentrionale)』라는 서명으로 출간되었다. 그리고 당시 북중국을 탐사하면서 실크로드에 있어 빼놓을 수 없는 돌궐 민족에 관한 연구[Documents sur les Tou-kiue (Turcs) occidentaux]를 1900년 발표했으며 중국에서 가져온 비문들을 분석하여 『한나라 시기의 조상(La Sculpture à l'époque des Han)』(1913)과 『불교 조상(La Sculpture bouddhique)』(1915)을 출간했다. 종교 방면에서 샤반느는 중국의 토착 종교, 불교, 도교, 네스토리우스교와 마니교에 심오한 연구를 수행했다. 의정(義淨)의 『대당서역구법고승전(大唐西域求法高僧傳, Mémoire composé à l'époque de la grande dynastie T'ang sur les religieux éminents qui allèrent chercher la loi dans les pays d'occident par I-Tsing)』을 출간하여 1894년 스타니슬라스 줄리앙 상을 받았다. 불교에서 샤반느의 명성을 알린 책은 세 권으로 된 『백유경(百喩經, Cinq cents contes et apologues extraits du Tripiṭaka)』이다. 1910년 샤반느는 중국 토착 신앙에 관한 연구로서 『태산(泰山), 중국 신앙에 관한 논문(Le T'ai Chan, essai de monographie d'un culte chinois)』을

가 우연히 그것에 관해 언급했지만 출간하지는 않았습니다. 얼마간의 연구 끝에 나는 이 비문을 찾았습니다. 그러나 서송의 시기처럼 벽 속에 들어있었던 것이 아니라 지금은 비석 받침대에 들어있었습니다. 그렇게 나는 다른 비문을 배면에서 찾았는데, 정면의 비문처럼 당나라 시기의 것으로 오늘날까지 알려지지 않은 것입니다. 그 비석은 양(楊) 아무개 씨의 것이었습니다. 나아가 나는 서송이 탈초하여 간행한 것에 따라서 비문의 여러 곳을 교정하고 보완했습니다.

그러고 나서 우리는 천불동으로 떠났고 나는 그곳을 자세하게 연구하기 시작했습니다. 나의 첫 번째 인상이 입증되었지요. 이 유적이 우선순위였습니다. 카슈가르 지역에는 이와 같은 것이 없었습니다. 비문들이 말하고 있는 것처럼 분명 '1천여 개의 석굴'이 아니라 거의 5백 개 정도였으며, 상당수가 완전히 손상되었거나 별다른 흥미로운 것이 없는 것들이었고, 적어도 그들 중에는 6~10세기에 개수(改修)된 그대로 그림과 조상, 초상화 그리고 기증자의 이름들을 제공해 주고 있습니다. 적어도 체계적으로 조사하려는 최초의 사람들이라면, 바로 이 유일한 점에서 천불동을 탐사할 가치가 있는 것입니다. 당신들은 우리의 탐사대에 우리만의 유적발굴을 원했습니다. 스타인 씨 같은 다른 여행자들의 발길이 여기에서 우리를 방해한다고 생각하지는 않습니다. 내가 보기에, 중국학자만이 이 유물들의 역사와 설명을 위

출간했다. 1912년 제자 펠리오와 함께 둔황 막고굴에서 찾은 마니교 문헌을 번역했는데, 『중국에서 찾은 마니교 논서(Un traité manichéen retrouvé en Chine)』란 제목으로 파리에서 사후에 출간되었다. 베르톨드 라우퍼는 이 저술에 대해 "현대 중국학에서 가장 빛나는 연구"라고 평가했다. 샤반느는 1918년 1월 20일 52세의 나이로 파리에서 죽었다.

양 씨의 비석의 정면 사진. 『둔황 석굴(Les grottes de Touen-Houang)』, VI, 사진 370.

해, 거기에 그려져 있는 수많은 이미지와 표제어들을 밝혀내고 활용할 수 있을 것입니다. 여기에는 대부분이 중국어이고, 중국인들이 대다수입니다. 저는 이미 서하(西夏)문자와 파스파 문자를 알고 있습니다. 이 문자들은 분명 호기심을 불러일으키지만, 그 숫자는 많지 않습니다. 20여 건은 서하문자로 되어 있고 10여 건은 파스파 문자로 되어있는데 유용한 것들이 아닙니다. 또한, 티베트어, 위구르어, 상용글자로서의 몽골어, 약간의 브라흐미 문자들도 있습니다. 이러한 부차적인 언급들은 누군가가 석굴에서 향을 올렸다는 것들로, 부수적인 관심거리일 뿐입니다. 그 내용은 완전히 중국식입니다.

석굴의 양식도 카슈가르의 것과 전혀 다릅니다. 저는 신장에서 이렇게 부처를 바치고 있는 기둥의 장식 없는 기둥머리에 이집트의 지하 묘의 모습을 연상시키는 거대한 석굴군은 보지 못했습니다. 카슈가르와 투루판에서 일반적인 아치형 우요(右繞, pradaksina)의 회랑이 있는 작은 석실은 지금까지 거의 알려지지 않은 것입니다. 난간 돌출부에 있는 천장 같은 것은 가장 오래된 석굴에서도 드물게 보이는 것입니다. 또한, 그 구성하는 요소들은 그림으로만 표현되어있지 실제로 복층으로 만들어진 것은 아닙니다. 그렇지만 그 장식은 중국-이란 양식과 같습니다. 그 기원을 세밀하게 관찰해보면, 인도-중국식이라고 해야 할 것입니다. 그러나 이 용어는 혼동을 불러일으킬 수도 있을 것이고 게다가 석굴의 장인들이 여기에서는 중국인들입니다. 둔황의 천불동은 또한 몹시 간결한 카슈가르인들의 밍오이와 공통점을 가지고 있습니다. 이 지역을 티베트가 지배하기도 했지만, 몽골 순례자들이 석굴에서(하나를 제외하면 몽골 시기의 석굴들임) 최근 가져온 몇몇 조상들은 모든 면에서 애석하게도 탄트리즘(Tantrism)의 외설적 모습을 표현한 유일한 견본입니다.

나의 첫 번째 관심은 천불동의 비석들을 연구하는 것이었습니다. 아시는 것처럼 샤반느 씨는 4개를, 더 정확하게 말하자면, 세 개의 비석이 있는 네 개의 비문을 발표했습니다. 이 비문들은 776, 894, 1348, 1351년의 것입니다. 거기에 『서역수도기』에서 판독한 689년의 비석이 하나 더 있습니다. 샤반느 씨도 언급하고 있지만, 그것을 발표하지는 않았습니다. 689년의 이 비석은 1823년부터, 분명 동간(東干) 혁명 4 때, 부서져, 오늘날 윗부분 전체가 사라졌습니다. 저는 없어진 부분을

---

4 동간혁명(東干革命): 동치회란(同治回亂), 동치섬감회란(同治陝甘回亂) 등으로 불리기도 한다. 산시, 간쑤, 닝샤, 신장의 회족 중심의 무슬림들이 1862~1877년에 걸쳐 동치(同治)의 청나라에 대항하여 둥간족의 아버지 무함마드 아유브, 즉 백언호(白彦虎, 1830~1882)를 지도자로 세워 일으킨 혁명이다. 산시에 4백만 명이었던 무슬림들이 2만 명이 남을 정도로 많은 무슬림이 학살되었다. 카슈가르 왕국의 아마르 야쿱 벡(1820~1877)도 참여하여 신장에서 활동했으나 좌종당(左宗棠, 1812~1885)이 이끄는 청군

1351년 비석 탁본. 에두아르 샤반느(E.D. Chavannes), 『보닌의 탁본에 따른 중앙아시아의 중국어 비문 10개(Dix Inscriptions Chinoises de l'Asie Centrale d'après les estampages de M. Ch.-E. Bonin)』 파리, 국립인쇄소(1902), 98쪽 도판.

찾기 위해 원래 있었던 자리를 뒤져보았으나 소득이 없었습니다. 따라서 우리는 이 중요한 기념비에 대해서 서송(徐松)이 판독한 것에 의지해야 합니다. 다행히도 이 탈초문은 훌륭합니다. 다른 비석에 대해서도 그렇다는 것은 아닙니다. 이 중국인 학자는 직접 서법이 괴이한 698년의 비석을 보고 그 비문을 연구했지만 다른 비석들은 탁본으로 작업했습니다. 그런데 중국의 탁본들은 결함이 없는 비석에는 좋지만, 균열이 생겨나면서 원래 읽을 수 있었던 글자들이 사라지게 됩니다. 776, 894, 1348년의 비문들이 이와 같은 것들입니다. 그래서 『서역도지(西域圖志)』[5]의

에 패배하여 왕국을 잃고 죽음을 맞았다.

5 『서역도지(西域圖志)』: 청나라 정부에서 편수한 지방지로 『흠정황여서역도지(欽定皇輿西域圖志)』의 약칭이다. 건륭(乾隆) 21년(1756) 유통훈(劉統勳, 1698~1773)이 편찬을 시작하여, 27년(1762) 부항(傅恒, 1720?~1770) 등이 완성했다. 이후 47년(1872)에 영렴(英廉, 1707~1783), 우민중(于敏中, 1714~1780) 등이 증보하였다. 총 52권으로 이루어져 있다. 서역의 역사 지리, 민족, 문화, 중앙아시아를 연구하는데 중요한 참고자료이다.

저자들이나 서송도 894년의 비문을 새긴 사람에게 경의를 표하는 인물의 이름을 판독해 낼 수 없었습니다. 비석을 직접 보았다면 별다른 어려움 없이 이 인물이 이명진(李明振)이라 불린 사람임을 알 수 있습니다. 저는 이 주인공에 대해 적지 않은 새로운 사실들을 알아냈습니다. 서송에 의해서만 알려진 1351년의 비문은 보닌(Bonin)[6]이 비석의 여러 면 중에서 한 면의 탁본에 따라 샤반느 씨에 의해 발표되었습니다. 그런데 이 비문은 다른 면에서 기증자의 이름들이 이어지는데, 그중 몇몇은 이미 1348년의 비문에서도 들어있습니다. 저는 이 두 비석을 비교하여 1348년 비문의 모든 이름을, 그중에 몇몇은 상당히 지워져 있었지만, 판독하고 교정할 수 있을 것으로 생각합니다.

다소 완전하게 알려진 이 비문들 이외에 일종의 벽토로 된, 흰색으로 칠해진 바탕에 검은 글씨로 쓰인 다른 것이 있습니다. 이 비석은 6호 석실 밖에 있었는데, 언급할 만한 어떤 것도 찾아내지 못했습니다. 이와 비슷한 비석의 머리가 근처의 한 석실 밖에서 발견하고 발굴했습니다. 이번에는 이 비문이 검은 바탕에 흰 글씨로 되어 있었습니다. 글자들은 대부분 모래로 뒤덮여 있었습니다. 그래도 저는 단념하지 않고 몇몇 부분들을 판독할 수 있었습니다, 하지만 이

---

6 찰스 유데스 보닌(Charles Eudes Bonin, 1865~1929): 프랑스의 외교관으로서 고고학자 겸 탐험가로 활동하였다. 프랑스령 인도차이나 부총독이었던 그는, 1893년 라오스에 배속되었고, 이어서 말레이시아로 옮겼다. 그는 1895~1896년 사이 첫 번째로 감숙성과 몽골지역을 가로지르는 지역 탐사를 수행했다. 아미산(峨嵋山)에서 북경에 이르는 두 번째 탐사를 수행했다. 1901년 영사로 승진했고 이듬해에는 대사관 서기관이 되었다. 1904년 극동을 떠났다. 탐사기록뿐만 아니라, 칭기즈칸 무덤, 네스토리우스교, 중국 회화 등에 관한 10여 종의 연구자료를 남겼다.

틀 만에 바깥바람과 공기 속에서 완전히 지워져 버렸습니다.

결국, 그것은 아직도 공개되지 않은, 우리가 필사본들을 찾아낸 유명한 석실에서 1900년에야 발견된 최후의 비문입니다. 내 생각에, 이 비문은 851년에 새겨진 것으로, 더 정확하게 말하자면 둔황이 다시 중국으로 들어간 해(이 항복의 해로 제시된 850년은 잘못된 것 같다)이며, 홍인(洪{功+言}, 또는 변뿔)이란 승려가 당나라 조정에 보낸 사신에 관한 부분을 담고 있습니다. 이 비석은 상태가 매우 좋습니다. 저는 한 석실에서 개수된 부분에, 전체 장식보다는 시기적으로 늦으면서 입상으로 그려진 홍인(洪認)이란 승려의 초상화를 찾았는데, 그 명칭이 바로 851년의 비문에 보이는 승려를 지칭하는 것으로 보였습니다. 따라서 문제의 그 석굴은 9세기 중반 이전에 조성되었을 것입니다.

한편으로 저는 상당수 건축물의 연도를 추정할 수 있을 것으로 생각합니다. 석실 대부분은 대를 이어 동일한 가문의 사람들로 유지되거나, 또는 종교적 단체인, 일종의 사(社)가 공동으로 소유한 것입니다. 또한 '기부한 주인'이란 뜻의 지주(地主)라는 말 옆에는 '석굴의 주인' 이란 뜻의 굴주(窟主)가 더 정확한 명칭인 다나파티(dānapati, 나는 여기에서 단월(檀越)이라 옮긴 것을 찾지 못했습니다)라는 산스크리트어의 역어도 볼 수 있습니다. 따라서 기증자들의 카르투슈(cartouche)[7]들은 다른 곳에서 알려진 인물들을 언급하고 있으므로 우리는 장식의 시기

---

7 카르투슈란 이름이나 제목을 쓰고 테두리를 사각형이나 타원형으로 친 것을 말한다. 우리 말에 해당하는 용어가 없어 그대로 따른다.

에 관하여 상당히 정확한 결론을 끌어낼 수 있습니다. 그래서 어떤 석실에는 중요 기증자의 이름이 의금(議金, 성이 없이)이란 사람으로 되어있는데, 이 사람은 둔황, 쿠물(Qoumoul, 伊州), 투루판의 절도사 이기도 하면서 금만(金滿, 지무싸吉木薩 부근)과 누란(樓蘭, 로프노르 남쪽)의 절도사도 겸했다. 이 석실의 다른 카르투슈들과 비교해보면 분명하게 이 사람의 성씨를 확인할 수 있습니다. 바로 조의금(曹議金)으로, 그에 대해서는 분명 왕조사에 보이는 조의금으로 보아야 할 것입니다. 조 씨는 10세기 초에 둔황의 통치권을 장씨(張氏)에게서 계승했습니다. 또 다른 카르투슈가 알려주고 있는 조의금의 조카 중 한 사람은 바로 '북방(北方) 대회골국(大回鶻國) 성천가한(聖天可汗)'의 손자였는데, 바로 위구르의 카한(qaghân)입니다. 이로써 우리는 이 석실의 장식을 10세기 초반으로 추정할 수 있고, 그곳에서 둔황의 중국인들이 위구르 인들과 맺은 관계에 관한 증거들을 찾을 수 있습니다. 한편 석굴들은 중국인들이 여러 차례 감주(甘州)의 위구르인들 또는 상당히 의외의 칭호를 가지고 있는 호탄의 공주들과 혼인한 관계를 보여줍니다. 그러한 관계를 통하여 우리는 호탄 왕의 딸이 조의금의 아들이자 두 번째 계승자인 조연록(曹延祿)과 결혼한 것을 알 수 있습니다. 많은 확실한 근거들, 조연록의 아버지는 조원충(曹元忠)이고, 할아버지는 조의금이라는 것이 왕조의 역사를 통해 제시되었습니다. 어쨌든 카르투슈들은 티베트에 관해서는 침묵하고 있는 것으로 보입니다. 비석들은 산발적으로 첸포(btsan-po)를 언급하고 있는데, 라싸의 첸포는 8세기 말과 9세기 초반에 둔황을 지배했습니다. 석굴의 기증자들이 이러한 종속의 시간을 두드러지게 표현하고 싶지는 않았을 것입니다.

나는 당신에게 간략하게 일종의 파노라마, 즉 사원의 파노라마로, 여러 성지 가운데 하나가 벽화의 중심을 차지하고 있는 석굴들의 지도를 언급한 적이 있습니다. 사실은 바로 오대산(五臺山) 지도입니다.[8] 불교에서 이 유명한 산은 문수보살(Mañjuśrī)이 선호했던 곳입니다. 비율은 맞지 않지만, 틀림없이 중국식 지도로 900년경 오대산의 다섯 봉우리에 세워진 어떤 사원들이 있었는지를 알려줍니다. 결국, 이것이 우리가 물을 수 있는 전부입니다. 유감스럽게도 없어졌지만, 의정(義淨, 636~713)이 말해주는 나란다 사원의 '지도'도 이보다 더 상세하지 않았을 것입니다. 나는 이 지도가 절대적으로, 현재 남아있는 중국의 가장 오래된 지도일 것이라고 덧붙여 말하고 싶습니다. 그것은 9세기의, 늦어도 10세기 전반의 것으로 보입니다. 누에뜨 씨는 전체적으로 사진을 찍기 위해 최선을 다했습니다. 호기심과 연대기적 실마리로서 당신께 이 지도에는 튀르크 '톨로(tölös)의 사원'인 철륵사(鐵勒寺)가 나타난다는 것을 알려드리고자 합니다. 또한, 거기에는 전승에 따라 말하자면 이 왕이 세운 8만 4천 개 중에서 중국인들이 신중하게 고른 아쇼카왕의 스투파 19개가 있다고 합니다. 오대산에는 또한 바수반두(Basubandhu)의 형인 아상가(Asaṅga)의 스투파가 세워져 있는데, 이 유명한 작가가 문수보살의 산에 실제로 묻혔는지를 자료에서 연구해야 할 것입니다. 다른 카르투슈들은 신라와 고려의 왕들이 오대산에 보낸 사신들을 언급하고 있는데, 한 신라의 왕은 그곳에 스투파가 세워져 있습니다. 마지막으로 두 설명은 브라만 출신인

---

8 펠리오 탐사대가 촬영한 오대산 지도는 부록에 실린 참고 사진 3(1-5)을 참고하시오.

붓다팔리타(Buddhapālita)가 676년 걸음마다 오체투지를 하며 산을 오른 것과 이러한 고행의 보상으로 문수보살이 현신한 것을 상기시킵니다. 개괄적으로 말하자면, 오대산의 이 지도를, 내가 생각하기에 18세기에 간행된, 『청량산지(淸凉山志)』9라는 근래의 기술과 비교해야 할 것입니다. 아마도 이 저술은 파리에는 없을 것이고, 하노이의 우리가 가지고 있습니다. 한편 나는 직접 오대산에 가서 천불동의 이 지도와 내가 이 유명한 성지에서 수집한 다른 필사본 자료들을 확인해 보려 했습니다.

필사본 자료와 아주 짧은 필사본들을 확보하게 되었으므로, 나는 결국 새로운 중요한 것을 얻은 셈입니다. 이미 두 차례나 우루무치에서 '왕도사(王道士)'란 사람이 이곳에서 1900년 당나라 시기에 쓰인 불교 필사본들을 발견했다는 것을 들었다는 것에 대해 언급했었습니다. 그러나 우리가 처음으로 찾아갔을 때, 이 문서들을 숨기고 있던 암실은 자물쇠로 잠겨 있었고, 왕도사는 거기에 없었습니다. 나는 둔황에서 그를 만났고 그는 우리와 함께 석굴로 가서 그가 발견한 것을 보여주기로 했습니다. 그러나 그는 좀 늦게 도착했고 열쇠는 둔황에 두고 왔다고 했습니다. 나는 또 기다려야 했습니다. 그러는 사이, 나는 거기에 중국인과 티베트인이 있다는 것을 알았습니다. 스타인(Stein)10 씨는 이

---

9 『청량산지(淸凉山志)』: 명나라 승려 진징(鎭澄, 1546~1617)이 지은 책이다. 원래는 정덕(正德, 1506~1521) 연간 추애법사(秋崖法師)가 지은 『청량지』를 만력 24년(1596)에 증감하여 만든 책이다. 청량산은 바로 오대산을 말한다. 즉 오대산의 명승, 사찰, 승려, 응험기, 제영시 등을 수록하고 있다. 따라서 펠리오가 '18세기'라고 한 것은 17세기로 고치거나 무영전(武英殿) 중간본이 1811년에 나왔으므로, 19세기로 고치는 것이 맞겠다.

석굴에서 3일 동안 작업하여 현지 관리의 묵인하에 공식적으로 상당수의 필사본을 구매했습니다. 그 승려는 스타인 씨가 개인적으로 돈을더 주었는데, 그 액수가 두툼했으나 더 내어 주었다고 덧붙였습니다. 나쁘지 않은 말이어서 나는 내가 취할 절차를 결정했습니다.

마침내 열쇠를 가져와, 3월 3일 화요일에 저는 그 석굴 안으로 들어갈 수 있었습니다. 저는 입이 벌어졌습니다. 지난 8년 동안, 이 서가에서 빼내 갔으므로 매우 줄어들었을 것으로 생각했습니다. 사방 250cm의 암실에, 삼면에 어른 키만큼, 두 겹 또는 세 겹의 두루마리들로 가득한 암실을 상상하신다면, 내가 놀란 것을 알 수 있을 것입니다. 두 판자 사이에 넣어 끈으로 묶어 놓은 엄청남 티베트어 필사본들이 한구석에 쌓여 있었습니다. 다른 곳에는 중국어와 티베트어 글자들이 묶음의 끝에서 나타났습니다. 저는 몇몇 묶음들을 풀어보았습니다. 필사본들은 대부분 조각나 있었고, 처음과 끝이 손상되거나 중간이 찢어졌거나 간혹 제목만 남은 것들이 있었습니다. 그러나 제

---

10 아우렐 스타인 경(Sir Aurel Stein, 1826~1943): 헝가리 출신의 영국 고고학자이자 탐험가로 중앙아시아 고대문명에 많은 작업을 남겼다. 스타인은 죽을 때까지 탐험의 삶을 살았는데, 크게 4차례의 탐사로 나누어 볼 수 있다. 그가 둔황을 찾은 것은 두 번째와 세 번째 탐사이다. 여기서 펠리오가 언급하고 있는 것은 바로 두번째 탐사를 말한다. 그의 저서인 『캐세이 사막의 유적들(Ruins of desert Cathay)』(1912)에 보이는 둔황에 이르는 경위는 다음과 같다. 1907년 3월 초부터 탐험대는 독일과 프랑스 탐험대도 찾고자 했던 유적지인 둔황으로 향했다. 둔황은 스타인이 탐험한 유적지 중에서 가장 황홀한 곳으로 기록하고 있다. 4월과 5월에 둔황에 도착하기 전 확인해 두었던 망루를 발굴하기 위해 사막으로 돌아갔다가 둔황으로 돌아온 그는 중국인 비서 장효완(蔣孝琬, ?~1922)과 함께 현장(玄奘) 법사의 구법 순례를 들어 왕도사가 둔황의 필사본들을 양도해 줄 것을 설득했다. 중국인 비서와 밤낮으로 작업하면서 스타인은 가장 흥미로워 보이는 것들을 골라서 1907년 6월 14일 다섯 수레에 짐과 자료들을 싣고 둔황을 떠났다.

가 본 몇몇 연도는 모두 11세기 이전이었고, 이 첫 번째 조사에서 저는 브라흐미어와 위구르어로 된 뽀티(pothī)11 몇 장을 접하게 되었습니다. 저의 몫을 빠르게 챙겼습니다. 적어도 서가 전체에 대한 개괄적 조사가 필요하여 그렇게 해야 했습니다. 이쪽에서 저쪽까지 15,000~20,000개의 두루마리가 그곳에 있었는데, 상상할 수도 없었습니다. 6개월 동안 보아도 다 보지 못했을 것입니다. 그러나 우리에게 새로운 것을 선물할 기회가 왔으니 적어도 모두 열어 보고 각 문서의 성격을 알아야 했습니다. 그래서 두 부분으로 나누었는데, 어떤 값을 치르더라도 얻어내야 하는 것과 얻으려 노력은 하되 때에 따라서는 단념할 수도 있는 것으로 말입니다.

부지런히 했음에도 불구하고 이러한 시도는 3주 이상이 걸렸습니다. 처음 10일간 나는 하루에 1천 개의 두루마리를 다루었습니다. 기록적인 일이었지요. 암실에 웅크리고 앉아 시간당 100개씩, 문헌학자들의 쓰임에 맞춘 자동차 속도였습니다. 그다음은 속도가 느려졌습니다. 우선 조금 지친 데다, 묶음들의 먼지가 내 목을 막히게 했습니다. 그리고 구매하는 협상이 시간을 끌었는데, 말하자면 그것들이 시간을 낭비한 것이었습니다. 또한, 성급한 작업은 당연히 돌발적인 위험이 없을 수 없었지요. 내가 차지하고자 했었던 문서들이 무르익은 조사과정에서 멀어질 수 있었습니다. 아무튼, 나는 중요한 것을 빠뜨리지 않았다고는 생각하지 않습니다. 내 손을 거치지 않은 것이 하

---

11 뽀티(pothī)란 산스크리트어로 '책'을 의미하는 푸스타카(pustaka)에 대응하여 펀자브 사람들이 쓰는 용어이다. 어근인 푸스트(pust)는 '묶는다'는 뜻으로, 팔리어로는 포타카(potthaka), 프라크리트어로는 푸타(puttha)에 해당한다.

나의 두루마리나 한 조각의 종이가 아닙니다. 신만이 이러한 파편들이 있다는 것을 알 것입니다. 제가 마음속에 그렸던 범위를 벗어나 날 것 같은 그 어떤 것도 배제하지 않았습니다. 저는 제가 찾은 이것들을 당신께 알려주는 것만 남았습니다.

밝혀야 하는 첫 번째 문제는 이 석실이 언제 숨겨졌는가에 대한 개략적인 연대입니다. 이 문제에 대해서는 다른 의문이 있을 수 없습니다. 중국 자료가 담고 있는 최후의 연호는 송나라 초기의 태평흥국(太平興國, 976~983)과 지도(至道, 995~997)입니다. 게다가 전체 서가에서 서하(西夏)문자는 단 한 글자도 없었습니다. 따라서 그 암실은 11세기 초반에, 틀림없이 1035년경에 있었던 서하의 정복 시기에 벽이 만들어졌다는 것은 분명합니다. 중국어와 티베트어로 된 비단에 그린 그림들, 벽걸이용 천들, 구워 만든 조상들 그리고 851년에 새겨진 비석들까지 난잡하게 집적되어 있었습니다. 사람들은 두루마리들이 무더기로 봉합된 혼란을, 닥쳐올 이러한 침략에 대한 공포로 돌리려 할 것이지만, 내가 보기에는 둔황지역에 닥친 중국 문명의 쇠퇴로 보는 것이 더 그럴법합니다. 당나라 시기에 번영한 이러한 문명은 잘 유지되다가 '오대(五代, 907~976)' 시기에 잘못되었습니다. 산에다 가장 중요한 사원을 만든 사람들은 10세기 현지의 왕들일 것입니다. 그러나 그 서체들로 볼 때, 내가 그 석실에서 찾은 이 시기의 문서들, 임대차계약서, 기부자 명단, 일상적인 기록, 문학적 수필 등은 낮은 수준의 교육 상태를 보여줍니다. 승려들은 또한 7~8세기의 훌륭한 필사본들도 보관하고 있었지만, 그 이상 다른 것은 하지 않았고, 중요한 두루마리들은 그들의 부주의한 손을 타며 손상되었습니다. 이와 같은 데다, 침략자들은 이러한 황폐화를 더욱 가속했습니다. 정복에 따른 무질서는 암실에 넣어둔 필사본들에 대한 기억을 침몰시킬 정도로 매우 심각하고 지속적이었습니다. 왕도사는 이렇게 숨겨진 것들의 존재가 신이 꿈에서 계시한 것이라고 했지만, 그의 미소는 내가 이러한 구약성서 같은 이야기에 수긍할 것을 요구하지는 않았습니다. 사실 석실의 복도를 식당으로 사용하면서 거기에서 암실이 열린 것입니다. 상당수의 두루마리가 감숙성의 관리들에게 선물로 보내졌습니다. 그러나 그들은 일반적으로 구워 만든 조상들을 선호하여 빠르게 바닥을 드러냈지요. 순례를 위해 온 몽골인들은 티베트어로 된 방대한 필사본들을 보기 위해서였습니다. 석실에서 내가 접했던, 광서제(光緖帝, 1874~1908 재위) 시기에 간행된 도교적 소책자의 존재는 이러한 오고 감에서 기인한 것입니다. 이 소책자는 엮어진 시대에 관하여 아무런 의미가 없습니다. 사실 승려들이 '보물'이 더는 없다고 확신하게 되면서부터 그 발견은 무관심해졌습니다. 그래서 선물로 보내졌고, 스타인 씨가 왔다 갔음에도 불구하고, 나는 한마디로 말하자면 석굴에 놓인 지 8세기 이상이 된 그대로, 아직도 봉합되고 손을 타지 않은 많은 글 뭉치를 찾아낸 것입니다.

나의 무지는 비중국어로된 문서들의 선택을 단순하게 했습니다. 나는 알파벳 문자들로 구분했지만, 그 의미는 나에게서 벗어났습니다. 흥미로운 것들을 지나치지 않도록 나는 모두를 취했습니다. 이 필사본들은 말하자면 프란체스코 페트라르카(Francesco Petrarca)[12]가

---

12 프란체스코 페트라르카(Francesco Petrarca, 1304~1374): 이탈리아 아레초 출신의 시인

자신이 몰랐던 그리스어 텍스트들에 대해 보여준 약간 미신적인 면을 본받은 것입니다. 나에게 페트라르카의 그리스어는 바로 브라흐미 문자였습니다. 그리고 페트라르카의 배려는 우리가 보존하고 있는 『쿠만의 서(Codex Cumanicus)』라는 튀르크어 책에까지 펼쳐졌으므로, 나는 당신들에게 튀르크의 다른 끝에서 위구르어 필사본들을 가져다 줄 것입니다. 위구르어와 마찬가지로 브라흐미어는 뽀티(poṭhī)라는 아름다운 엽(葉)에 정면에는 중국어가, 간혹 티베트어로 쓰이기도 한 두루마리의 배면에도 나타납니다. 단 한 차례만 나는 위구르어로만 된 두루마리를 찾았을 뿐입니다. 나는 40여 개의 브라흐미어 두루마리와 약간의 조각들 그리고 백여 장의 뽀띠를 가져왔습니다. 한편 당신도 위구르어로 된 필사본들이 얼마나 희귀한지 알고 있을 것입니다. 국립도서관의 것들은 한 손으로 셀 수 있으며, 또한 무슬림에게서 나온 것입니다. 내가 생각하기에 위구르어 방언으로 쓰인 것은 어떤 것도 없었습니다. 오늘날까지 알려진 위구르어로 된 불교 관련 유일한 자료들은 1897년 클레멘츠(Klementz)[13]가 가져온 약간의 조각

이자 휴머니스트로, 단테 이후 이탈리아 최고의 시인으로 평가된다. 16세기 프랑스 르네상스에 미친 영향이 커, 페트라르카주의(pétrarquisme)로 명명되기도 하였다. 그는 라틴 문학을 연구했지만, 그리스어는 배우지 않았다고 한다.

13 드미트리 알렉산드로비치 클레멘츠(Dmitri Alexandrowitsch Klementz, 1848-1914): 러시아의 고고학자, 인류학자, 민족지학자이다. 사라토프 지방 한 부동산 관리인 가정에서 태어난 그는 카잔(Kazan) 및 상트페테르부르크대학교에서 공부하고 차이코프스키단에서 크로포트킨(Kropotkin)을 만나 혁명적 정치활동에 참여했다. 이후 차이코프스키가 패배하여 이주, 투옥, 유배를 겪었다. 1883년 아바칸(Abakan)강의 상류에 있는 동부 알타이와 동부 사얀(Eastern Sayans)의 접경지역 탐사에 참여했고, 매년 그는 아바칸(Abakan) 강과 므라싸(Mrassa) 강, 텔레스코예(Teletskoye) 호수, 사얀산맥(Sayan Mountains)과 알타이(Altay) 지역에서 지리학적, 지질학적 연구를 수행했다. 1898년에는 과학 아카데미와 상트페테르부르크의 러시아 지리학회를 대표하여 투루판 지역을 조사하고 필사본과 벽화 조각을 발굴했다. 이러한 클레멘츠의 선행

들과 폰 르코크(von Le Coq)[14]와 그륀베델(Grünwedel)[15] 씨가 6년간의

조사와 발굴은 독일의 알버트 그륀베델과 르 코크 투루판 탐사의 중요한 밑거름
이 되었다.

14 알버트 폰 르 코크(Albert von Le Coq, 1860~1930): 독일의 고고학자이자 탐험가이다.
부유한 상인 가정에서 태어난 그는 영국과 미국에서 공부하고 부친의 양조장과
저장고 사업을 물려받아 40세까지 활동했다. 이후 여유가 생긴 그는 민족학 박물
관에서의 연구와 탐사 여행을 시작했다. 박물관 인도 전문 큐레이터였던 알베트
그륀베델의 조수로 중앙아시아 특히 실크로드의 탐사를 조직하여 1903년 3월까지
탐사대는 키질 석굴을 조사했다. 그륀베델은 주로 벽화를 베끼는 것에 관심이 있
었지만, 르 코크는 대량의 벽화를 떼어 내기로 하고, 결국 1903년 7월 6일 카슈가
르를 거쳐 베를린으로 가져왔다. 그륀베델이 투루판으로 두 번째 탐사를 떠나기
전에 병에 걸리는 바람에 르 코크가 그를 대신했다. 새로 꾸려진 탐사대가 1904년
11월 17일 투루판 오아시스 유적지에 도착했다. 신장, 중국의 북서쪽에서 탐사대는
일련의 불교와 마니교 사원들(북동쪽에 있는 베제클릭 천불동을 포함)을 조사했다. 석굴
의 많은 필사본이 발굴과정에서 파괴되었다. 르 코크는 석굴에서 찾은 몇몇 그림
들이 가지고 있는 문화는 프랑스를 매개로 아리안(인도-유러피언)에서 기원한 것일지
도 모른다고 생각했다. 그의 조수인 테오도르 바르투스(Theodor Bartus)의 도움으로,
360kg의 벽화, 조각품과 다른 예술품들을 떼어 내, 305박스에 채워 베를린으로 실
어 왔다. 르 코크는 탐사 도중에 투르키스탄이 일으킨 소요를 들어 '차용'을 정당
화했다. 이러한 예술품 일부분은 자신이 1923년부터 큐레이터를 맡은, 프린츠 알브
레치 스트라스(Prinz-Albrecht-Strasse)에 있는 민속학 박물관(Völkerkundemuseum)의 소
장품이 되었다. 이 박물관은 1944년 베를린 폭격 당시 심각하게 파괴되었다. 그렇
지만 많은 소장품이 전후에 다시 수습되어 전시되었다. 그 뒤 베를린 아시아 예술
박물관의 한 컬렉션을 구성하고 있다.

15 알버트 그륀베델(Albert Grünwedel, 1856~1935): 독일의 고고학자이자 중앙아시아 탐험
가이다. 화가의 아들로 태어난 그는 뮌헨에서 미술사와 아시아 언어를 공부하고
1883년 뮌헨 대학교에서 박사학위를 받았다. 곧 베를린 민속학 박물관의 민속자료
와 스칸디나비아 골동품 분야의 큐레이터가 되었다. 그는 『인도의 불교예술
(Buddhistische Kunst in Indien)』(1893)과 『티베트와 몽골에서의 불교 전설(Mythologie
des Buddhismus in Tibet und der Mongolei)』(1900)에서 간다라 예술의 그리스 기원과
중앙아시아에서의 그 추이를 밝혔다. 1899년 그륀베델은 러시아의 동양학자 빌헬
름 래들로프(Wilhelm Radloff, 1837~1918)와 칼 살르만(Carl Salemann, 1849~1916)의 초청
으로 실크로드의 고대 문화 유적이 있는 신장 북부지역의 고고학적 탐사에 참여했
다. 그해 바바리안 학술원의 통신원으로 선출되었고, 1905년에는 괴팅겐 학술원의
통신원이 되었다. 그륀베델은 1902~1903년 러시아 동료 학자들의 연구 작업에 영
향을 받아 최초로 독일 학자에 의한 투루판탐사대를 조직했고 주로 이디쿠샤흐리
(Idiqutšahri)에서 활동했다. 그 탐사기록이 바로 『이디쿠샤흐리의 고고학적 탐사 보

탐사 끝에 투루판 주변에서 수집한 자료들입니다. 우리는 이제 20여 개의 조각 또는 온전하지 않은 두루마리들, 40여 장의 뽀티, 두 책과 상당히 중요하고 아주 좋은 상태의 일곱 두루마리를 보탰습니다.

서가에는 티베트어로 된 것은 브라흐미 또는 위구르어로 된 것보다 훨씬 더 많이 들어있었습니다. 거기에 내가 한쪽에 제쳐둔, 약 5백 킬로그램의 사권들은 티베트 불교 초반 4세기의 것들입니다. 그러나 다 얻을 수 없을까 걱정되었습니다. 차이담(Qaidam)의 한 몽골 왕이 매년 천불동에 와서 협판(夾板, 두 판자 사이에 넣은 책을 지칭하는 중국식 명칭)들을 보는 습관이 있었던 것 같습니다. 승려[왕도사]는 그가 불만을 토로할까 걱정이었던 것이지요. 전체 서가에서 유일하고 완벽하게 최우선으로 정리되어 있었던 협판들은 칸주르(Kandjur, Kangyur, 甘珠尔)가 대표적입니다. 이는 바로 라마교의 법에 따라 그 석실에 들어갔던 왕도사가 직접 나에게 준 정보입니다. 분명히 우리가 유럽에서 알고 있는 것들보다 훨씬 더 오래된 칸주르를 가지고 있으므로 관심이 가는 것이었지

고서(Bericht über archäologische Arbeiten in Idikutschahri)』(1905)이다. 이러한 탐사의 결실로 알버트 폰 르 코크가 이끄는 새로운 탐사대가 조직되었다. 그륀베델 또한 1905~1907년 톰슈크, 카라샬과 투루판에서 세 번째 투루판탐사대를 이끌었다. 이 세 번째 탐사기록은 『동투르키스탄에서의 옛 불교 숭배지(Altbuddhistische Kultstätten in Chinesisch-Turkistan)』(1912)로 출간되었다. 1908년 그는 상트페테르부르크의 러시아학술원의 통신원이 되었다. 그의 동료인 르 코크에 비하여 조사에 있어서 매우 신중했지만, 그도 역시 석굴 벽화 전체를 깎아내어 유럽으로 가져왔다. 그렇지만 그는 벽화를 떼어 내기 전에 현장을 촬영했고 프레스코의 정확한 밑그림을 그려두게 했다. 독일로 가져온 필사본들은 일반인들에게 훨씬 더 인상적이었던 예술작품들보다 많은 주목을 받지 못했다. 그륀베델 또한 필사본들을 다루는 작업에는 참여하지 않았다. 그륀베델은 베를린의 선사, 민족학, 인류학 학회의 오랜 회원이었고 1909년에는 투루판 탐사에서의 고고학적 성과를 알리는 콘퍼런스의 영예를 얻었고, 금메달을 받았다.

요. 15세기 초로 거슬러 올라가는, 베를린 박물관에서 소장하고 있는, 일부가 빠진 필사본들보다 이전의 것들이 우리 도서관에 있는지 기억이 없습니다. 그런데 천불동의 칸주르는 늦어도 10세기의 것이고 거의 9세기의 것임이 틀림없습니다. 따라서 칸주르는 매우 오래된 필사본들과 마찬가지로 번역의 시기에 대한 최소한의 선을 제시해 줍니다. 나는 그 부분을 포기하지 않았고, 아마도 나의 주장이 맞을 것입니다. 어쨌든 11개의 커다란 협판들은 석실의 모든 티베트어로 된 것들을 대표하지는 않습니다. 아니 어림도 없지요. 나는 그 나머지에 대해서도 좋은 결과를 얻을 것으로 확신합니다. 이 나머지는 붙이고 말린 윗부분의 엽(葉)에서, 또는 원래 두루마리에서 또는 두껍고 매끈하지 않은 큰 뽀티의 엽에서 떨어져 나온 자료들로 구성되어있는데, 일반적인 티베트 형식을 갖추고 있지만 묶음으로 봉합시키려고 만 것들입니다. 이 모두가 옛 향기를 풍기지만, 원래 있었던 모습은 전혀 없고 엄격하게 종교적인 것들만 있습니다. 어쨌든 별개의 짧은 자료들은 새로운 것을 얻을 기회를 제공하지만 분리된 필사본들은 한때 칸주르를 구성한 정식의 문집이라기보다는 연도를 쓴 것, 개인적인 주석들일 가능성이 있습니다. 아마도 거기에서 우리는 감숙성의 롯사와(Lotsawa)[16]학파의 출현을 볼 수 있을 것입니다. 이점에 관해서는 중국 불교를 논하면서 곧 다시 다루겠습니다.

중국 불교에 대한 일반적인 문헌들은 서가의 대부분을 차지하고 있습니다. 완전하지는 않지만 여러 필사본을 찾아볼 수 있는데, 쿠마

---

16 롯사와(Lotsawa): 불경을 번역하는 티베트 승려를 지칭하는 용어이다.

라지바(Kumārajīva), 현장(玄奘), 의정(義淨)의 번역들이 많습니다. 예를 들어 『정법화경(正法華經)』(묘법연화경), 『대반열반경(大般涅槃經, Mahāparinirvaṇasūtra)』, 600권에 달하는 『대반야바라밀다경(大般若波羅蜜多經, Mahāprajñāpāramitāsūtra)』 같은 것들입니다. 이 독실한 신도들은 참을 수 없이 말을 많이 한 사람들입니다. 나는 수보리(須菩提, Subhūti)란 명칭에 넌더리가 났습니다. 이번에도 우리가 가지고 있는 것보다, 심지어 우리가 도쿄의 『대장경』에서 간접적으로 볼 수 있는 11세기의 『고려대장경』 판본들보다 이전의 필사본들을 가지고 있다는 것은 관심의 대상이 될 수 있습니다. 그러나 전부를 가져오지 않는다면 최대한 잘 선택해야 합니다. 따라서 나는 모든 『연화경』과 『열반경』들을 냉정하게 포기했습니다. 그러나 나의 당혹함은 그다음에 나타났습니다. 짐을 무겁게 할 수 없어서, 나는 난조(南條)[17], 후지이(藤井)[18]

---

17 난조 분유(南條文雄, 1849~1927): 일본의 저명한 불교학자 겸 승려이다. 조도 신수(淨土眞宗) 히가시 홍간지(東本願寺)의 신수 오오타니(Shinshu Ōtani)파 소속의 세이운지(誓運寺) 사원에서 태어났다. 한문과 불교를 공부한 뒤, 1876년 유럽으로 건너가 옥스퍼드 대학의 막스 뮐러(Max Müller, 1823~1900)와 같은 유럽학자들에게 산스크리트어와 인도철학을 공부했다. 이때 『대명삼장성교목록(A catalogue of the Chinese Translation of Buddhist Tripitaka, the sacred canon of the Buddhist in China, 大明三藏聖教目錄)』을 영역하여 1883년 출판했다. 영국에서 중국의 불교학자 양문회(楊文會, 1837~1911)를 만났다. 그를 도와 중국에서 사라진 약 300종의 불교 문헌을 확보하고 남경에 있는 양문회의 인쇄소에서 출판하기도 했다. 1884년 중국으로 돌아와 도쿄 대학 산스크리트어 강사로 활동했고 1887년에는 인도와 중국의 불교 유적지를 탐방하고, 1889년 일본 문부성의 제1호 문학박사를 받았다. 1901년에는 진종대학(현 오오타니)의 교수로 부임했고 이후 학장으로 승진하며 현대 불교 연구에 전념했다.

18 펠리오가 말하는 후지이는 후지이 센쇼우(藤井宣正, 1859~1903)로 보인다. 그는 일본의 불교학자 겸 탐험가이다. 동경제국대학 철학과를 졸업하고 불교학 전문가로 니시혼간지(西本願寺) 교수로 취임하여 1891년에는 일본 최초로 『불교소사(佛教小史)』를 저술했다. 1900년 정치와 종교 조사를 명받아 런던으로 건너가 대영박물관과 엘버트 박물관에서 불교예술 연구 동향을 보고했다. 1902~1904년 오오타니 고쯔이가 조직한 소위 '오오타니 탐사대'의 실질적 책임자가 되어 중앙아시아, 인도,

의 책들도 함께 가져오지 못했습니다. 이들의 책이 없이 어떻게 한 텍스트가 경전 속에 존재하는지를 확인하겠습니까? 우리 중 그 누구도, 히브리어 구약과 교부학(敎父學) 문헌들을 머리에 넣고 있는 사람은 없습니다. 결과적으로 나는 다음과 같은 원칙을 착상해 냈습니다. 아비달마(阿毘達磨, Abhidharma) 경론서들과 경들을 포기하는 것으로 말이죠. 그중에서 인적 사항, 서지사항, 서법, 사권의 아름다움 또는 특별하게 관심을 이끄는 연도가 있는 경우는 제외하기로 했습니다. 반대로 순수하게 중국어로 된 논서(論書)들에 대부분을 할애한다는 것입니다. 나는 비야나(vinaya)의 어느 정도의 몫을 할당할 것인가에 대해서는 갈팡질팡했습니다. 대체로 내가 주저한 것은 가져갈 것인가 말 것인가로 갈라졌습니다.

이러한 불교 사권들은, 불경에 대해서는 대부분 매끄러운 종이 위에 쓰였고, 다른 범주의 텍스트들에는 얇은 다양한 종이를 사용했는데, 세로 보다는 가로로 넓은 엽(葉)으로 만들어졌고, 긴 두루마리로 끝과 끝이 붙여져 있습니다. 이것이 바로 전통적 권자본(卷子本)으로, 인쇄소에서 책으로 만드는 것을 포기했지만, 그림에 대해서는 오늘날까지 이 방식이 사용되고 있습니다. 그렇지만 중국인들의 맹목적인 숭배심은 인도의 뽀티 엽을 모방하게 만들어, 우리는 그 석실에서

동남아시아에서 세 차례에 걸쳐 불교 전파의 궤적을 추적했다. 이 조사과정에서 얻은 성과물(유물과 고문서)을 일본으로 가져왔다. 특히 인도의 엘로라 석굴과 아잔타 석굴 탐사는 일본인으로서는 최초였다. 200일이 넘는 여정 보고서가 분실되어 이들의 조사 성과를 정확히 평가하기는 어렵지만, 그의 『인도석굴탐문일기(印度靈穴探見日記)』에서 엿볼 수 있다. 원래 몸이 허약했던 그는 열악한 탐사 여건을 견디지 못하고 탐사 도중에 향년 45세의 나이로 죽었다.

엽의 세로로 위에서 아래로 쓰거나 아니면 길이로, 심지어는 유럽인들이 중국어책을 인쇄할 때처럼 수평으로 왼쪽에서 오른쪽으로 쓴 상당수의 '중국식 뽀티'를 찾을 수 있습니다. 인도에서처럼 엽을 관통하는 끈으로 연결된 필사본들이 있는가 하면, 이러한 엽들이 단면으로 천공된 필사본들도 있습니다. 그 처리 방식의 다양성은 외래의, 잘못 모방한 방법을 드러냅니다. 당신들은 이러한 중국식 뽀티가, 그 견본에 대해 우리는 아무것도 모르고 있지만, 아코디언을 여는 것처럼 가로가 세로 보다 더 긴 책들의 특별한 타입으로 귀결되고, 도교도들이 여기저기에서 그들의 경쟁자인 불교도들을 서둘러 모방하지 않았다면, 그것은 대장경의 중국 판본들에만 사용되었다는 것으로 알았을 것입니다.

그러나 천불동의 불교 필사본들이 중국 서책 역사에 제공하는 유일한 자료들은 아닙니다. 종이가 발명되기 이전에 중국인들은 대나무나 나무 조각이나 비단 두루마리에 글을 썼습니다. 샤반느 씨는 이 방법에 대한 아주 풍부한 논문을 제시하고 있습니다. 그 나무 조각들은 너무 거추장스러워 빠르게 버려졌습니다. 그러나 비단에 쓴 것은 그렇게 되지 않았지요. 적어도 나는 여기에서 비단에 쓰인 네 개의 아름다운 완전한 상태의 필사본들을 찾았습니다. 그 연도에 관해서, 펼쳐 보고 싶은 마음은 꿀떡 같았지만, 훼손할까 두려워 펼쳐 보지 못했기 때문에 아무것도 할 말이 없습니다. 그러나 나는 그것들을 가져왔다는 것이 중요하지요.

나는 또한 오늘날까지 논란이 되는 아주 중요한 문제에 있어서 그 자체로 정확한 증거가 되는 필사본들을 찾았습니다. 중국인들은 이른 시기에 중요한 텍스트의 주석과 그 주석에 대한 주석을 썼습니다. 흔히 주석은 원문이 한 줄로 되어있는 같은 공간에 두 줄로 배열되었다는 점에서 원문과 구분됩니다. 그러나 18세기 중국의 학자인, 전조망(全祖望)[19]은 중요한 최초의 지리서인 『수경주(水經注)』가 6세기 초에 나타났고, 같은 저자에 의한 『수경』의 주석과 이 주석의 주석 두 부분으로 나누어야 하는데, 초기 편집단계에서 이 두 부분은 두 번째 주석이 첫 번째 주석에 대한 두 줄 주석으로 배치된 것으로 알았던 것이 아니라, 더 작은 글씨로 쓰인 것으로 간주되었고, 당시 인쇄소는 그 분리를 확인하도록 활판 상의 수법이 존재하지 않았으므로, 두 텍스트를 혼동하여 하나로 합한 것이라고 주장했습니다. 1754년 조일청(趙一淸)[20]이 간행한 『수경주』 판본에서 채택된 이 설은 조금 뒤인 무영전(武英殿)의 판본으로 이어지지 않았지만, 이 무영전 판본은 『영락대전』에 수록된 원문을 영인한 것에 지나지 않으며, 거기에는 그 구분이 명확하지 않습니다. 사실 중국의 학자들은 대부분 전조망의 견해에 동의하고 있습니다. 그리고 가경(嘉慶, 1796~1820) 연간

---

19 전조망(全祖望, 1705-1755): 청나라 절동학파(浙東學派)의 중요 인물로, 사학자, 문학가이다. 자(字)가 소의(紹衣)이고, 호가 사산(謝山)인 그는 건륭(乾隆) 원년(1736)에 진사에 올라 벼슬길에 올랐다가 얼마 되지 않아 낙향하여 학문과 강학에 전념했다. 학문적으로는 황종희(黃宗羲, 1610-1695)를 추종했으며, 향토 자료, 고대 문헌과 금석문 수집을 좋아하여 『천일각비목(天一閣碑目)』을 편집했다. 『길기정집(鮚埼亭集)』 38권과 『외집(外集)』 50권, 『시집』 10권 등 방대한 저술을 남겼으며 특히 『칠교수경주(七校水經注)』, 『곤학기문(困學紀聞)』을 주석한[箋] 것은 교감학 방면에서 주목할 만한 성과이다.

20 조일청(趙一淸, 1711-1764): 청나라 유학자로, 자는 성부(誠夫), 호는 동잠(東潛)이다. 앞서본 전조망(全祖望)의 제자이다. 동시대 대진(戴震, 1724-1777)과 『수경주』 연구에서 쌍벽을 이루고 있다. 따라서 대진이 조일청의 연구를 답습한 것인지, 아니면 조일청이 대진의 설을 받은 것인지는 논란이 되고 있다. 저서로는 『동잠시문고(東潛詩文稿)』, 『수경주석(水經註釋)』 40권, 『수경주간오(水經注刊誤)』 12권 등이 있다.

에, 사람들은 『낙양가람기(洛陽伽藍記)』의 작은 글씨의 텍스트와 큰 글씨의 텍스트를 구분할 것을 주장했고, 사람들은 그 목록을 늘일 수 있었을 것입니다. 다만 나는 이러한 배치가 실제로 적용된 필사본을 인용했는지는 모르겠습니다. 그런데 천불동은 우리에게 그 하나를 제공하고 있습니다. 상당히 큰 글자로 쓴 교리문서인데, 거기에는 한 행에 더 작은 글자로 주석이 붙어있습니다. 의심스럽지 않은 그 분리는 장소에 따라 상당히 작게 표시되어 있지만, 우리는 그러한 분리가 『수경주』에서부터 사라졌다는 것을 이해할 수 있습니다.

마지막으로, 700년대에 쓰인 약간의 문헌들이 있는데, 이들은 무측천이 689년에 고안한 특별한 한자를 사용하고 있습니다. 이러한 한자의 사용은 같은 문헌에서도 일관적이지 않은데, 이는 중국인들이 손에 익숙해진 자형을 벗어버리지 못했기 때문일 것입니다. 무측천의 시도는 터무니없었고 그것은 존속되지 못했습니다. 우리는 묘지명을 통해서만 이러한 글자들이 사용된 것을 알고 있을 뿐입니다. 우리의 필사본들은 군주의 의지에 따라 사용하도록 강요되었음을 보여줍니다. 승려들은 제국의 문인들보다 최상급의 대우를 받았음을 덧붙여야 할 것입니다. 중국의 황후 중에서 가장 방탕했던 무측천 또한 가장 독실한 신도였습니다. 그녀가 많은 보시를 했던 만큼 그녀에게 용인되는 것도 많았습니다.

어떤 자료들을 당신들에게 열거해야 할까요? 내가 찾은 문헌들은 다음과 같습니다.

- 『대승기신론(大乘起信論)』 3 필사본. 일본의 한 학자가 영어로 "Awakening of the Faith in Mahâyânism"라는 제목으로 번역한 것입니다.
- 『역대법보기(曆代法寶記)』 2 필사본(통상적으로는 『삼보기(三寶記)』이다).
- 『인연심론개결기(因緣心論開決記)』.
- 『대승사법경론급광석개결기(大乘四法經論及廣釋開決記)』.
- 지주(智周)의 『대승입도차제(大乘入道次第)』중 1권.
- 도찬(道纂?)의 『제경요집(諸經要集)』(잔권).
- 『천태분문도(天台分門圖)』
- 『비니심(毗尼心)』중 1권.
- 『오신문서(五辛文書)』중 1권.
- 『전법보기(傳法寶紀)』의 한 부분.
- 남종(南宗), 북종(北宗), 중종(中宗)의 교파들에 의한 쟁론의 자료들로, 부분적으로 담광(曇曠)을 겨냥한 것들이고, 『궁사변혹론(窮詐辯惑論)』의 하권(下卷, 틀림없이 권 2)은 『경미론(警迷論)』에 대한 답변.
- 『고승전』으로 이어지는 간략한 불교사.
- 아상가(Asanga, 無着)와 바수반두(Vasubandhu, 世親)로 시작하는 전기들.
- 『법림별전(法琳別傳)』 2권, 혹 이것이 새로운 것이라면 중요한 의미가 있습니다.
- 경전목록 또는 『음의(音義)』에서, 중국에 있는 아소카왕의 스투파들(그중 하나는 둔황지역에 있는 대승사(大乘寺)에 있음) 목록을 포함하여, 인도에 있는 세 종류의 사탕수수에 관한 자료들까지 흥미로운 온전하지 않은 두루마리들.

나의 관심은 당연히 실담(悉曇, siddham)의 저술에 기울었습니다.

거기에는 문자의 역사에 관한 중요한 정보들이 드문드문 수록되어 있었지만, 이 주제와 관련하여 특별한 것을 찾지 못했습니다. 이 유형은 완전한 『실담장(悉曇章)』[21]으로 귀결되지만, 우리가 특별히 관심이 있는 점에 관해서는 아무것도 담고 있지 않고, 『불설능가경선문실담장(佛說楞伽經禪門悉談章)』의 첫 부분으로 귀결됩니다. 여기에 중국어 음역을 붙인 브라흐미 알파벳을 제공하는 독립된 아름다운 한 장의 엽(葉)을 더해야 합니다.

그러나 이러한 추적에서 내가 불교 문헌들에 관심을 가지는 것은 바로 구법승들의 이야기를 찾고자 하는 바람 때문입니다. 구법승 중에서 가장 유명한 사람인 현장(玄奘)에 관해서 나는 우선 내용상으로 아무런 관심의 대상이 아닌 작은 파편에서 접했는데, 거기에서 그의 이름은 '현장(玄藏)'으로 쓰여 있으며, 그 근처에 '현장(玄奘)'이란 형태에 붙은 주석을 통해 확인할 수 있습니다. 나는 이미 워터스(Watters)의 「주석」[22]에 관하여 이미 설명하려 시도했었습니다. 다른 주석에는 현장이 서안부(西安府) 근처의 절에서 수계(受戒)하는 것을 언급하고 있

---

21 실담장(悉曇章): 인도 등지의 산스크리트어와 관련된 음운적 규칙을 설명해 놓은 요약서이다.
22 토마스 워터스(Thomas Watters, 1840~1901): 아이슬란드 출신의 동양학자로, 1861년 퀸즈 대학에서 석사학위를 받았다. 1863년 중국 영사관에 자리를 얻어 북경으로 갔고, 1887~1888년에는 한국에서, 1891~1893년에는 광동에서 총영사 대리직을 역임했으며, 1895년 4월까지는 복주의 영사직을 수행했다. 그는 이러한 외교관 활동을 하면서도 중국 사상과 문화, 특히 불교 연구에 상당한 공헌을 했다. 여기에서 펠리오가 인용한 논문은 바로 「중국의 불경 『묘법연화경』에 관한 주석(Notes on the "Miao-fa-lien-hua-ching, a Buddhist Sutra in Chinese)」(『Journal of the North China Branch of the Royal Asiatic Society』, N. S., No. IX, 1874, Art. IV, p. 89)을 말한다.

습니다. 현장에게서 영감을 받은 것으로 보이는 완전히 찢어진 종잇 조각에서 찾은 중앙아시아 왕국들 목록에는 『신당서』에서와 같이 무지(戊地)를 읽을 수 있는데, 이는 『현장전』과 『서역기』에서는 벌지(伐地)로 되어있습니다. 『서역기』 중에서 나는 한 권을 찾았는데, 바로 두 번째 권으로, 간다라(Gandhāra)를 중심으로 다루고 있습니다.

나는 법현(法顯)에 관해서도 오공(悟空)에 관해서도 아무것도 접하지 못했습니다. 그러나 의정은 『남해기귀내법전(南海寄歸內法傳)』이라는 좋은 필사본으로 석굴에서 나타납니다. 이것이 바로 다카쿠스(Takakusu)[23]씨가 번역한 책입니다. 주지하듯이 의정(義淨)의 실제 텍스트는 완전하지 않아 다카쿠스 씨는 18세기 일본 주석자인 카샤파(Kāçyapa)[24]가 독립된

---

23 다카쿠스 준지로(高楠順次郎, 1866~1945): 일본의 불교학자이자 인도학자이다. 히로시마 출신의 그는 고베의 다카쿠스 집안으로 입양되어 1890년 영국 옥스퍼드 대학으로 가서 산스크리트어를 공부하여 박사학위를 받고 프랑스와 독일에서 연구를 이어갔다. 1894년 일본으로 돌아온 그는 도쿄제국대학교 교수, 도쿄 외국어학교의 교장이 되었다. 무사시노대학(武蔵野大学)의 설립자로도 알려져 있다. 1924~1934년 다카쿠스는 『다이쇼 대장경』 간행 위원회를 설립하고 『다이쇼 신수 다이조쿄(大正新脩大藏經)』을 간행했다. 1931년 동양대학(東洋大學) 8대 학장으로 취임했으며, 1943년에는 문화훈장을 받았다. 『대장경』 출간 이외에도 『高楠順次郎全集』 10권을 필두로 수많은 저역서를 남겼다. 여기서 펠리오가 언급한 번역서는, 『인도와 말레이 반도에서 행해진 불교에 관한 기록(A Record of the Buddhist Religion as Practised in India and the Malay Archipelago)』(London: Clarendon Press, 1896)으로, 『남해기귀내법전(南海寄歸內法傳)』의 역주서이다.

24 카샤파(Kāçyapa)는 바로 지운 온코우(慈雲飲光, 1718~1804)의 법휘(法諱)로, 온코우의 산스트리어이다. 지운 온코우는 에도시대 후기의 진언종(眞言宗) 승려로, 운덴신도우(雲伝神道)의 개조이다. 오사카 사무라이 가정에서 태어나 부친의 유언에 따라 13세에 출가했다. 18세에는 교토로 가, 이토 도우가이(伊藤東涯)에게 유학을 배우고 이듬해 나라(奈良)에 유학하며 현교(顯敎), 밀교, 신도(神道) 등의 종파를 가리지 않고 배웠으며, 야추지(野中寺)에서 가르침을 받고 계율연구를 시작하여 1734년 구족계를 받았다. 1758년 이코마산(生駒山)에 은거하며 산스크리트어 연구인 『본가쿠신료우(梵学津梁)』 대작을 지어 당시 일본에 온 프랑스 산스크리트어 학자인 실뱅 레

사본으로(내가 틀리지 않았다면) 재편집한 주석을 활용했습니다. 따라서 나는 우리의 필사본에서 좋은 정보를 얻을 수 있기를 바랍니다.

아주 뜻밖에도 나는 의정과 오공(悟空) 사이에 들어가는 새로운 구법승에 관한 자료를 손에 넣게 되었습니다. 그 책은 완전하지는 않지만, 그 책의 명칭과 저자를 확정할 수 있다고 생각합니다. 『대장경』의 『음의(音義)』에, 법현(法顯)이라는 간략한 설명 옆에 『혜초왕오천축전(惠超往五天竺傳)』이라는 간략한 설명과 승려의 이름이 보입니다. 나는 몇 년 전 『극동프랑스학교학보(BEFEO)』에서 이 두 텍스트에 관하여 보고한 적이 있습니다.[25] 그런데 나는 이 혜초의 기술에 관하여 2~3가지 기억하는 것이 있습니다. 하나는 크메르에 관한 언급이고, 다른 하나는 말레이 나라들에 적용된 곤륜(崑崙)이란 용어에 관한 것이며, 세 번째는 사율(謝颭) 또는 자불리스탄(Zaboulistan)에 관한 것입니다. 이러한 언급의 순서로부터 볼 때, 혜초는 중국에서 출발하여

비의 높은 평가를 받기도 하였다. 진언종(眞言宗)의 법사인 닌코우 데이키(1671~1750)에게 선(禪)과 유학을 공부했다. 이후 도쿠가와 시기(1603~1968)의 불교학자들과 개혁가들을 이끄는 수장으로 성장했다. 펠리오가 언급한 주석서는 바로 『필사본 의정 기록에 관한 주석(A Commentary in MS. on I-tsing's Record)』으로 1785년 간행되었다고 다카쿠스 씨는 밝히고 있다.

25 펠리오가 이보다 앞서 혜초의 『왕오천축국전』을 언급한 것은 「8세기 말 중국에서 인도로 가는 두 갈래 여정(Deux itinéraires de Chine en Inde à la fin du VIIIe siècle)」, 『BEFEO』, 1904, 171쪽, 주 3에서 책(柵)과 간란(杆欄)을 설명하면서 "책과 간란은 혜초(惠超)의 『왕오천축전(往五天竺傳)』에서 혜림(慧琳)이 주석을 달아 설명하고 있다(『일체경음의』, 권 100, 『일본대장경』, 爲. 10, 104쪽). 불행하게도 나는 혜초에 관한 어떠한 설명도 찾지 못했다. 혜림의 주석 순서는 3권으로 된 일실된 이 여행기가 남해를 통해 중국에서 인도로 갔으며, 돌아올 때는 투르키스탄을 통해 인도에서 중국으로 돌아왔음을 보여주고 있다. 혜림의 『일체경음의』가 810년에 완성되었으므로, 혜초의 저술은 이 시기까지 내려갈 수 있다."라고 한 것을 말한다.[역자의 『8세기 말 중국에서 인도로 가는 두 갈래 여정』, 영남대학교출판부, 82쪽을 참고하시오]

남해를 돌아 인도의 북서쪽과 중앙아시아를 통해 돌아왔습니다. 내가 빠뜨린 것으로, 혜초의 여행은 사율이란 명칭이 중국에서 자불리스탄으로 채택된 것은 무측천의 재위 시기이므로 700년경 이전일 수 없다는 것을 덧붙일 수 있을 것입니다. 내가 찾은 필사본은 그 첫 부분이 없고, 마가다국(Magadha, 摩揭陀)에 관한 기술 이전에는 아무것도 없습니다. 그러나 이 구법승은 곤륜 사람들을 언급하고, 매번 '오천축'이란 용어로 그의 붓 아래 귀결되며, 사율을 지나서 그곳에서 카슈가르를 통해 중국으로 돌아옵니다. 그 마지막 부분은 캬라샬(Qarâchahr)26부터 없습니다. 연도에 관해서는 하나뿐이지만 매우 정확합니다. 혜초는 안서(安西), 즉 쿠차(Koutchar)에 개원(開元) 15년 11월, 말하자면 727년 말에 도착했습니다. 그곳에는 우리가 다른 자료에서 알 수 있는 조(趙) 절도사가 있었고, 그는 실제로 이 시기에 그곳에 살고 있었습니다. 따라서 전체 내용의 대부분을 차지하는 내가 찾아낸 익명의 책은 바로 혜초의 『왕오천축국전』인 것으로 보입니다. 우리는 『음의』의 모든 주석을 통해 확정 지을 수 있을 것입니다. 이 새로운 구법승은 법현이 보여준 문학적 가치라든가 현장이 보여준 상세한 기술을 보여주지는 않습니다. 우루무치에서 나는 그의 기술에 많은 시편뿐만 아니라 아랫사람의 시들을 끼워 넣은 사람이 어떤 중국인으로 알았습니다. 혜초 그가 맞는다면, 그와 관련된 연구들이 없습니다. 그의 문체는 평범하고, 운문적인 부분이 적기는 하지만, 전

---

26 혜초의 『왕오천축국전』에는 가라국(迦羅國), 가미라(迦彌羅)로 되어있는데, 가섭미라(迦葉彌羅)로, '섭'자가 빠진 형태로, 산스크리트어 Kaśmira의 음역이다. 『대당서역기』 권3에서는 가습미라(迦濕彌羅)로 되어있고, 『남해기귀내법전』에서는 갈습미라(羯濕彌羅)로, 『신당서』에는 개실밀(箇失密)로 되어있다.

혀 없는 것이 더 나았을 것입니다. 그의 기술들은 너무 간략하고 단조롭습니다. 그런데도 이 기록은 동시대의 자료입니다. 이 자료는 8세기 초반 인도 주변국들의 불교에 대한 정황을 알려줍니다. 인도의 북동쪽, 아프가니스탄, 동서의 투르키스탄에 대한 설명은 이 자료가 유일합니다. 여러 차례, 일반적인 중국 명칭과는 별도로 중앙아시아의 국명들을 그들의 고유한 명칭으로 제시하고 있습니다. 이처럼 마르코 폴로와 몽골 시기의 중국 자료들보다 5세기 이상이나 먼저 카슈가르를, 이 도시가 현재 가지고 있는 이름으로 부르고 있습니다. 이 자료를 통해서 카슈가르 지역에 고유한 불교 사원과는 별도로 중국 종교로 세워진, 쿠차의 대운사(大雲寺)와 용흥사(龍興寺), 호탄의 다른 용흥사, 카슈가르의 다른 대운사와 같은 몇몇 사원들이 있었다는 것을 알 수 있습니다. 이 사원들의 동일한 명칭은 그들만의 연도를 가지고 있습니다. 690년경, 무측천은 제국의 모든 대도시에 대운사를 세우게 했습니다. 드베리아(Devéria)[27]와 샤반느의 연구에 따르면, 중

---

27 가브리엘 드베리아(Gabriel Devéria, 1844~1899): 주중 프랑스 외교부에서 외교관 겸 통역사로 활동했고, 또한 중국학자, 1898년 탕구트 문자에 관한 최초의 연구를 출간한 초기 탕구트학자로도 알려져 있다. 화가였던 아실 드베리아(1840~1857)의 아들로 태어난 그는 1860년 16세에 학생 통역사로 선발되어 중국에서 활동했다. 1870년까지 중국과의 통상 협정에 참여했고, 천진교안(天津教案)에 대한 중국 측 사과 사절단의 통역관으로 수행하여 파리로 돌아왔다. 1873년 다시 베이징 프랑스 대표부에 수석 통역관으로 임명되었다. 1876년 'T. Choutzé(朱茨)'란 필명으로 『북경과 북중국(Pékin et le nord de la Chine)』이라는 북중국 여행기를 출간한 이후로 안남 연구에 몰두하여 『중국과 안남의 국경: 중국의 공식 자료에 따른 지리적 민속학적 기술(La frontière sino-annamite: description géographique et ethnographique d'après des documents officiels chinois)』라는 대표 저술을 남겼다. 이 책으로 1888년 스타니스라스 줄리앙 상을 받았다. 이후 드베리아는 여진어와 탕구트어 연구에 전념했고, 회동관(會同館)의 역사적 기술을 발표하기도 했다. 1890년 이후로 드베리아는 중국, 극동 지역에서 이슬람, 마니교와 같은 외래 종교들의 전파에 관심을 보였다. 그의 마지막 연구는 감숙성 무위(武威)에 있는 호국사(護國寺)의 중국어와 탕

국어와 서하문자로 된 한 중요한 비석이 있는 감숙성 양주(凉州)에 있는 대운사로 보아야 하는 것을 알 수 있습니다. 당나라 시기의 한 텍스트는 대운사가 스미레체(Semiryechye, 七河地區) 토크마크(Tokmok)에 세워졌다고 합니다. 우리는 왜 대운사라는 명칭이 중국의 경교(景教)와 연결되는지를 연구해야 할 것입니다. 쿠차와 호탄의 용흥사와는 별도로, 천불동의 필사본들은 북정(北庭)[28], 즉 우루무치의 북동쪽에 있는 짐사르(Jimsar)의 다른 용흥사를 알려줍니다. 둔황에도 당나라 시기에 대운사와 마찬가지로 용흥사가 있었습니다.

나는 이렇게 모은 자료들이 중국의 서쪽과 투르키스탄 지역에서의 불교 역사에 관해 조명해 줄 수 있기를 고대합니다. 내가 가져온 한 텍스트는 북정(北庭)의 용흥사에서 호탄의 한 승려에 의해 번역되었고, 중국어 뽀티로 된 다른 텍스트는 안서(安西, 쿠차)에서 가져온 필사본으로(문서의 주석에 따르면, 당나라 시기에 만들어진 잔권으로, 유일하게 존재함), 또한 용흥사에서 번역되었습니다. 중국 불교의 저술들은 오늘날까지 『대장경』과 『고승전』에 오뜨아지의 이러한 한역 승려들에 관한 정보가 있는지 없는 지만을 아는 매우 불충분한 방법으로 활용되었

구트어로 된 비문을 중심으로 탕구트문자에 관한 것이다. 바로 「서하 또는 탕구트 왕국의 문자(L'Écriture du Royaume de Si-Hia ou Tangout)」(1898)와 「양주의 서하 비석(Stèle Si-hia de Leang-tcheou)」(1898)이다. 펠리오는 이들 자료를 언급하고 있다.

28 원주: 우루무치 북동쪽에 있는 북정(北庭)의 용흥사는, 당나라 시기의 것으로 추정되며 몽골 시기까지 지속했다. 왜냐하면, 13세기 초 구장춘(丘長春)의 『서유기(西遊記)』에도 언급되었기 때문이다. 천산 남쪽과 북쪽에 있는 중국과 튀르크의 이 사원들은 몽골 불교 형성에 중요한 역할을 했다. 몽골 불교가 티베트 불교에서 가져오지 않은 것을 취한 것은 바로 이들에게서이다. 특히 용어나 붓다의 이름인 부르칸(Bourkhan)과 같은 것 말이다.

습니다. 우리는 인도인 아버지 아래에서 쿠차에서 태어난 쿠마라지바처럼 중국에서 활동하기 위해 온 사람들을 알고 있습니다. 400년경 호(胡)의 한 텍스트에 근거하여 율(律)과 『장아함경(長阿含經, Dīrgha Āgamasūtra)』의 중국어 구전본을 만든 사람은 바로 양주의 슈라마나(śramaṇa, 사문) 축법원(竺法圓)입니다. 나는 현재까지 감주(甘州) 수다사(脩多寺)에 역경(譯經) 학교가 있었다는 것을 모르고 있었습니다. 나는 거기에서 나온 약간의 텍스트만을 찾았을 뿐인데, 그중에서, 많은 필사본을 가지고 있는 다라니는 『제성모다라니경(諸星母陀羅尼經)』입니다. 이 역경서는 두 승려가 번역한 것으로, 특히 법성(法成)이 번역한 것입니다. 아마도 이 법성이 『유가론(瑜伽論, Yogaçāstra)』을 번역한 사람일 것입니다. 법성은 대번국(大蕃國), 즉 '티베트 왕국' 출신이라고 합니다. 이로써 우리는 감주를 티베트가 지배했을 때인 약 760년과 850년에 번역했을 것으로 추정할 수 있습니다. 그렇지만 천불동 석굴에 있는 티베트 자료들의 의미가 두드러질 뿐이라는 문제가 제기됩니다. 말하자면 감숙성 한역(漢譯)하는 사람들의 학교와는 별도로 티베트어로 번역하는 학교가 있었을까요? 그들이 서로 영향을 주고받은 흔적을 찾을 수는 없을까요? 많은 한역처럼 티베트어로의 번역도 그 번역이 만족스럽지 못하다고 생각했기 때문에 수 세기에 걸쳐 다시 시도되었습니다. 이는 확인된 사실입니다. 스타인 씨가 첫 번째 탐사에서 찾은 어떤 티베트어 필사본은 토마스 씨가 알려진 한 텍스트의 판본이라고 알아봤지만, 오늘날 『대장경』에서 보이는 것보다 오래된 것입니다. 티베트어로 된 문서들에는 중국어로부터 번역된 몇몇 텍스트들을 언급하고 있습니다. 그렇다면 적어도 부분적으로는 여기에서 이 시기에 번역되지 않았을까? 한편 티베트의 저술들에는, 주로 기원후부터 불교의 역사에 관하여, 별도의 번역으로 작성했지만 내가 보기에 명백히 중국적 출처를 드러내는 약간의 자료들을 찾을 수 있습니다. 말하자면, 또한 이곳에서 그러한 자료들이 수집되지 않았을까? 결국, 감숙성 한역자들은 언제나 인도의 또는 인도화 된 텍스트들을 근거로 작업했고, 오래된 티베트로 번역된 것들을 활용하지 않았을까? 이와 같은 문제들이 오늘날 제기될 수 있지만, 우리의 필사본들은 충분히 그 문제를 해결하는 데 이바지할 수 있을 것입니다.

둔황 석굴에는 불교 문헌이 지배적으로 많았습니다. 이것이 바로 그 석굴의 발견이 중국 문인들의 관심을 거의 끌지 못했던 것을 설명해 줍니다. 그러나 우리는 거기에서 다른 것들, 특히 도교적 자료들도 접할 수 있습니다. 천불동의 불교 승려들이 당시 절반은 도교도들이었거나 또는 도교의 도사들이 오늘날처럼 불교 승려들과는 별도로 그곳에 살았다는 것을 의미하지는 않습니다. 이 두 종교는 더이상의 아무런 정치적 영향력을 발휘하지 못했고 공통적인 무력함으로 화해했습니다. 당나라 시기에는 전혀 그렇지 않았습니다. 두 종교는 조정에서의 주도권을 차지하기 위해 서로 싸웠습니다. 사실상, 내가 출처에 관한 정보를 찾아낸 천불동의 모든 도교 필사본들은 신천관(神泉觀)에서 나온 것들입니다. 이 명칭은 도교 사원에만 적용될 수 있을 뿐입니다. 둔황지역에 관한 지리 필사본에서 제공하는 정보에 따르면,[29] 신천관은 석실 형태로 사주(沙州) 남동쪽, 사주의 약 40리

---

29 여기서 말하는 지리서는 둔황 석실에서 발견된 『사주도독부도경(沙州都督府圖經)』으로, S.2593, P.2005, P.5034 등의 사본이 불완전한 형태로 발견되었다.

지점에 있었음이 틀림없습니다. 이들 도교 관련 필사본들은 매우 잘 관리되었고, 일반적으로 580년~750년 언저리에 쓰인 것들입니다. 760년경 티베트 불교도들이 들어오면서 둔황지역의 도교는 조종(弔鐘)을 울렸을 것입니다. 어쨌든 신천관이 사라진 뒤로 그 도관의 필사본들은 부분적으로 천불동으로 들어왔습니다. 몇몇은 있는 그대로 보존되었고, 다른 것들은 승려들이 뒷면을 아주 서툰 글씨로 각종 불교 문헌들이나 주석들을 쓰는 데 활용했습니다. 바로 이러한 상태로 필사본들이 우리에게 전해지고 있습니다. 이들은 불완전하고 상대적으로 많지 않지만(백여 권 정도), 이들의 의미는 매우 큽니다.

사실상 가장 최근까지도 도교 경전은 실질적으로 접근할 수 없었습니다. 중앙아시아에서 구장춘(丘長春)30이 여행한 기록과 옛날 중국 철학자들의 주석들과 같은 희귀한 자료들은 19세기 초 중국의 석학들에 의해 발췌되어 별도로 편집되었습니다. 도서관에서 도교 경전의 축약집인 『도장집요(道藏輯要)』를 찾을 수 있는데, 오늘날에는 그 자체로 희귀도서입니다. 팔라디우스(Palladius)31와 그를 이어 브레트슈나이더

---

30 구장춘(丘長春, 1148~1227): 도교의 전진도(全眞道) 도사로, 본명은 구처기(丘處機)로 장춘(長春)은 그의 도호(道號)이다. 전진교의 조사인 왕중양(王重陽, 1113~1170)을 스승으로 따라 북칠진(北七眞)의 한 사람이자 용문파(龍門派)의 개조이기도 하다. 1220년 칭기즈칸의 부름을 받고, 72세의 나이에도 불구하고 제자인 이지상(李志常, 1193~1256), 윤지평(尹志平, 1169~1251) 등 18명의 제자와 함께 북경으로 갔으나 칭기즈칸은 화레즘 샤 원정에서 돌아오지 않아 만나지 못했다. 이듬해(1221) 서쪽으로 칭기즈칸을 만나러 향했다. 4월 거용관(居庸關)에 도착했고, 겨울이 되어서야 사마르칸트에 도착했다. 1222년 4월 마침내 힌두쿠시 산에 이르러 칭기즈칸을 만났다. 칭기즈칸은 야율초재(耶律楚材, 1190~1244)에게 명하여 이때의 대화를 기록하게 했는데 그것이 바로 『현풍경회록(玄風慶會錄)』이다. 이후 그의 제자인 이지상이 여정에서의 견문을 『장춘진인서유기(長春眞人西遊記)』를 남겼는데, 12세기 중앙아시아의 상황을 살펴볼 수 있는 중요한 자료 중 하나이다.

31 팔라디우스(Palladius)는 카파로프(Pyotr Ivanovich Kafarov, 1817~1878)의 세례명이다. 러

(Bretschneider)[32]가 작업한 것들은 바로 이들 자료에 근거한 것들입니다. 완전한 도교 경전 목록은 상당히 열악한 방법으로 『휘각서목(彙刻書目)』에서 간행되었는데, 북경 근처의 백운관(白雲觀) 판본이 내용이 더욱 풍부합니다. 내가 생각하기에 『휘각서목』과 근대에 중국에서 나온 도교 경전의 유일한 사본은 16세기 판본의 사본으로 온전하지는 않지만, 극동프랑스학교(EFEO)에서 소장하고 있다가 국립프랑스도서관

시아 초기의 중국학자로, 정교회 수도사였다. 중국에 체류하는 동안 미간행 필사본들을 발굴하고 간행했는데, 그중에서 『몽골비사』 같은 책이 대표적이다. 또한, 중국어 음역 체계인 팔라디우스 시스템(Palladius system)을 고안하여 오늘날까지 중국 고유명사를 러시아어로 음역하는 방안으로 사용하고 있다. 특히 그가 편집한 『중국-러시아어 사전』(1888년 북경 동문관(同文館)에서 출판) 오늘날까지 그의 대표작으로 알려져 있다. 카파로프는 여기에서 펠리오가 언급한 구장춘의 여행기를 러시아어로 처음 번역했다(『или Чанчунь чжэнжэнь сию цзи』, 1866). 이후 1888년 에밀 브레트슈나이더가 북경 러시아 대표부에 근무하면서 이 여행기를 영어본으로 번역했다.

32 에밀 브레트슈나이더(Emil Bretschneider, 1883~1901): 발트 독일인 출신의 중국학자로 러시아에서 활동했고, 아카데미 프랑세즈의 통신원을 지냈다. 에스토니아 도르파트 대학 의대를 졸업한 뒤에 테헤란 러시아대표부에 의사로 근무했고(1862~1865), 1866~1883년까지는 북경 러시아대표부에서 의사로 재직했다. 1866년 헨리 율(Henry Yule, 1820~1889)의 『캐세이와 그곳으로 가는 길(Cathay and the Way Thither)』를 보고 중국학에 입문했다. 당시 유럽의 중국학자들이 중국어를 몰라 간접자료에 의존했지만, 브레트슈나이더는 당시 러시아 정교회의 북경 선교단의 팔라디우스 카파로프를 친구로 두어, 카파로프의 중국 도서에 쉽게 접근할 수 있었다. 그가 중국 자료에 처음으로 착수한 것은 식물학과 지리학에 관한 연구였다. 1870년 「부상, 누가 아메리카를 발견했는가(Fu Sang, Who discovered America?)」라는 첫 논문 이후로, 『중국 책에서 언급된 아랍과 아랍인 식민지에 관해 중국인들이 가졌던 지식에 관하여(On the Knowledge Possessed by the Chinese of the Arabs and Arabian Colonies Mentioned in Chinese Books)』(1871)를 발표했다. 1875년에는 『서역으로 간 중세 중국 여행자들에 관한 주석(Notes on Chinese medieval travellers to the West)』을 중국에서 출간했는데 바로 앞서 언급한 구장춘(丘長春)의 여행기를 역주한 책이다. 1888년에는 『동아시아 자료에 따른 중세 연구(Mediaeval Researches from Eastern Asiatic Sources)』라는 성과를 남겼으며, 특히 식물학에서 1882년 『중국 식물학(Botanicum Sinicum)』은 식물학자로서의 명성을 알리는 데 크게 이바지했다. 브레트슈나이더(Bretschneidera sinensis)란 학명은 바로 그의 이름에서 나온 것이다.

에 기증되었습니다. 나는 몇 년 전에 당나라 때부터 이루어진 『도장
(道藏)』에 관한 적지 않은 정보를 수집했습니다. 그러나 출간하려면 적
어도 현재 총서의 개략적인 조사를 통해 보완해야 합니다. 시간은 이
를 허락하지 않았습니다. 드 흐루트(De Groot)[33]씨는 국립도서관에 있
는 『도장(道藏)』을 연구하고 도교에 관한 책을 준비하고 있었습니다.
아마도 그는 기본적으로 도교의 역사적 연구에 유용한 약간의 연대기
적 기술을 알려줄 것입니다. 그렇지만 그러한 연대기가 나온다고 하
더라도 완전한 만족을 주지 못할 것으로 미리 예견할 수 있을 것입니
다. 역설적으로 매우 풍부한 중국의 불교사에서, 역사가 결코 번성할
수 없었던 민족에게 태어난 불교는 정확한 의미와 연대적 가치를 조
금도 확실하지 않습니다. 반면 세상에서 가장 훌륭한 연대기록을 가
지고 있는 나라에서 나온 고유한 도교는 아무런 까닭 없이 허구와 불
확실성이라는 이해할 수 없는 구름에 갇혀버렸습니다. 이 역설이 뚜
렷한 것은 틀림없습니다. 그래서 우리는 두 종교의 역사로부터 그리
고 이들의 긴밀한 성격으로부터 나오는 원인에서 그 이유를 찾을 수
도 있을 것입니다. 적나라하게 보여주는 것은 거의 전하지 않습니다.

---

33 드 흐루트(Jan Jakob Maria de Groot, 1854~1921): 네덜란드 중국학자이자 종교사학자
이다. 1873년부터 네덜란드령 동인도회사의 중국어 통역관이 되기 위해 구스타브
슐레겔(Gustaaf Schlegel, 1840~1903)에게 중국어를 배웠고, 1876~1878년까지는 하
문(廈門)에서 복건어를 배운 뒤 바타비아에서 통역관으로 근무하다가 1883년 귀국
했다. 이듬해 『하문의 연중 축제(Les Fêtes annuellement célébrées à Émoui)』로 라이
프찌히 대학에서 박사학위를 받았다. 1886~1890년 다시 중국을 방문하고 중국의
풍속과 민간 신앙을 연구하여 『중국의 종교 체계(The Religious System of China)』라
는 기념비적 저술을 남겼다. 한편 프랑스 귀메 박물관에 신상(神像)들을 수집해 준
공헌으로 레지옹 도뇌르 훈장을 수상하기도 했다. 1891년 라이덴 대학에서 네덜란
드 동인도의 지리와 민족학 교수로 취임했지만, 그의 연구는 중국학에 있었다. 슐
레겔이 죽은 뒤 후임으로 1904년 중국학 교수로 임명되었다.

말하자면 도교의 연대기는 없다는 것입니다.

바로 이러한 혼란 속에서 우리는 필사본들을 통해 얼마간 그 순서를 찾아볼 수 있습니다. 우리는 필사본의 시기를 통해 어떤 자료들이 어느 시기에 존재했는지를 알 수 있을 뿐만 아니라, 『삼동봉도과시의범(三洞奉道科試儀範)』과 같은 순수한 도교 교리에 관한 서적들과 도교도를 상대로 불교도들이 쓴 세 반론 저서들에서, 나는 도장(道藏)에서 찾아볼 수 있는 도교 저서들에 관한 복사된 목록을 찾았습니다. 나는 내가 수집한 책들을 일일이 열거하지는 않겠습니다. 사실상, 내가 알고 있는 현 상태로, 이러한 열거는 누구에게도 말할 수 없는 성격의 것입니다. 그렇지만 나는 노자의 책을 매우 세밀하게 주석한 『노자도덕경의소(老子道德經義疏)』의 제5권, 5권으로 간행된 동일한 책의 다른 주석인, 『후한서』의 잘 알려진 주석자인 안사고(顔師古, 581~645)의 『현언신기명노부(玄言新記明老部)』, 그리고 도교적 근원을 가지지만 도장(道藏)에 들어갈 것으로 보지지 않는 『이십오등인도(二十五等人圖)』에 관해서는 별도로 언급할 것입니다. 이제 당신에게 말해 줄 것은 『화호경(化胡經)』이 남았는데, 이로써 도교에 관한 기술을 끝내고자 합니다.

거의 10세기에 걸쳐 불교도와 도교도들 사이에 우선권과 영향력에 관한 논쟁은 같은 텍스트인 『화호경』을 둘러싸고 이루어졌습니다. 이 문제는 중요합니다. 도교들은 "양보해주시오. 붓다는 호(胡)를 개종시키기 위해 서쪽으로 향했던 우리 노자의 아바타에 지나지 않소. 『화호경』을 보시오."라고 말합니다. 불교도들은 "우리가 먼저이다. 왜냐하면 『화호경』은 3세기 말 왕부(王浮)의 위작이고, 붓다는 노자보다 2세기나 이전이다. 『주조이서(周朝異書)』를 보시오.”라고 대답했습니다. 오늘날 우리는 어느 한쪽도 지지하지 않습니다. 붓다의 출생 연도는 불확실하지 않지만, 노자의 출생 시기만큼 모호한 것도 없습니다. 시대적 우선권이 결정적으로 노자의 것이라고 한다면, 이 철학자는 도교에 매료된 더 늦은 시기의 기독교도와 공통된 것을 아무것도 가지지 않았을 것입니다. 언급한 텍스트에 관하여 그 ‘권위’는 양쪽에 동일합니다. 위서(僞書)를 가지고 천년이나 다투었던 것입니다. 특히 당나라 시기에 치열했던 논쟁은 송나라 때 진정되었지만, 13세기 몽골 왕조에서 재점화되었다. 몽골의 황제들은 맹신도들은 아니었습니다. 여러 종파의 대표단 회합에서 각 종파는 자신들의 교리를 설명했는데, 몽케 칸은 다섯 손가락 안에 들어오는 여러 종교를 비교했습니다. 루브릭(Rubruquis)에게 강한 인상을 주었던 이 장면은 실제로 중국 측 자료에서 찾을 수 있습니다. 그러나 몽케와 쿠빌라이 칸은 무엇보다도 그들 정부의 평화를 유지하고자 했습니다. 논쟁을 끝내기 위해 칙령을 내려 제국 내의 모든 『화호경』 사본들을 불태우고 판본들을 파괴하도록 했습니다. 그 명령은 새로운 것은 아니었지만, 13세기 후반에 장차 권력으로부터 밀려나게 된 도교도와 불교도들은 쌍방의 논쟁에 열중할 수 없을 정도로 잘 먹혀들었습니다. 여러 차례 폐기되었다가 되살아난 『화호경』은 쌍방의 무관심 속에서 사실상 그 수명을 다했습니다.

　이것이 바로 샤반느 씨와 내가 약간 연구한 간략한 역사지만 그와 관련된 많은 필수적 자료들을 다 활용하지는 못했습니다. 한편 당신은 『화호경』을 둘러싼 이러한 논쟁이 중국으로의 불교 유입과 관련된 『위략(魏略)』의 유명한 구절과 어떻게 밀접한 관계를 맺는지 알고 있을 것입니다. 마지막으로 나는 예전에 『화호경』과 마니교도들을 관계 짓는 불교 서적 주석을 발표한 적이 있습니다. 그런데 여기에서도 나는 여러 차례 새로운 정보들을 찾았습니다. 현재의 『대장경』에 들어있지 않고, 아직도 보고되지 않았지만, 이 정보들은 예를 들어 『고승전(高僧傳)』에서 전해지는 배자야(裵子野, 467?~530)에 관한 몇몇 인용들과 같이 아주 흥미로운 자료들을 보완해줍니다. 당나라 시기에 『화호경』이든, 같은 텍스트의 다른 서명이든지 아니면 개정본에 지나지 않은 것으로 보이는 『명위경(明威經)』, 또는 『서승경(西昇經)』의 구절들을 논박하지 않은 쟁론 서적은 결코 없습니다. 불교 중에도 도교의 이론을 다소 자신들의 것으로 인정하면서 의식적인 추종자들이 있었습니다. 『서승경』은 『역대법보기(歷代法寶記)』의 자료들 속에 원용되었습니다. 그래서 나는 그것이 그 어떤 경우에도 가짜 경전의 성격을 드러내지 않고 『법원주림(法苑珠林)』 끝에 언급되었다고 기억합니다. 이는 학자들이 그들의 이단들을 억누르기 위해 반복하여 공박하도록 강요했음이 분명합니다. 우리의 아쉬움은 이렇게 많은 논란이 되었던 텍스트를 더는 알 수 없게 되었다는 것입니다.

이는 천불동의 서가를 셈에 넣지 않는 것입니다. 우리가 조사하던 마지막 날에 나는 『화호경』의 완전한 제1권과 제10권을 찾아냈습니다. 책 전체의 이름은 '서쪽으로 가서 호(胡)를 개종시켰다는 노자의 경'이란 뜻인 『노자서승화호경(老子西昇化胡經)』입니다. 이 텍스트는 몽골 시기의 불교사에 관해 말하고 있지만, 그에 대한 반박으로 한 승려가 하나의 독립된 책 전부를 할애하고 있다는 것을 약간만 검토해

봐도 충분히 입증할 수 있습니다. 이 연대기적 기술은 그림으로 설명된 노자의 변(變, 변상變相의 의미) 16편을 언급하고 있다. 그리고 정확하지는 않지만, 더 오래된 텍스트들은 6세기부터 호(胡)를 개종시킨 노자의 전설은 사원의 벽에 장식되기도 했다는 것을 보여줍니다. 그런데 16편의 변(變)은 내가 찾은 이 10권에서 열거되어 있습니다. 『불조통기(佛祖統紀)』의 저자[34]는 교리의 진실을 세우기 위해 마니교도들이 창시자인 말마니(末摩尼)란 사람을 언급하고 있는 『화호경』을 끌어들였다고 했습니다. 왕조사에는 마니(摩尼)라는 형태만 알려주고 있을 뿐입니다. 그러나 마니교와 관련된 말마니란 이름은 『통전(通典)』에서 찾을 수 있습니다. 나는 '마니 주님'이란 의미의 마르 마니(Mâr Mani)로 재구성하기를 제안합니다. 마니교도들이 『화호경』을 원용하게 된 것은 이상할 것이 전혀 없습니다. 오늘날 우리는 그 사실을 인정해야만 합니다. 나의 두루마리 중 제1권의 끝에서 노자는 붓다뿐만 아니라 말마니도 언급하고 있고, 이러한 의견 표명이 이종(二宗)과 삼제(三際)에 근거하고 있는데, 이들의 마니교적 성격은 모든 논의에서 벗어나 있습니다. 이로부터 우리는 다음과 같은 결론을 도출할 수 있습니다. 마니교를 언급하고 있는 『화호경』은 당나라 시기에 유행했다가 13세기에 없어진 것일 수 있습니다. 그러나 그것이 3세기 말 승려 왕부(王浮)[35]의 것인지는 확실하지 않습니다. 거기에는 우리

---

34 『불조통기』는 송나라 천태종 승려 지반(志磐)이 『사기』의 체제에 따라, 1269년 지은 불교 통사로 54권으로 이루어졌다. 석가모니불의 본기를 시작으로 중국의 역대 조사(祖師)들의 전기를 담고 있다.

35 왕부(王浮): 서진(西晉) 혜제(惠帝, 259~307) 때, 도교의 한 종파인 천사도(天師道) 좨주(祭酒)로, 지괴소설 『신이기(神異記)』의 저자로 알려져 있다.

를 놀라게 할 만한 것이 없습니다. 한 텍스트가 위서라고 할지라도 사람들은 시대의 요청에 따라 받아들입니다. 배자야(裴子野)36에 관한 조각들은(샤반느 씨가 활용한 『대장경』에 있는 것이 아니라 내가 여기에서 찾은 사권들에 들어있는) 소위 왕부에게 『화호경』의 배경을 제공한 이 수수께끼 같은 『서역전(西域傳)』에서 신구의 판본을 구분 짓고 있습니다. 나는 당나라 시기의 한 정확한 텍스트는 원래 1권으로 되어있었던 왕부의 『화호경』을 당시에 변화시키고 '발전시킨' 것을 언급하고 있다고 기억합니다. 어쨌든 우리는 개략적으로 내가 가져온 불완전한 두루마리로 그 마지막 교정본의 연대를 추정할 수 있습니다. 제1권에서 중국을 떠난 노자는 호탄 왕국의 비마(毗摩)에 도착했고 거기에서 그들을 교화하기 위해 호(胡)의 80여 왕국의 왕들을 집결시켰습니다. 호탄의 동쪽에 있는 이 비마란 도시는 여러 자료에 의해 잘 알려졌습니다. 여기에서 그 옛 이름에 대하여 논의하지는 않겠지만, 바로 현장(玄奘)의 비마(媲摩)란 도시이고, 그 도시는 13세기 마르코 폴로에 의해서도 언급되었습니다.37 387~618년을 담고 있으며 7세기 전반에 편찬된 『북사(北史)』는 "비마사, 노자가 호(胡)를 개종시킨 곳이다."38라고 언급하고 있습니다. 그런데 『화호경』은 노자의 부름에 호응한 80여 왕

---

36 배자야(裴子野, 469~530): 남제(南齊)의 사관으로 배송지(裴松之, 372~451)의 증손자이다. 하승천(何承天)의 『송서(宋書)』를 속수(續修)하라는 명을 이루지 못하고 죽은 배송지의 유업을 이어 『송략(宋略)』 20권을 남제(南齊) 중흥(中興) 2년(502)에 완성하였다. 만년에는 불교를 신봉하여 『중승전(衆僧傳)』 20권을 저술하기도 하였다.

37 마르코 폴로는 자신의 여행기에서 펨(Pem)이라는 지방을 언급하고 있다. 김호동 교수는 이 펨을 『대당서역기』에 보이는 비마(媲摩)에 해당한다고 주석을 달고 있다. 자세한 것은, 김호동 역주, 『동방견문록』, 사계절(2018), 166쪽을 참고하시오.

38 『북사(北史)』, 권88, 『서역전』, 중화서국, 3209쪽: 우전 서쪽으로 5백 리에는 비마사가 있는데, 노자가 호(胡)를 교화하여 성불하게 한 곳이라고 한다(于闐西五百里有比摩寺, 云是老子化胡成佛之所).

국들의 왕들을 열거하고 있습니다. 여기에서 인용하기는 너무 긴 그 명단은 이처럼 7세기에 만들어졌을 뿐입니다. 따라서 오늘날 원래의 『화호경』을 찾을 가능성은 전혀 없지만, 당나라와 원나라 시기에 그렇게 많은 논쟁을 이끈 것의 불완전한 두루마리를 가지고 있다는 것으로 만족해야 할 것입니다.

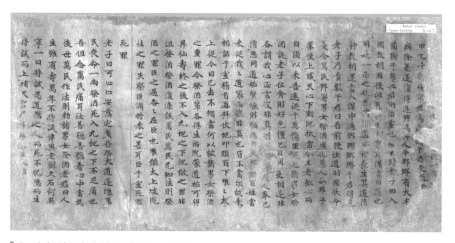

『노자서승화호경』의 일부. 펠리오 4562문서

당나라 시기의 도교도들이 마니교도들보다 우위에 자리할 필요성을 느꼈기 때문에 이 종교는 당시 중국에서 확고한 지위를 확보해야 했습니다. 그러나 이에 관하여 비참할 정도로 빈약하고 산발적인 정보들만 우리에게 전해질 뿐입니다. 따라서 우리는 석굴에서 발견된 마니교와 관련된 한 조각을 반길 수밖에 없습니다. 거기에는 어떠한 종교도 지명하여 특정하지 않았음에도 나는 그것을 마니교도의 것으로 규정했습니다. 왜냐하면, 그 이원론적 술어들이 마니교와 조로아스터교인지를 주저하게 할 뿐이고, 그것이 드러내고 있는 개념들이 마니와 연관된, 즉 마니교도들의 중국 자료들에서 일반적으로 우리에게 나타나기 때문입니다. 이 짧은 텍스트는 네 번째 단락의 끝을 포함하고 있는데, 시신(屍身)들을 유기하는 것과 관련된 것으로 보입니다. 이어서 다섯 번째 단락에 이르는데 사원을 구성하는 방들을 열거하고 각 공동체가 고려해야 하는 세 존자(尊者)를 거명하고 있습니다. 이 존자들의 칭호는 음역 되거나 번역되었고, 원래 명칭이 최종적으로 재구성된다면 그것은 그 텍스트의 성격을 결정적으로 확인해 줄 것입니다. 여섯 번째 단락은 그 교단에 들어오고자 하는 사람이라면 갖추어야 할 조건들과 관련되어 있습니다. 첫 두 가지는 이종(二宗)과 삼제(三際)에 대한 분명한 인식을 보여주는 것입니다. 우리는 이미 『불조통기(佛祖統紀)』를 통해 중국에서 마니교 교리의 기본적인 두 교의였다는 것을 알고 있습니다. 이들은 또한 카라 발가순(Kara Balgasoun)[39] 비문에서도 나타납니다. 내가 가져온 다른 조각은 일치하는 설명을 제시하고 있지만 조금 더 자세합니다. 게다가 초심자는 "사정(四淨)의 법신(法身)[이 개념은 불교의 다르마가야(dharmakāya, 진리의 몸)에서 가져온 것임이 분명함]을 생각해야" 한다고 했습니다. 불행하게도 텍스트는 이 수수께끼 같은 주문을 이해하기 전에 끝나 버립니다. 그 자료가 너무 짧아, 둔황지역에 마니교도들이 있었는지를 확인하기에는 그다지 유용하지는 않습니다. 나는 독일의 탐사대가 투

---

39 카라 발가순(Kara Balgasoun): 원래 지명은 'Talarho-kara-balgasoun'로 되어있는데, '카라'는 검다는 뜻이고, '발가순'은 도시란 의미이다. 아마도 카라코룸(Karaokoroum)의 잘못된 표기로 보인다.

루판에서 가져왔는지는 모르겠지만 현재까지 보고된 중국 마니교에 관한 자료들은 세속의 저술들이나 불교사에 관계된 것들에서 만날 수 있습니다. 최초로 우리는 마니교의 유래에 직접 관계되는 한 텍스트를 찾았습니다. 그렇지만 나는 둔황의 이러한 마니교도들에 관련된 다른 정보들을 수집하지는 못했습니다. 지역의 지리에 관한 한 필사본에서 천신(祆神) 사원을 언급하고 있는데 이는 일반적으로 중국에서 조로아스터교를 부르는 명칭입니다. 이 사원은 사주(沙州) 동쪽으로 1리에 있고, 신들의 도상이 그려져 있는 20개의 석실이 있으며, 사원의 둘레는 백 보입니다. 하지만 천신(祆神)이란 말은 간혹 혼동을 불러왔습니다. 나는 불교 논쟁에 관한 한 텍스트에서 천사(祆祠)를 찾았는데, 이는 조로아스터교를 가리키는 것이 아니라, 브라만교를 지칭하고 있으며, 더 일반적인 말로 천사(天祠)에 해당하는 말임이 분명합니다. 우리는 천사(祆祠)가 혹 마니교를 지칭하는 것은 아닌지 알아봐야 할 것입니다.

조로아스터교, 마니교와는 별도로 당나라 시기 중국에서 서안부(西安府)의 비문으로 잘 알려진 외래 종교는 바로 네스토리우스의 기독교입니다. 여기에서도 우리의 필사본들은 뜻밖의 이바지를 하고 있습니다. 나는 온전하지 않은 두루마리 형태의 세 조각을 찾았는데, 한 작은 두루마리에는 '안식을 얻은 대진 경교의 삼위에 관한 찬송'이란 뜻인 '대진경교삼위몽도찬(大秦景敎三威蒙度讚)'으로 되어있습니다. '대진의 경교'란 말은 우리에게 잘 알려져 있습니다. 바로 서안부 비석의 머리 부분에서 말한 네스토리우스교를 지칭하는 것이지요. 사실상 필사본은 성부, 성자, 성령에 관한 찬송으로 시작합니다. 그리고 나서 아라하(阿羅訶, Eloha), 미시하(彌施訶, Messiah) 그리고 삼신(三身)이 하나로 귀결되는[동귀일체(同歸一體)] 성령에게, 이어서 법왕(法王)들, 말하자면 네 명의 복음서 저자인 유한난(瑜罕難, Jean), 노가(盧伽, Luc), 마구사(摩矩辭, Marc)와 명태(明泰, Matthew)로 시작하는 사도와 예언가들에게 올리는 기도로 이어집니다. 계속하여 35개의 네스토리우스교의 저서들이 열거되어 있는데, 그 명칭들은 음역 되거나 번역 되기도 했습니다. 마지막으로 이 짧은 자료는 중국에 들어온 네스토리우스교의 저술들이 530책에 달한다는 점을 상기하는 기술로 끝납니다. 아라본(阿羅本)[40]이 635년에 중국으로 네스토리우스교를 소개했고, 중국어로 번역하라는 황제의 요청을 받았으며 그 번역에 방현령(房玄齡, 578~648)과 위징(魏徵, 580~643)[두 사람 모두 조정에서 잘 알려진 인물들임]이 참여했습니다. 이후 황제의 명으로 네스토리우스교 수도사 경정(景淨)[41]이 위에서 열거된 저서들을 번역했습니다. 나머

---

40 아라본(阿羅本): 어원에 관해서는 '아브라함(Abraham)' 혹은 랍반(Rabban, 즉 '우리의 주인'을 뜻하는 사제에 대한 존칭)이라는 설이 있다.

41 경정(景淨)은 「대진경교유행중국비송 병서(大秦景教流行中國碑頌並序)」를 쓴 사람으로 알려져 있다. 현재 서안의 비림에 소장되어있는 대진경교유행중국비는 당나라 덕종(德宗) 건중(建中) 2년, 정월 초 7일(781년 2월 4일) 세워진 것으로, 조정에서 충성한 경교도들을 포상하는 성격의 것이다. 이 비는 이사(伊斯)가 자금을 대고 경정이 글을 썼으며 여수(呂秀)가 석각하여 대진사에 세워진 것이다. 경교 비문은 1,780자이며 한 부분은 서(序)이고 한 부분은 송(頌)이다. 서에서는 450자를 사용하여 경교의 기본 교의로, 삼위일체, 세계창조, 원죄, 구원, 성육신, 복음, 신약성서, 교회와 종교 생활들을 개술하고 있다. 그런 다음 경교란 명칭의 유래를 설명하고 태종(太宗) 정관(貞觀) 9년(635)에서 덕종(德宗) 건중(建中) 2년(781)까지 140여 년의 역사를 서술했다. 다시 뒷면에는 이사(伊斯)가 곽자의(郭子儀)를 보좌하여 안사(安史)의 난을 평정한 전공과 그의 선행을 기술했다. 마지막의 송은 경교 역사를 총결하여 서술하고 있다. 비석 정면, 중국어 비문 하단에는 왼쪽에서 오른쪽으로 읽는 13행의 문장을 영국의 중국학자 모울(Arthur Christopher Moule, 1873~1957)은 『1550년 전 중국의 기독교도(Christians in China Before the Year 1550』(48쪽)에서 다음과 같이 번

지 책들은 패엽(貝葉, 다라수의 잎)이나 가죽 위에 원래 그대로 상태로 남아있으며 중국어로 번역되지 않았습니다. 이것이 대체로 이 작은 텍스트의 내용으로, 서안부의 비문 같은 중요한 의미를 담고 있지는 않지만, 그것을 확인하고 보완해줍니다. 경정은 유명한 네스토리우스교의 비문을 지은 사람이기도 하며, 그는 또한 다카쿠스 씨가 보고

역하고 있다. "그리스력으로 1092년(서기 781)에 나의 아버지 이즈드-부지드(Izd-bu-zid) 사제인 훔단(Khumdan) 대도시 주교면서 고(故) 밀리스(Milis) 사제의 아들로, 타후리스탄(Tahuristan)의 발흐(Balkh) 성 출신인 [그가] 이 비석을 세웠다. 그곳에 쓰여 있는 것은 우리 구세주의 법과 우리 장로들이 지나예(Zinaye)의 왕들에게 설교한 것이다. 승(僧) 영보(靈寶) 이지드-부지드 대주교의 아담 목사(In the year thousand and ninety and two of the Greeks(A.D. 781) my lord Izd-buzid priest and country-bishop of Khumdan the metropolis, son of the late Milis priest, from Balkh a city of Tahuristan, set up that tablet of stone. The things which are written on it [are] the law of him our Saviour and the preaching of them our fathers to the kings of the Zinaye. Monk Ling-pao Adam minister son of Izd-buzid country-bishop)." 경정은 시리아 혹은 페르시아인으로 그 이름의 뜻은 '경교의 청정함'을 의미하며 시리아 문서에서는 아담이라 부른다. 그이 아버지 이사(伊斯)는 밀리스(Milis)의 아들로, 당나라 시기 경교의 지도자 중 한 사람이었고, 숙종(肅宗), 대종(代宗), 덕종(德宗) 세 왕조에 걸쳐 경교의 초석을 세웠다. 또한, 장군 곽자의(郭子儀, 698~781)의 부사(副使)를 맡아 안사의 난을 평정하는 데 공을 세웠다. 따라서 경정은 중국에서 유년 생활을 했고 중국의 전통문화와 교육을 받을 수 있었다. 경정은 장안에서 살았고 선교와 번역작업에 종사했다. 그는 시리아 경서 32권을 번역했는데, 『경례상명황락경(敬禮常明皇樂經)』, 『선원지본경(宣元至本經)』, 『지현안락경(誌玄安樂經)』, 『천보장경(天寶藏經)』, 『다혜성왕경(多惠聖王經)』, 『아사구리용경(阿思瞿利容經)』, 『혼원경(渾元經)』, 『통진경(通眞經)』, 『보명경(寶明經)』, 『전화경(傳化經)』, 『술략경(述略經)』, 『삼제경(三際經)』, 『영사경(寧思經)』, 『선의경(宣義經)』, 『사리해경(師利海經)』, 『보로법왕경(寶路法王經)』, 『삼위찬경(三威贊經)』, 『모세법왕경(牟世法王經)』, 『이리야법왕경(伊利耶法王經)』 등과 기도서 등 예배 관련 서적이 있으며, 그중에는 둔황 석굴에서 발견된 것으로는 『서청미시소경(序聽迷詩所經)』, 『일신론(一神論)』, 『선원지본경"(宣元至本經)』, 『대성통지귀법찬(大聖通眞歸法讚)』, 『경교삼위몽도찬(景敎三威蒙度讚)』, 『지현안락경(志玄安樂經)』 등이 있다. 경정은 불교와 도교에도 깊은 연구를 하며 불경의 번역작업에도 참여했다. 『대당정원속개원석교록(大唐貞元續開元釋敎錄)』에 따르면 대진사(大秦寺) 파사(波斯) 승려 정경과 북천축(北天竺) 가필시국(迦畢試國) 법사인 반야삼장(般若三藏)과 공동으로 『육바라밀경(六波羅蜜經)』 6권을 번역하기도 하였다.

한 『대장경』의 한 구절에도 나타나는데, 그는 불교 저술을 번역하는 데에도 참여했습니다. 그러나 내가 보기에 최초로 기독교 저서의 번역가로 그의 역할이 확인되는 곳은 바로 여기입니다.

둔황의 역사 지리에 관련한 자료들에 관하여 불교가 다시 나타나지 않는 한, 당나라 시기 중국에서 믿었던 다양한 종교에 관한 설명을 마치고자 합니다. 사람들이 예상했던 것처럼 모든 종류의 기록된 종이들이 마구 섞여 있던 석실에서는 많은 지역자료가 들어있었습니다. 당나라 시기에 둔황지역은 2급의 주(州)로서 사주(沙州)와 돈황현(燉煌縣)이라 불렸습니다. 또한, 필사본에서와 마찬가지로 석굴들의 카르투슈에는 둔황의 첫 번째 글자가 '돈(敦)'이 아니라 '돈(燉)'으로 쓰여 있는데, 『한서(漢書)』와 안사고(顏師古)의 주에 보이는 글자와 다릅니다. 오늘날 사용하는 글자는 바로 한나라 시기의 자형입니다. 내가 석실에서 수집한 둔황 지역과 관련된 문서 중에서 무엇보다도 상당한 비율을 차지하고 있는 『사주(沙州)에 관한 기술』이라는 완전하지 않은 세 권의 필사본들을 우선 들어야 할 것입니다. 완전하지 않은 이 책은 제목도, 지은이도, 연대도 없습니다. 그러나 그 내용에 따르면 10세기에 쓰였음이 틀림없고, 아마도 이미 사라진 단국(段國, ?)의 『사주기(沙州記)』일 것입니다. 이 저술은 이중의 관심거리를 제시하고 있습니다. 먼저 그 연대에 관한 것입니다. 중국의 학자들 견해에 따르면, 처음으로 현(縣) 또는 주(州)로서, 이러한 '지(志)'가 만들어진 것은 8세기 말이라고 합니다. 그 이후로 여러 지방으로 확대되었고 근래에 중요성을 인식하게 되었습니다. 그러나 이들 초기의 '지(志)'들은 우리에게 전해지지 않고, 가장 오래된 것이 송나라 명도(明道, 1032~1033) 시기의 연대를 가진다는 것으로 기억하고 있습니다. 게다가 이 『사주의 기술』은 내용에서 그 가치를 가지고 있습니다. 사람들은 이 책에서 지역의 산들에 관하여 또는 천불동에 관한 정보들을 헛되이 찾으려 했습니다. 그 정보들은 없어진 부분에 있을 수도 있습니다. 그러나 전체 주(州)에서 강물의 흐름, 성곽, 관공서, 사주를 과주(瓜州)와 이주(伊州, Qomul)를 연결하는 역참들에 관한 정확한 정보들을 기대할 수는 없습니다. 5~6세기 동안 서부 감숙은 서량(西涼)에 속했고, 이 나라가 정확하게 둔황을 지배했습니다. 이들의 역사는 특히 『십육국춘추(十六國春秋)』와 더 늦은 『십육국강역지(十六國疆域志)』에 의해 알려졌는데, 이 『십육국강역지』는 『열여섯 왕국의 지리사(Histoire géographique des seize royaumes)』[42]라는 서명으로 다행히도 단절 없이 번역이 시작되었습니다. 그러나 당시 중국의 서부에 할거했던 16개의 작은 나라들에 할애된, 그리고 공식적인 '천자'들의 후원 없이 계승한 이 저술들은 서부 감숙에 대해서만 싣고 있지 않습니다. 내가 『태평어람』에서 인용된 몇몇 문장을 보았을 뿐인, 오늘날 전하지 않는 『서량록(西涼錄)』과 『서량이물지(西涼異物志)』와 같은 것은 없었습니다. 그런데 우리의 필사본은 상당히 길고 많은 문장을 보여줍니다. 이 지리 기술과는 별도로 나는 또한 둔황의 강물에 관한 한

---

42 『열여섯 왕국의 지리사(Histoire géographique des seize royaumes)』: 중국과 안남의 자료를 프랑스어로 번역한 아벨 데 미셸(Abel Des Michels, 1833~1910)이 홍량길(洪亮吉, 1746~1809)이 1785년에 완성한 『십육국강역지(十六國疆域志)』를 4권으로 역주한 책으로, 전체 서명은 『십육국강역지: 열여섯 왕국의 지리사(Chich Louh Kouoh Kiang Yuh Tchi: Histoire Géographique Des Seize Royaumes)』이다. 1권과 2권은 1891년과 1892년 파리, 어네스트 르루(Ernest Leroux)에서 출간되었다. 3권과 4권은 역자가 확인하지 못했다. 다만 펠리오의 이 글은 1908년 실렸고, 미셸은 1910년 죽었으므로, 그 사이일 것이다.

텍스트를 수집했는데, 거기에서 이전의 저술에서도 마찬가지로, 고거해(高居海)[43]의 여행으로 이미 알려진 명칭인 도향하(都鄉河) 또는 도향거(都鄉渠)를 찾을 수 있었습니다. 다른 불완전한 필사본은 일련의 산, 호수, 역참, 성곽들을 열거하고 있는데, 상황과 거리는 사주와 사주에 속해 있었던 수창현(壽昌縣)과 비교하여 기술되어 있습니다. 둔황에 관한 매우 간략한 역사적 기술은 개원(開元, 713~741) 연간에 관한 다소 상세한 서술을 하고 있습니다. 여기에다 『돈황십영(燉煌十咏)』[44]이라는 작은 시집인 두 필사본을 추가할 수 있을 것입니다.

그러나 대부분의 지역자료는 직간접적으로 천불동에 관련된 것들입니다. 천불동이란 이 명칭은 근래의 것으로 필사본들 속에 보이는 것은 아닙니다. 비석들에서 그것은 막고굴(莫高窟)로 언급되었습니다. 서송(徐松)과 샤반느 씨는 '높이가 같지 않은 한 석굴'이란 의미로 특정한 한 석굴을 지칭하는 것으로 보았습니다. 그러나 문법적으로는 맞지만 이러한 해석은 사실과는 거리가 멉니다. 막고굴을 언급하고 있는 1348년의 작은 비석은 옮겨진 것으로, 우리는 그 비석이 과거에 어디에 있었는지 모릅니다. 그렇지만 그 비석은 오늘날 중사(中寺)

---

43 고거해(高居海): 생몰연대는 알려지지 않았다. 후진(後晉, 936~947) 창무군절도사(彰武軍節度使) 판관을 지냈다. 천복(天福) 3년(938) 우전왕 이성천(李聖天)이 사신을 보내 조공함에, 고조 석경당(石敬瑭, 892~942)이 고거해와 장광업(張匡鄴)을 우전국(于闐國, 호탄)에 사신으로 보내어 이성천을 '대보우전왕(大寶于闐王)'으로 봉하게 하였다. 이 사신 길은 1만여 리로 돌아와 『사우전기(使于闐記)』 1권을 지었다. 오가는 경로에 있는 산천, 민족, 풍속 그리고 우전국에 대한 상세한 기술로, 실크로드 연구의 중요한 문헌이다.
44 돈황고적입영(敦煌古跡卅詠)으로 펠리오가 '입(卅)'자를 '십(十)'자로 잘못 읽은 것이다.

의 불교 승려들이 가지고 있으므로, 역시 막고굴을 언급하고 있는 698년의 비석 근처에 있었을 가능성은 거의 없고, 그 비석은 하사(下寺)의 도교승들이 차지하고 있었던 석굴들 속에 있었습니다. 698년의 이 비석은 서송 시기에 원래 그대로 있었고, 그 비석 초석도 이동되지 않았습니다. 그런데 그 비석이 있던 석굴은 크지도 않고, 석굴들 가운데 그다지 높지도 않습니다. 마지막으로 몇몇 석굴들에서 「막고굴기(莫高窟記)」라고 제목이 붙은 헌정 비문들을 접할 수 있는데, 이 비문들은 글을 써놓은 석굴을 개수하기 위해 기증자에 의해 행해진 공적을 기념하고 있습니다. 또한, 나는 필사본들 속에서 베낀 이러한 기술들을 찾아냈다. 따라서 막고굴은 한정된 한 석굴 명칭이 아니라, 천불동 전체를 가리키므로 '높이가 다른 석굴들', 즉 복수로 번역되어야 할 것입니다. 가장 이웃한 마을이 마찬가지로 필사본들 속에서 종종 나타나는데, 그 마을을 막고향(莫高鄕)이라 부른 것은 바로 막고굴에서 유추한 것임이 틀림없습니다.

석굴들은 성소였을 뿐, 승려들은 거기에 살지 않았습니다. 벼랑 기슭에 776년 비문에서 '대하(大河)'라고 언급한 물줄기를 따라서, 오늘날 상사(上寺)와 중사(中寺)의 세 불교 승려들(수계를 받지 않음)이 차지하고 있는 사원들, 그리고 하사(下寺)의 도교승들이 건설 중인 것들과 비슷한 사원들이 세워졌을 것입니다. 우리는 당나라 시기의 사원들이 더 중요하고 더 인구가 많았다는 것만을 확인할 수 있습니다. 봄에 사람들은 시원한 그늘이 있는 이러한 사원 주변에서 즐겼을 것입니다. 이것이 바로 776년 비문의 저자가 '보리수에서 노래하는 바람' 그리고 '선지(禪池)에 떨어지는 이슬'[45]에 관하여 언급하며 말하고자

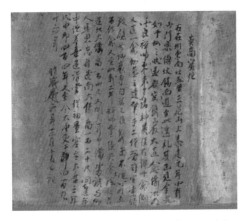

▌「막고굴기(莫高窟記)」 펠리오 3720문서의 부분. 만당(晚唐) 함통(咸通) 6년(865)에 쓰인 것으로, 막고굴 156호 석실 북벽에도 보임.

했던 것입니다. 실제로 옛날 사원들을 열거했을 가능성은 없습니다. 적지 않은 이름들이 석굴들의 카르투슈에 나타나지만, 어떤 사원이 석굴 근처 또는 단순히 둔황지역에 있었는지를 지시하는 것은 아무것도 없습니다. 필사본들도 가지고 있는 인장들을 통해 직접적인 연관 정보를 제공하지는 않습니다. 왜냐하면, 이러한 인장들이 다양하고, 이곳에서 찾은 도교, 마니교, 네스토리우스교의 문헌들의 경우에서처럼 한 사원에서 다른 사원으로 이동되었을 수가 있기 때문입니다. 내가 삼계사(三界寺)를 천불동에 위치시키고, 11세기 암실에 책들을 넣은 것을 삼계사의 승려들로 보는 것은 어느 정도 통계상의 이유 때문일 뿐입니다.

여기에서 내가 수집한 매매, 임대차계약서, 수계문서, 명세서, 기부장부, 지출명세서, 편지와 같은 단편적 자료들을 연구하는 것은 힘듭

---

45 이상 인용한 두 문장은 대력(大曆) 11년(776) 「대당농서이씨막고굴수공덕기(大唐隴西李氏莫高窟修功德記)」에서 나오는 말이다. 펠리오 3608문서에 따르면 양수(楊綬)가 지은 것으로 되어있다. "節度留後使朝議大夫尚書刑部郎中兼侍御史楊綬述"

니다. 다만 나는 간혹 돈황왕(燉煌王)이라고 불리기도 했던 지역의 수령들에서 천민, 평범한 승려, 장인, 농부들까지 당나라 시기 둔황의 지역사에 대한 요소들을 거기에서 찾았다고 말해줄 수 있을 뿐입니다. 이는 중국의 다른 어느 지역에서도 없었던 것입니다. 가장 흥미로운 문서 반열에 비문, 묘지명, 찬가들의 모음집을 넣어야 할 것입니다. 어떤 문서 조각은 위구르 고승의 칭호들을 제시하고 있고, 다른 것은 과주(瓜州)의 티베트인 논(論, blon)이 천불동에 기부한 것을 언급하고 있습니다. 또한, 라싸 첸포의 개입으로 만들어진 문집 가운데 언급된 것도 과주의 행정관이었던 티베트인입니다. 한 당사자가 석실에 현겁(賢劫)의 천 개 불상을 그리도록 했다는 것을 떠올릴 수 있는 한 묘지명은 티베트 대가문에서 론(論)의 4세대를 언급하고 있습니다. 몇몇 기술들은 호탄의 사신을 영접하는 것과 관련되어 있습니다. 한편 우리는 호탄과 둔황이 밀접한 관계를 유지하고 있었다는 것을 알 수 있습니다. 유명한 불상들에 할애된 석실의 벽면이 호탄 근처 여러 곳에서 발굴되고, 잘 알려진 '단(檀)으로 만든 불상'은 중국에서만 언급됩니다. 그 설명할 수 없는 역사에 대해서는 훗날 말할 수 있기를 바랍니다. 물론 이렇게 칭송하는 글들은[찬(贊)] 특히 중국의 승려와 고관들의 경력을 서술합니다. 다섯 두루마리의 상당히 많은 분량이 이러한 찬(贊)으로 채워져 있습니다. 이들 중에는 10여 개의 비석 사본들이 있는데, 이 비석들은 대부분이 천불동에 있었던 것들이지만 대부분이 우리에게 알려지지 않은 것들입니다. 그 사본들은 잘 필사되어 있지도 않고 정확하지도 않습니다. 그곳에 우리가 관심을 가질 만한 것은 없습니다. 나는 거기에서 놀랍게도 현재 비석에서 빠진 것들을 고스란히 간직하고 있는 이태빈(李太賓)과 이명진

(李明振)의 비문과 851년의 비문을 찾아냈습니다. 나는 또한 장회심(張淮深)[46]의 짧은 묘지명을 거론하고자 합니다. 장회심은 장의조(張義潮, 799~872)의 조카로, 둔황지역의 통치를 계승했습니다. 그가 죽은 연도가 『신당서』에 보이는데, 비록 손상되기는 했지만, 이명진의 비문에서 나오는 문장과 배치됩니다. 따라서 우리는 오늘날 장회심은 대순(大順) 원년(890) 2월 22일에 죽었다고 확인할 수 있습니다.

---

46 장회심(張淮深, 832~890): 귀의군(歸義君)의 두 번째 절도사로, 당나라 사주(沙州) 둔황 출신이다. 대중(大中) 2년(848) 숙부 장의조(張義潮, 799~872)를 따라 봉기하여 토번(吐蕃)으로부터 과주(瓜州), 사주(沙州) 등의 주를 수복했다. 대중 7년(853) 둔황 태수가 되었다. 함통(咸通) 8년(867)에 장의조가 당나라에 입조(入朝)하여 장회심이 귀의군을 맡게 되었다. 이후 그는 감주(甘州)의 위구르국과 수년간 전쟁을 통해 세력을 확장했다. 이때의 활동 상황이 둔황 석실에서 발견된 「장회심변문(張淮深變文)」에 잘 나타나 있다. 건부(乾符) 3년(876) 서주(西周)의 위구르가 장회심의 관할지인 이주(伊州, 오늘날 하미)를 공략하면서 세력이 급격히 쇠락했다. 대순(大順) 원년(890)년 살해되었다.

사주의 천불동으로부터 중국에서 모든 이에게 숭배되었던 불교의 성지인 오대산(五臺山)으로 돌아갈 필요가 있습니다. 중국의 삼대 성지, 즉 오대산의 문수보살, 아미산(峨嵋山)의 보현보살, 보타(普陀) 섬의 관세음보살 중에서, 오대산의 문수보살 성지만이 우리의 필사본들 속에 언급되어 있고 여러 차례 나타나고 있습니다. 나는 석굴에 그려진 오대산 지도에 관하여 그것과 연관된 몇몇 기억을 설명했습니다. 나는 법조화상암(法照和尙菴)에 관한 작은 한 카르투슈를 빼먹었다는 것을(전체 거의 200개 중에서) 알게 되었습니다. 법조(法照, 747?~821)는 유명한 승려였고, 그의 전기와 저술에서 분명하게 오대산을 언급하고 있으므로 이는 잘못입니다. 붓다팔리타(Buddhapālita)[47]가 오대산에 오른 것에 관하여, 우리는 『불정존승다라니경(佛頂尊勝陀羅尼經)』의 첫머리에서 찾아볼 수 있다. 그러나 이 텍스트들은 『대장경』에 들어있으므로 잠시 그것들을 강조하지 않기로 합니다. 당신에게 다른 것을 알려주는 것이 더 흥미로울 것입니다. 먼저 내가 두 필사본에서 접한 「오대산찬(五臺山贊)」이 있고, 성산(聖山)에 관한 소략한 기술이 있는데, 이는 틀림없이 둔황 출신의 한 승려가 오대산을 순례하고 다양한 사원들의 지도를 서술한 것입니다. 당신은 곧바로 어떠한 문제가 제기되는지 알 것입니다. 석굴의 한 중심에 매우 자세한 큰 지도를 그렸거나 그리게 한 사람이 바로 우리가 가지고 있는 문서를 기록한 이 승려가 아닐까요?

여기까지 나는 종교적 자료 또는 지역자료에 관해서만 언급했습니다. 한편 세속의 문헌들도 이 천불동 서가에서 나타나고 있습니다. 먼저 소학 교육용 자료들이 있습니다. 우리에게 잘 알려진 것으로 『천자문(千字文)』 또는 오늘날 『감응편(感應篇)』으로 더 잘 알려진 『감응장(感應章)』이 있습니다. 다른 것으로는 대중적 인기에 따라 대체된 것으로 보이는데, 적어도 나에게는 새로운 것이긴 하지만, 『태공가교(太公家教)』, 『변재가교(辯才家教)』, 불교 『천자문』 같은 것들이 있습니

---

47 붓다팔리타(Buddhapālita, 470~550)는 인도 승려로 중관파(中觀派)의 대표 인물로, 여기 오대산과 『불정존승다라니경(佛頂尊勝陀羅尼經)』과 아무런 관련이 없다. 아마도 펠리오나 편집자가 붓다팔라(Buddha-pāla, 佛陀波利)와 착각한 것으로 보인다. 붓다팔라는 북인도 계빈국(罽賓國) 출신으로 의봉(儀鳳) 원년(676)에 오대산을 순례하고 귀국했다가 산스크리트어본 『존승다라니경(尊勝陀羅尼經)』을 들고 다시 장안으로 왔다. 4년(680)에 번역하라는 왕명이 내려져, 당시 산스크리트어에 정통해 있었던 승려 순정(順貞)과 함께 한역한 것이 바로 『불정존승다라니경(佛頂尊勝陀羅尼經)』이다.

다. 『공자수문서(孔子脩問書)』는 문답식으로 이루어져 있고, 공자에게 돌릴 만한 근거는 없으며, 주공(周公)의 주석이 붙어있는데, 위서일 가능성이 큽니다. 특히 『개몽요훈(開蒙要訓)』의 많은 필사본을 찾아볼 수 있습니다. 『천지개벽이래제왕기(天地開闢已來帝王記)』는 짧은 역사적 편람입니다. 또한, 산술, 천문, 기하, 해몽 그리고 모든 민간 약제에 관한 안내서로 유용한 『백행장(百行章)』이 있습니다. 보통 종이에 쓰인 이 저술들은 꾸준한 사용으로 손상되고, 찢기고, 조각나 있어 볼 품이 없습니다. 그렇지만 나는 아주 조심스럽게 이들을 수습했습니다. 나는 내가 접할 수 있었던 경전들의 조각들에 대해서도 이렇게 다루었습니다. 우리의 필사본들이 한나라부터 특히 당나라 시기에 석판에 새겨져 있었던 문장의 책들을 현저하게 개선할 수 있다고 생각해서가 아니라, 적어도 그들에 딸린 주석들을 통해 주희(朱熹, 1130~1200)가 12세기에 혁신을 가져오기 이전, 경전에 대한 당시의 설명을 볼 수 있기 때문입니다. 나는 다음과 같이 몇몇 권들을 알려 드리고자 합니다. 하안(何晏, 249년 죽음)의 『논어집해(論語集解)』의 제1, 3, 6권으로, 이 책은 일본에서 되찾은 필사본에 따라 현 왕조에서 간행된 책입니다. 『모시(毛詩)』의 통행 개정본의 제9권이 있고, 『개백주고훈전(鄧栢舟故訓傳)』[48] 제3권은 『시경』의 동일한 개정본의 「국풍(國風)」부분을 담고 있으며 정현(鄭玄, 127~200)의 주석이 달려 있습니다. 그리고 『서경』, 『역경』, 『예기』의 전체 권들이 있습니다. 『좌전(左傳)』과 『곡량전(穀梁傳)』이 달려 있거나, 또는 663년 필사본에서는 민공(閔

---

48 "鄧栢舟"는 패풍(邶風) 백주(柏舟)의 이체자들로 보인다. 펠리오 문서에서 『모시』의 필사본들은 P.2506, P.2514, P.2529, P.2538, P.2570이 있다. 여기의 고훈전은 P.2538에 보인다.

公)과 장공(莊公)의 재위 연간 기사에 대한 범녕(氾甯)49의 집해(集解)가 있는 『춘추』의 중요 부분들이 들어있습니다. 『맹설진어중제이(孟說秦 語中第二)』는 『국어』의 한 부분을 쓴 좋은 필사본입니다. 또한, 나는 중국 고문헌으로 『장자(莊子)』의 여러 권과 『문자(文子)』의 제5권을 담 고 있는 751년 필사본을 언급해 둡니다.

교육용 책과 경전들과는 별도로, 사전들도 중요한 자리를 차지하 고 있습니다. 10세기 말에 투루판에 사신으로 나간 왕연덕(王延德)50은 승려들이 『대장경』, 『옥편(玉篇)』, 『절운(切韻)』, 불교 문헌의 『음의(音 義)』를 가지고 있었다고 하였습니다. 둔황도 마찬가지였습니다. 중국 자전 중에서 가장 오래된 『설문(說文)』은 인도의 영향을 받은 반절법 (反切法)으로 각 글자의 발음을 표시할 수 있게 됨에 따라 그 쓰임이 퇴색되었습니다. 이 새로운 방법은 먼저 고야왕(顧野王, 519~581)의 『옥편』에서 적용되어 부수로 정리되었습니다. 이어서 육법언(陸法言, 562년 출생)의 『절운(切韻)』은 각 글자를 운(韻)에 따라 편제했습니다. 이 두 자전은 7세기 이전의 것들입니다. 당나라 시기에 손면(孫愐)은

---

49 범녕(氾甯)은 바로 범녕(范甯)이다. 동진(東晉, 317~420) 시기의 경학자로, 영강(寧康) 원년(373)에 여항(餘杭) 현령을 지냈다. 그가 주석한 『춘추곡량전집해(春秋穀梁傳集 解)』 12권은 현존하는 가장 오래된 『곡량전』 주해서로 평가되며 『십삼경주소(十三 經注疏)』에 수록되어 전한다.

50 왕연덕(王延德, 939~1006): 북송(北宋) 대명(大名, 하북성 대명) 출신으로, 태평흥국(太平 興國) 6년(981)에 위구르 고창(高昌)에 사신으로 나갔다. 하주(夏州, 섬서성)와 사막을 지나 서주(西州, 신장 투루판)에 이르러 북정(北庭, 신장 지무살)에서 왕을 알현하고, 옹 희(雍熙) 원년(985) 위구르 사신들과 조정으로 돌아왔다. 이 사신을 통해 고창과 연 합하여 요(遼)나라에 대항하고자 했지만, 서하의 흥기로 실패로 돌아갔다. 『행기(行 記)』 또는 『서주사정기(西州使程記)』, 『고창행기(高昌行記)』 등으로 불리는 여행기 1 권을 남겼다.

『절운』을 『당운(唐韻)』으로 다시 만들었고(751년), 이 새로운 수정은 송나라 시기에 『광운(廣韻)』으로 이어졌습니다. 최초의 『옥편(玉篇)』은 오래전에 사라졌으나, 25년 전 일본에서 발견된 완전하지 않은 원본의 편제를 재구성해 볼 수 있습니다. 동시에 역시 일본에서 되찾은 사본들에 따라 『광운』의 두 개정본을 출간했지만, 육법언의 『절운』과 손면의 『당운』은 우리에게 전해지지 않는 것처럼 보였습니다. 그런데 나는 여기에서 이 두 자전의 상당 부분을 찾아냈습니다. 하지만 문제는 '손면의 『절운』'이라고 하는 제목에 있는데, 이는 손면이 『당운』이라는 서명을 가지기 이전에 『절운』의 첫 번째 교정을 했다는 것으로 생각하게 합니다. 『고일총서(古逸叢書)』에 관한 『극동프랑스학교학보(BEFEO)』의 한 논문에서[51] 나는 간략하게라도 반절을 사용한 중국 자전에 관한 이 문제를 전혀 다루지 못했습니다. 이 반절법은 중국 발음 역사에 관해 결정적이므로 우리는 새로운 토대로 그것을 다루어야 합니다. 같은 맥락에서 다른 새로운 자료를 활용해야 할 것입니다. 그것은 바로 후량(後涼, 386~403) 시기 한 승려가 쓴 음운학에 관한 작은 논저입니다.

우연히 찾은 나머지 자료들에 관해서는 일관성 없는 설명만 제시할 수 있을 뿐입니다.

- 이선(李善)의 주가 있는 『문선(文選)』의 제2, 25, 27권.

---

51 원주: 「중국 문헌에 관한 주석(Notes de Bibliographie chinoise)」, 『BEFEO』, 2책(1902), 315쪽 이하.

- 범주에 따른 백과사전식 어휘로 이루어진 두루마리의 일부.
- 『명보기(冥報記)』란 서명이 달린 인물 사전 두루마리의 일부.
- 『신집문사구경초(新集文詞九經抄)』, 서명과는 상반되게 인용문들은 경전에서만 추출한 것은 아님.
- 『신집문사교림(新集文詞敎林)』, 제1권, 전체일 수도 있음.
- 법률에 관한 문서들.
- 당나라 시기 2년에 걸친 상세한 달력.
- 「진인음(秦人吟)」과 같은 애가(哀歌)와 「안자부(鷃子賦)」와 같은 시 같은 기술.
- 이약립(李若立)의 『약출영금(略出籯金)』.
- 향공진사(鄕貢進士) 욱지언(郁知言)의 3권으로 된 『기실수요(記室脩要)』.
- 『보편의기(輔篇義記)』 제2권.
- 둔황에서 2권으로 만들어졌으나 저자의 이름이 없는 『신집길흉서의(新集吉凶書儀)』.
- 『통전』을 지은 두우(杜佑)가 15권으로 간행했던 『당례도(唐禮圖)』에서 추출한 장례(葬禮)에 관한 작은 책자가 우리에게 전해집니다. 그러나 내가 전체 저술을 보지는 못했지만, 그가 인용하고 있는 『개원례(開元禮)』는 잘 알려져 있습니다. 이 책은 몇 년 전에 처음으로 편집되었고 우리는 하노이에 그 사본을 소장하고 있습니다. 이러한 점에서, 중국에는 인쇄된 것이나 필사본 형태로 적지 않은 사본들이 있지만, 우리의 도서관에 당나라, 송나라, 금나라, 원나라, 명나라 의례에 관한 사본들을 전혀 없다는 것은 매우 유감스럽습니다. 이는 다음에 북경에서 채워 넣고 싶은 부족한 부분입니다.
- 『곤외춘추(閫外春秋)』는 8세기경에 활동했던 이전(李筌)이 간행한 역사서입니다. 나는 그 책에서 상고시대를 기술하고 있는 제1

권과 양한(兩漢) 시기에 할애된 제4권과 5권을 찾았습니다.

- 『고진자앙집(故陳子昻集)』은 특별히 언급할 만합니다. 10권으로 된 이 책에서 나는 제8권의 마지막과 제9권과 10권 전체를 찾았습니다. 이는 당나라 시기에 관리를 지낸 진자앙(陳子昻, 661~702)의 문집입니다. 그의 상소문과 서신들은 역사적으로 매우 중요합니다.

이 밖에도 나는 투루판에서 출발하는 다양한 길에 할애된 온전하지 않은 필사본들을 언급합니다. 당신들은 몇 행으로 담고 있는 새로운 것들을 상상할 수 없을 것입니다. 서부 감숙에 관한 문집은 쿠차와 북정(北庭)의 극단에 관해 말하고 있습니다. 매우 완전하지는 않지만, 상당히 긴 한 두루마리는 제국의 교량과 운하에 관해 다루고 있습니다. 마지막으로 나는 『구당서』의 「지리지」라든가 『원화군현지(元和郡縣志)』 등과는 다른 지리 서적의 일부분을 찾았습니다. 『태평환우기(太平寰宇記)』[52]도 이 연도에 미치지 못하고, 『신당서』는 말할 것도 없습니다. 아마도 현재 전하지 않는 가탐(賈耽) 『십도지(十道志)』의 한 부분으로 보입니다.[53]

---

52 『태평환우기(太平寰宇記)』는 북송(北宋) 시대 악사(樂史, 930~1007)가 편찬한 200권의 역사 서적이다. 마단림(馬端臨)의 『문헌통고(文獻通考)』에 따르면 "태평흥국(976~984) 연간에 여러 나라를 평정하고 천하를 통일하자, 악사가 모든 이전의 지리 관련 기록을 모두 모아 그 오류를 고증하여, 이 책을 엮어 올렸다(太平興國中, 盡平諸國, 天下一統, 史悉取自古山經地誌, 考證訛謬, 撰成此書上之.)"라고 하였으므로, 당나라 역사 지리서로는 가장 빠른 셈이다.

53 펠리오는 바로 이 자료에서 가탐이 운남에서 인도로 가는 간략한 육로 여정에 영감을 얻어, 그 여정에 따라 지명들을 고증하고, 이어서 해로로 가는 길을 추적한 논문이 바로 「8세기 말 중국에서 인도로 가는 두 갈래 여정(Deux itinéraires de Chine en Inde à la fin du VIIIe siècle)」이다. 이 논문은 역자가 『8세기 말 인도로 가는 두 갈래 여정』이란 제목으로 영남대학교 출판부(2021)에서 번역 출간했다.

보시는 바와 같이 이 서가는 사실상 필사본들의 도서관입니다. 당나라 시기의 승려들은 신도들이 새로운 사본을 필사하면서, 그들에게 적선할 수 있도록 자신들의 『대장경』을 정리하여 분류했고, 빠진 권들을 기술하여 그 목록을 유통했습니다. 이렇게 새로운 사본들은 두세 차례 교정되었지만, 종종 정확한 것을 만들어 내지는 못했습니다. 필사본의 마지막에 있는 기증자는 간혹 날짜와 자신의 이름을 써넣고, 자신의 수고로움으로 얻은 공덕이 죽은 가족이나 삼도(三道)와 육도(六道)에서 고통을 받는 인간들에 미칠 수 있기를 요청했습니다. 그러나 그러는 사이 당나라 시기에 고안된 목판 인쇄술이 점차 퍼졌습니다. 이러한 새로운 작업에 드는 어려움과 비용은 한동안 필사본을 필사하는 것을 선호하게 했던 것으로 보입니다. 그러나 거의 모든 사람이 필사할 수는 있었지만 그림을 잘 그리는 사람은 드물었습니다. 인쇄술의 우월성은 빠르게 인식되어 도상들을 충실하고 풍부하게 재생산했습니다. 쿠차에서 이미 우리는 8세기의 것으로 보이는 작은 나무를 발굴했는데, 붓다의 모습을 인쇄하는 데 사용했음이 확인됩니다. 여기에서 저는 10세기 중국어로 인쇄된 일단의 문헌들을 수집했는데 상당히 능숙한 작업 상태를 보여주고 있으며 지역 장인들에게서 나온 것으로 보입니다. 거기에는 다른 20여 종이 있지만, 10~15개의 사본에서만 확실합니다. 주제들은 주로 세 보살, 즉 문수보살, 보현보살, 관세음보살이고 그다음은 다라니(陀羅尼)로 단순히 중국어로만 된 것이 있고, 대부분이 중국어와 브라흐미어로 되어있습니다. 여기에서도 목판 인쇄에 의존하게 했던 것은 바로 외국어를 재생산하는 어려움이었습니다. 같은 목판 위에 나란히 놓은 일곱 면으로 구성된 한 다라니는 조원충(曹元忠)[54]의 명령으로 천복(天福) 15년(950)에

판각되었습니다. 또 진(晉, 후진, 936~946)의 개운(開運) 정미(丁未, 947)년에 비사문천왕(毗沙門天王, Vaiśravaṇa)과 문수보살의 목판을 만들게 한 것도 바로 그입니다. 조원충은 알려진 인물로 제가 위에서 언급했던 조의금(曹議金)의 아들이자 둔황의 통치자였습니다. 또 다른 다라니는 개보(開寶) 4년(971)의 것으로, 이 텍스트는 인도[서천(西天)] 출신의 아샤리아(ācārya)인 보안사(寶安寺)의 길상(吉祥)에 의해 수정되었습니다. 사실 이러한 이름을 가진 인도 승려는 원문으로 볼 때, 송나라 초기 중국에 살았던 것으로 생각하게 합니다. 단 하나의 작업이 이러한 불교적 산물들과 대조를 이룹니다. 제가 『절운』의 부분들을 찾았다고 말씀드렸는데, 몇몇은 인쇄된 것들입니다. 동중국에서 이곳으로 가져온 사본이 분명해 보입니다. 이러한 소규모 컬렉션은 연도상 귀중합니다. 저는 지난날 일본에 찾은 인쇄된 고문헌 조각을 보고했었는데, 저의 기억이 맞는다면, 우리가 가지고 있는 것과 거의 동시대의 것임이 틀림없습니다. 그러나 실제로 이 복제된 것이 우리가 접근할 수 있는 유일한 것입니다. 제가 알고 있는 범위에서, 투루판에서 발굴된 인쇄된 문헌들은 12세기 이전일 수가 없어 보입니다. 따라서 둔황의 인쇄물들이 우리가 결코 가지지 못했던 가장 오래된 것일 가능성이 큽니다.

---

54 조원충(曹元忠, ?~974): 후진(後晉, 936~946) 개운(開運) 3년(946) 사주(沙州)의 귀의군(歸義君)을 주관하다가 이후 유후(留後)가 되어 '귀의군절도사(歸義君節度使), 검교태보(檢校太寶)'라 자칭했다. 후주(後周, 951~960) 현덕(顯德) 2년(955)에 주나라 세종은 사주절도사(沙州節度使), 검교태위(檢校太尉), 동평장사(同平章事)로 삼았지만 스스로 '돈황왕(燉煌王)'이라 칭했다.

▌ 수보리에게 설법하는 붓다. 둔황에서 찾은 『반야심경』 두루마리의 첫 부분. 대영박물관에 소장된 이 두루마리는 목판에 새겨 인쇄한 것으로, 학자들은 868년으로 추정하고 있다. 따라서 가장 오래된 인쇄자료라고 볼 수 있다.

이러한 편지를 주고받는 가운데, 저는 한나라와 당나라 시기에 새겨진 '석경(石經)'에 관해 언급했었습니다. 인쇄술이 발명되기 전에 이렇게 돌에 새기는 것은 중국인들에게 필사자의 실수를 예방하고 원래 모습의 텍스트를 유지하는 방법이었습니다. 이른 시기에 사람들은 흑백으로 새겨진 텍스트의 탁본을 떴습니다. 아마도 이러한 방법을 거꾸로 하여 글자들을 튀어나오게 새겨 결국 목판 인쇄에 이르게 되었다고 생각합니다. 어쨌든 탁본들은 경전들을 보급하는 데만 국한된 것이 아닙니다. 서법가들이 돌에 새겨진 글들을 자신들의 아름다운 필치로 썼기 때문에 사람들을 그것을 탁본했고, 중원 전체의 젊은 문인들이 그 필체의 아름다움과 같아지려고 노력했습니다. 이러한 탁본 관습은 중국에 깊숙이 뿌리를 내려, 집에 그것을 걸어두고 나쁜 운세를 예방하기도 했습니다. 그러나 계속 탁본이 이루어짐에 따라 돌이 마모되었고 수집가들은 가장 옛날에 떠진 탁본들을 수집하는 데 혈안이었습니다. 그들은 그것들을 감식하는데 뛰어났습니다. 우리 그 누구도 어떤 탁본이 북송 또는 남송, 원나라 또는 명나라 시기에 나왔는지 알 수 있는 사람은 없을 것입니다. 그러나 현존하면서 북송 시기의 것보다 더 거슬러 올라가는 탁본들에 대해 언급하는 것을 전혀 보지 못했습니다. 그래서 북경의 한 애호가는 내가 여기에서 찾은, 저명한 문인이자 서법가였던 유공권(柳公權)55이 쓴 『반야바라밀다심경(般若波羅蜜多心經)』이라는 당나라 시기에 이루어진 탁본으로 이루어진 훌륭한 두루마리 때문에 안달이 날 지경이었습니다. 다른 탁본은 마찬가지로 아름답지만, 불완전하며 제가 아는 것이 전혀 없습니다. 저는 또한 한두 개의 작은 조각들을 수집했습니다.

---

55 유공권(柳公權, 778~865): 자(字)는 성현(誠懸)으로, 해서(楷書)로 유명했으며, 특히 중국의 해서 4대가, 구양순(歐陽詢, 557~641), 안진경(顏眞卿, 709~785), 조맹부(趙孟頫, 1254~1322)의 한 사람으로, 안진경의 후계자이다.

▌ 펠리오 4503문서. 유공권이 쓴 『반야바라밀다심경』 탁본

　우루무치에서부터 저는 사람들이 필사본뿐만 아니라 그림들을 찾
았다는 것을 알고 있었습니다. 배경복(裵景福) 씨는 감숙성에 들러 몇
몇 견본을 보았지만, 이 수집가는, 필사본들은 확실히 당나라 시기까
지 거슬러 올라가는 것을 천명하면서도 그림들은 명나라 이전의 것
들이 아니라고 했습니다. 그는 틀렸습니다. 그림들은 단순한 종교적
이미지들로 도상적 관심을 끌 뿐입니다. 배경복 씨는 거기에서 그가
수집한 그림의 거장들이 익숙했던 도면과 구성의 질을 찾지 못했습
니다. 게다가 이 자료들은 이례적으로 생생한 상태로 우리에게 들어
왔습니다. 이 점에서 감식가의 실수를 설명하기에 충분합니다. 그러
므로 이 실수는 확실합니다. 그림들은 필사본들과 동시대의 것들입니
다. 저는 비단, 종이, 천에 그려진 것들과 희귀한 종류의 수채화 한
두 견본을 가져왔습니다. 기법은 예술가들의 것이라기보다는 장인들
의 수법인 것으로 보아, 명작들은 감숙성으로 들어오지 않았음이 분

명합니다. 이러한 그림들 이외에 채색된 필사본들을 언급해야 할 것입니다. 저는 지옥의 장면을 재현한 두 사본을 가져왔습니다. 하나는 장면들과 디자인의 다양성으로 관심을 끌만 합니다. 저는 참고로 「천불의 이름들」에 관한 거대하고 우리를 지치게 하는 두루마리들만 언급하고자 합니다. 이것들은 기초적인 심리묘사에 해당합니다. 하나의 붓다도 좋은 효험이 있지만, 천 불은 천 배 이상의 효험이 있다고 합니다. 그래서 사람들은 전통적 '칠불(七佛)'만을 고집하지 않고, 현겁(賢劫)의 천 불을 고안해 냈습니다. 가능한 호칭들이 바닥나자, 사람들은 같은 이름을 가지는 전체의 붓다가 있어야 한다고 생각했습니다. 이러한 생각을 통해 그 제한이 없어진 것입니다. 이러한 신앙심은 당신께서 우리의 사진으로 보는 바와 같이 석굴들에 반영되었습니다. 이것이 바로 오늘날 천불동이란 이름을 가지게 된 것입니다. 석굴에 그려진 이러한 천 불들을 사람들은 종이에도 그렸습니다. 결국, 인쇄술은 그러한 일을 단순화했고, 승려들은 약간의 보시를 받고 신도들에게 배포했으며, 목판을 이용하여 같은 붓다를 종이나 비단 위에 무한히 찍어낼 수 있었습니다.

호기심을 자극할 만한 것으로 저는 약간의 '화판'과 붓다의 그림 윤곽들을 그릴 용도로 만들어진 잘린 이미지들을 언급하고자 합니다. 수를 놓거나 천공된 비단으로 된 두세 묶음의 장정(裝幀); 별개의 몇몇 자수품; 검은 바탕에 흰 글씨로 된 불완전한 필사본; 다른 것은 역시 불완전하지만 검은 바탕에 금색 글씨로 쓰여 있습니다. 특히 『불설재법청정경(佛說齋法淸淨經)』이란 작은 두루마리는 전체가 흰 비단으로 사슬뜨기를 한 얇은 푸른 비단에 쓰여 있습니다. 마지막으로 저는 앞서 석굴에서 나온 구리로 만든 조상들을 사람들이 감숙성의 관리들에게 나누어 주었다는 것을 언급했었습니다만, 그래도 작은 배낭을 가득 채울 만한 조상들을 찾는 행운이 있어, 그것들을 가져왔습니다.

당신은 이제 제가 천불동에서 수집한 것들에 관해 저만큼 알고 계십니다. 나는 더욱 완전하고 최상의 의미를 부여하는 설명을 하고 싶었습니다. 그러나 근 2년 동안 책을 보지 못해 많은 것을 까먹었습니다. 그러니 나의 정보에 관한 결함과 오류를 이해해 주시기를 바랍니다. 이 서가의 중요성에 관해서는 제가 과장했다고는 생각하지 않습니다. 저는 스위스 어느 수도원인지 모르지만, 그리스와 라틴의 저자들이 만든 고문헌들을 우연히 손에 넣은 포지오 브라치올리니(Poggio Bracciolini)[56]의 열정으로 석실에서 작업했습니다. 그러나 나는 발굴과 아무런 관련도 없었으므로 어떠한 자만심에도 흔들리지 않았습니다. 제가 보기에 이 필사본들은 중국학에서 두 가지 새로운 점을 가져다 줄 것입니다. 먼저, 중국어로 된 필사본은 우리 도서관에 거의 알려지지 않는 범주에 듭니다. 분명히 중국에는 필사본들이 존재하며, 중요한 것들입니다. 그러나 현지의 문헌학자들도 이것들을 찾고 있으며, 우리도 간행되지 않은 것을 찾아 나설 정도로 인쇄된 것에 관해 거의 모르고 있습니다. 파리, 베를린, 하노이에서 찾은 이중언어로 된 사전

---

56 포지오 브라치올리니(Poggio Bracciolini, 1380~1459): 르네상스시기 이탈리아 후마니스트이자 정치가로 알려져 있다. 인류사에 있어 그의 공헌은 독일, 스위스, 프랑스의 수도원 도서실에서 사라진 수많은 라틴어 필사본들을 발굴한 예를 들 수 있다. 그가 발굴한 것 중에서 가장 유명한 것은 바로 루크레티우스(Titus Lucretius Carus, 기원전 99년~기원전 55년)의 철학 서사시인 『사물의 본성에 관하여(De rerum natura)』를 들어야 할 것이다.

과 문집들을 제외하고, 저는 전체 유럽 도서관에서 역사적으로 가치가 있는 두 중국어 필사본만 알고 있을 뿐입니다. 바로 『원전장(元典章)』과 『명실록(明實錄)』으로, 케임브리지 대학의 토마스 웨이드 경(Sir Thomas Wade)[57]의 서가와 함께 들어오게 된 것입니다. 이들은 상당히 최근의 복사본들이고 특히 그 누구도 활용하려고 생각지도 않는다는 것을 덧붙여야겠습니다. 그러나 오늘날 우리는 필사되거나 인쇄된 전승이 완벽하지 않다는 것을 알고 있으므로, 물론 다른 곳에서도 마찬가지겠지만, 중국어로 원문을 교감해야 합니다. 이러한 작업을 위해 천불동의 필사본들은 그것들이 종교적이든 세속적이든 큰 쓰임이 있

---

57 토마스 웨이드 경(Sir Thomas Wade, 1818~1895, 威妥瑪): 영국의 외교관이자 중국학자로 케임브리지 대학교 최초의 중국어 교수이다. 1867년 영국에서 최초로 중국어 교재를 출간했으며, 이 책은 이후 1892년 허버트 자일스(Herbert Giles, 1845~1935)가 중국어 로마자화의 방식인 웨이드-자일스 방식으로 수정 보완되었다. 스코틀랜드 군인 가정에서 태어난 그는 1841년 제98 보병연대에 배속되어 아편전쟁 때인 1842년 홍콩에 상륙했다. 이후 1843년 광동어 통역사를 맡았고 홍콩 부총독이었던 존 프랜시스 데이비스(John Francis Davis, 1795~1890)의 중국어 비서관을 맡았으며 1852년에는 상해 부영사에 부임했다. 이후 2차 아편전쟁의 결과로 천진조약(1858)의 통역을 맡았다. 1864년 6월부터 1865년 11월까지(이후 1869년 11월~1871년 7월) 북경에서 임시 대리대사를 역임했다. 이후 특명전권공사, 주중 영국 무역감독관을 1883년까지 맡았다. 1883년 영국으로 돌아온 그는 1886년 케임브리지 대학교 도서관에 중국 문헌 4,304권을 기증했고, 1888년 케임브리지 대학교 중국어 교수로 선출되었으며, 1887~1890년까지 왕립 아시아학회의 회장을 역임했다. 중국어 방면에서의 주요 저술로 『북경음절; 북경 방언을 표기한 철자 모음집; 네 가지 성조에 따라서 음절 부류별 새로운 철자법으로 정리한; 심진록(尋津錄)을 따르기 위해 고안됨(The Peking Syllabary; being a collection of the characters representing the dialect of Peking; arranged after a new orthography in syllabic classes, according to the four tones; designed to accompany the Hsin Ching Lu, or Book of Experiments)』(홍콩, 1859), 『중국어 회화를 배우는 학생들을 위해 고안된 점진적 과정(語言自邇集 Yü-yen Tzŭ-erh Chi, a progressive course designed to assist the student of Colloquial Chinese, as spoken in the capital and the Metropolitan Department)』(런던, 1867), 『회화 시리즈인 쯔얼집(自邇集)을 따르기 위해 고안된 글자 연습(漢字習寫法 'Han Tzŭ Hsi Hsieh Fa, a set of writing exercises, designed to accompany the Colloquial Series of the Tzŭ Erh Chi)』(런던, 1867) 등이 있다.

을 것입니다. 이들은 담고 있는 텍스트뿐만 아니라 행서나 초서로 쓴 당나라 시기의 글자 형태를 보여준다는 점에서 가치가 있으며, 우리에게 예상 밖으로 또는 설명할 수 없는 것으로 보였던, 교정의 근거를 제공해 줄 것입니다. 두 번째 새로운 점은 우리는 중국학에서 처음으로 어느 정도 고문헌 자료들로 작업할 수 있게 되었다는 것입니다. 현지의 학문은 항상 결과에 직면하게 한다고 생각합니다. 이러한 결과들은, 우리가 책들을 서로 대조하면서 취하거나 버리거나 할 수 있지만, 언제나 사후에 쓰인 책들입니다. 우리는 결코 원래의, 독립된 자료를 가지지 못했고, 그것들은 보급용으로 이루어진 것도 아니었습니다. 이번에 우리는 사적인 기술, 계약, 서신들을 통해, 사실 그대로, 중원에서 떨어진 한 지역에서, 7~10세기까지, 실제 삶, 종교적 또는 민중의 삶을 볼 수 있을 것입니다. 이것들은 우리가 지금까지 일반적으로 교리적 저술에 따라서만 알고 있었던 것들입니다. 이러저러한 이유로, 왕도사의 '부흥'이 수 세기에 걸쳐 이루어진 대량의 중국어 필사본들의 발견을 이끌었지만, 8년 뒤에 이러한 필사본들이 고맙게도 나를 기다려 준, 분에 넘치는 행운으로 즐기고자 합니다.[58]

둔황 천불동에서 1908년 3월 26일.

---

58 이 편지 이후에 우리가 받은 정보에 따르면, 펠리오 씨는 3권으로 보고한 칸주르의 협판(夾板)들을 제외하고, 자신이 언급한 중국어, 브라흐미어, 위구르어, 티베트어 자료들을 결정적으로 확보했다. 한편 펠리오 씨는 천불동 북쪽에 티베트 탄트리즘 장식으로 된 완전히 별개의 두 석굴을 조사하게 되면서 13세기 또는 14세기의 몇몇 필사본과 손상된 인쇄물들을 찾은 행운을 얻었다. 이들은 중국어, 몽골어, 티베트어, 약간의 브라흐미어로 된 것들이다. 일부는 서하문자로 인쇄된 조각들인데, 그중에는 온전한 엽(葉)도 있으며, 이들은 적어도 서로 다른 4종의 책을 담고 있다. ―편집자의 주.

동투르키스탄 조사(1906~1909)에 관한 폴 펠리오 씨의 보고서

아카데미에 보고하면서 저는 먼저 저를 인정해 주신 것에 대한 빚을 갚고자 합니다. 귀교에 대한 나의 빚은 이미 요원해졌고 나날이 늘어만 가고 있습니다. 귀교의 호의로 우리 극동프랑스학교의 연구생으로 선발해 주신 지 11년이 되었습니다. 그때부터 저는 귀교에 소속되어 있었습니다. 오늘 말씀드리건대, 이 학교에서 학문을 시작하는 사람의 이름으로 매 순간 귀교의 관심이 우리에게는 얼마나 소중한 지지와 위안 그리고 보호가 되었는지 모르겠습니다. 이번에 또 나의 탐사가 기획되어 실행될 수 있었던 것은 특히 귀교의 덕택입니다. 바로 귀교에서 승인해 주신 덕분에 아카데미 에밀 세나르(Émile Senart) 씨가 각 부처와 학회에 첫걸음을 뗄 수 있었습니다. 관대한 사전조치 덕분에, 대략 이 첫 번째 단계에서 귀교가 베누아 가르니에(Benoît Garnier) 재단 측으로부터 즉각적인 승인을 받아주셨기 때문에 다른 선의들이 결정될 수 있었습니다. 마지막으로 우리들의 시도에 도움을 준 몇 분 중에 아카데미의 두 임원이신 세나르(Senart) 씨와 루바(Loubat)[1] 공작님이 있습니다. 세 번째 분은 돌아가신 (고)

바르비에 드 메이나르(Barbier de Meynard)[2] 씨입니다.

　나의 가장 소중한 소원은, 조직단계부터 많은 배려를 받아온 이 탐사가 그 결과로서 형편없는 것으로 여러분께 나타나지 않는 것입니다. 우리가 어떤 환경에서 출발했는지를 상기해 보시기 바랍니다. 근 10년 이래로, 1000년경 이슬람교가 도래하기 이전까지 번성했던 불교의 흔적을 찾기 위한 여러 탐사가 동투르키스탄에서 이어져 왔습니다. 그러나 프랑스는 이러한 연구조사에 참여하지 못해 왔습니다. 1906년 우리가 장정에 올랐을 때는 이미 유물이 있을 만한 곳은 조사가 진행되었습니다. 그리고 그 지역에는 러시아나 영국처럼 우리를 보호해줄 영사관이 없었습니다. 훌륭한 동료들인 루이 바이앙(Louis Vaillant) 박사, 샤를르 누에뜨(Charles Nouette) 씨 그리고 저는 상당히 열악한 조건에서 우리가 할 수 있는 최선을 다했습니다. 여러 차례 행운의 기회들이 우리의 노력을 보상해 주었습니다. 세나르 씨에게 보내는 편지로 우리의 발굴 상황을 정기적으로 아카데미에

---

1 루바(Joseph Florimond Loubat, 1831~1927): 뉴욕 출신으로 주로 프랑스에서 활동한 자선사업가로 유럽과 미국의 많은 대학과 학술단체를 후원했다. 특히 금석문 및 문학 아카데미에 매년 1천 프랑의 기부금을 내어 3년마다, 역사, 지리, 민속학, 언어학 방면에서 우수 출판을 지원하기 위해 '루바 상'이 1910년부터 수여되었다.
2 바르비에 드 메이나르(Barbier de Meynard, 1826~1908): 프랑스의 동양학자로, 어머니가 콘스탄티노플에서 의사 생활을 하고 있어 터키어, 페르시아어, 아랍어를 배워 통역관으로 활동했다. 1856년 파리로 돌아와 콜레주 드 프랑스에서 교수하며, 쥴 몰(Jules Mohl, 1800~1876)과 함께 샤 나메(Shâh Nâmeh)의 책을 번역했다. 1863년 실용 동양어학교(l'École des langues orientales vivantes)의 터키어 교수가 되었다. 이후 금석문 및 문학 아카데미 임원(1878), 아시아협회 회장(1892)을 지냈다. 특히 이븐 코르다베, 마수디(Mas'ûdî), 페르도시(Ferdowsî, 940~1020), 가잘리(Ghazâlî, 1058~1111) 등과 같은 아랍어 저서들을 주석과 함께 번역해 낸 성과를 언급할 만하다.

알려 왔습니다.

우선 저는 전체적인 도표를 통해 이러한 발굴품들을 소개하여 동투르키스탄의 종교적 예술적 역사에 관한 몇 가지 결론들을 도출해 낼 수 있기를 꿈꿔왔습니다. 그러나 그것은 시기상조라는 것을 빨리 알아채게 되었습니다. 저는 여전히 외국 동료들이 베를린과 런던으로 가져온 매우 중요한 전리품을 모르고 있었습니다. 이제 겨우 먼지를 털어낸 우리의 고유한 고고학적 수집품들은 사실상 배접하고 액자를 만드는 과정에서 흩어지게 되었습니다. 아마도 20일 만에 불가피하게 빠르고 불완전하게 이루어진 여행의 소감에 관해서 말하는 것은 학문적이지 않아 보입니다. 루브르에 새로운 전시실을 여는 것이 여유 있게 우리의 판단을 정확하게 하고 정당화하게 해줄 것입니다. 따라서 결과들을 체계적으로 당신께 진술하는 것을 포기하고 자료들을 당장 소개해 드리지 않는 것을 용서해 주시기 바랍니다.

고고학적 관점에서 우리 조사는 툼슈크(Toumchouq), 쿠차(Koutchar) 그리고 둔황으로 크게 세 단계로 나뉩니다. 카슈가르와 쿠차 사이에 있는 작은 오아시스인 툼슈크 근처에서 우리는 한 불교 사원을 찾아냈습니다. 그곳의 유물들은 이슬람교도의 수립 조금 뒤엣것들로 추정됩니다. 6주간의 발굴 끝에 우리는 상당수의 조상(彫像), 주로 머리 부분이며, 대체로 모형으로 만들어 햇볕에 말린 다음 채색한 것들이었지만, 사원의 화재를 겪으면서 우연히 굽힌 것들입니다. 그곳에서 우리는 붓다의 삶을 묘사하는 부조로 이루어진 상당이 훼손된 회랑을 발견하고 그중 세 장면을 가져왔습니다. 이들 유적에서 우리는 어려움 없이 그리스 불교예술 특징들을 알 수 있었습니다. 그러나 그로부터 우리의 의문은 시작되었습니다. 우리는 이미 극도로 발전한 한 예술품을 마주하고 있는데, 역사적으로 중간 과정이 너무 없다는 것입니다. 연대조차도 정확하게 추정되지 않습니다. 사원에서 찾은 몇몇 문서들로부터 우리는 800년경에는 여전히 파괴되지 않고 있었음을 추론할 수 있습니다. 그리고 우리는 이미 그 지역의 역사를 통해서도 아닐 것이라고 짐작했습니다. 그러나 같은 유허에서 우리는 여러 세대의 흔적, 매우 다양한 양식, 인도식 모티브에서 중국예술에서 보이는 관습적 형식들을 확인했습니다. 형식도 장면도 전혀 확인되지 않고 있습니다. 마찬가지로 관점, 연대, 스타일, 해석 모두 잠정적으로 무지를 자인하지 않을 수 없습니다.

쿠차 지역에서 우리는 8개월을 체류했습니다. 가장 성과가 있는 발굴은 쿠차의 서쪽에 있는 둘두르-아쿠르(Douldour-âqour) 사원에서 이루어졌습니다. 아카데미에는 우리가 행한 발굴 상황을 알려드렸으므로, 여기서는 사원 내부에서 당당히 중요한 브라흐미 문자로 된 문서들을 발굴했다는 것을 상기시켜 드립니다. 그러나 이들 필사본의 내용에 관해 정확한 설명을 하는 것은 어렵습니다. 우리는 그 필사본 속에서 간혹 산스크리트어 단어들, 불교의 형식들을 확인했고, 중앙아시아에서 사라진 이들 언어로 쓰인 견품들의 판독이 이제 겨우 착수되었습니다. 게다가 이들 텍스트 대부분이 좋지 않은 상태이고, 문헌 연구 이전에 구체적인 방안이 마련되어야 할 것입니다. 이 사원들 밖에는 고대 불교가 쿠차에서 멀지 않은 키질(Qyzyl)과 쿰투라(Qoum-tourâ)에 특히 중요한 밍우이(ming-üi)들이 있었습니다. 그 밍우이들이 벽화로 장식되어 옛날에는 불교 사원으로 마련된 인공의 석굴들이라는 것을 상기해 보기 바랍니다. 키질과 쿰투라의 것은 천산의 남쪽 비탈에서 가장 중요한 것들입니다. 그륀베델(Albert Grünwedel, 1856~1935) 교수는 우리가 도착하기 전에 조사했기 때문에 우리는 좋은 사진을 찍어 두는 것으로 만족해야 했습니다. 이 석굴들은 야외 사원들의 형식으로, 돌출부가 있는 천장 같은 것, 이후에 보이는 내부의 굽은 천장(coupole) 같은 것을 갖추고 있습니다. 중앙제단 뒤편에는 프라닥시나(pradakṣiṇā, 성소를 오른쪽으로 도는 행위)를 행하는 회랑이 마련되어 있었고, 8세기에 만들어진 것으로 보이는 한 복도는 말굽 모양 아치로 생긴 특이한 형태를 보여주었습니다. 적어도 쿰트라에는 중국식 장식이 들어간 상당수의 석굴이 있었는데, 이는 상당수의 중국 사원과 승려들이 8세기 쿠차 왕국에 존재했다는 것을 설명해 줍니다. 그러나 다른 석굴에서 우리는 헬레니즘, 인도, 이란의 영향이 섞인 형태에 헤아리기 어려운 토착민들이 추가한 것들을 확인했습니다만, 한 번 더 의견을 내지 못하고 우리에게는 매우 새롭고 앞으로 연구해 가야 할 자료들을 소개하는 것으로 만족하고자 합니다.[3]

저는 우리를 더 오랫동안 붙들어 둘 둔황으로 서둘러 들어갔습니다. 쿠차처럼 둔황도 중국어로는 '천불동'이라고 하는 밍우이의 석굴로 잘 알려져 있었습니다. 이미 프르제발스키(Prjévalskii), 보닌(Bonin) 등등의 이야기를 통해 알려진 둔황의 밍우이는 우리의 도착 바로 이

---

3 편집자주: 이 보고서 가운데 펠리오 씨는 아카데미 사람들이 눈으로 확인할 수 있도록, 툼슈크와 쿠차의 발굴과 두 밍우이에 관련된 상당수의 사진을 첨부했다.

전에 동료 스타인이 찾아왔었습니다. 그러나 기후 때문이든 둘러싸고 있는 모래들 때문이든 투르키스탄에 들어가지만, 둔황은 20세기 초부터 중국의 직접적인 영향을 받게 되었습니다. 천불동은 중국인의 것이며 어떤 중국학자도 연구하지 않았으므로 저는 이 작업에 할애하고자 합니다.

둔황의 천불동은 근 500개의 석굴을 가지고 있습니다. 대부분 단순한 암실들이며 상당수는 어떤 장식도 들어있지 않습니다. 작은 것들은 아니지만 몇몇 석굴들은 18세기와 특히 19세기 중후반에 '복원' 되었습니다. 그 복도들은 다시 채색되었고, 제단들은 다시 조성되었으며, 조상들은 다시 만들어졌습니다. 말하자면 이 경건한 작업의 과정은 최악의 손상을 초래했습니다. 천불동의 북쪽에 떨어져 있는 석굴군은 8세기와 9세기의 것으로 추정됩니다. 그러나 전체적으로 보아, 5~11세기에 굴을 파서, 장식한 것이 200~250개 석굴에 달합니다. 시간과 이슬람교도의 유린에서 벗어난 이 석굴들은 근 600년간 북중국의 예술과 문화에 관해 엄청나게 소중한 자료들의 보고입니다.

▌둔황 천불동의 석굴. 1. 위(魏, 6세기)나라 시기에 장식된 석굴. 이 사진은 1920년 『둔황석굴(Les grottes de Touen-Houang)』 제3책에 수록되었다. 아래 설명에는 "111(a) 호 석굴의 제단(왼쪽 구석)"로 되어있다.

둔황 천불동의 석굴. 2. 호탄(Khothan) 왕과 그의 가족(10세기 초). 이 사진은 1920년 『둔황 석굴(Les grottes de Touen-Houang)』 제3책에 수록되었다. 아래 설명에는 "74호 왼쪽 앞 벽화(아 랫부분)"로 되어있다.

제가 둔황의 천불동을 연구해야겠다는 마음이 일게 하는 것은 바로 위(魏, 북위北魏)나라 예술의 규모와 깊은 그 유래입니다. 북위는 비한족의 왕조로 북중국에 자리를 잡았는데, 먼저 섬서(陝西), 하남(河南)을 차지하며 5세기와 6세기 전반 동안 이어졌습니다. 이 왕조가 남긴 기념물들은 근 10년 전혀 알려지지 않았지만, 조금씩 우리가 접근할 수 있게 되었습니다. 샤반느 씨는 최근에 대동부(大同府)와 용문(龍門)의 석상들로 조성된 천불동에서 북위의 예술을 현장에서 연구한 적이 있습니다. 우리에게 알려진 둔황의 천불동은 석각한 것과는 달리 그림과 다색의 회반죽으로 이루어졌습니다. 북위의 시대와 더불어 예술은 그것들을 능가할 수 없을 정도로 한 단계 더 발전했다고 말할 수 있겠습니다. 7~9세기 당나라 시기에 특징들은 더욱 두터워졌고, 윤곽선들은 가벼워졌습니다. 제 생각에, 이미 쇠퇴의 길로 접어든 예술이었습니다. 당연히 이 '쇠퇴'라는 단어에 주목할 필요가 있습니다. 저는 중국 예술사에서 무시해온 조각들을 말하는 것은 아닙니다. 당나라 시기의 주요 화가들은 중국과 일본에서 대단한 명성을 누렸습니다. 이는 당연합니다. 어떤 이는 매우 재능이 있었고 천재성을 보였습니다. 그러나 석굴의 장식은 동시대 사람들보다 특출한 예술가의 손에서 나온 것이 아닙니다. 둔황의 조각과 그림들은 장인의 손에서 나온 것이며, 말하자면 당나라 시기의 민간 작품들이나 석굴의 그림과 조각품에서는 북위의 시대에 기인하는 유사한 작품들의 자연스러움이나 생동감을 찾아볼 수 없다는 것입니다. 북위의 예술은 일종의 원시 예술입니다. 믿음은 순진하여 단순한 수단으로 표현되며, 그 서툰 수법은 결코 매력이 없는 것이 아닙니다. 당나라 시기에 민간 예술은 발전이 더뎠습니다. 저의 생각을 서양의 예술에 비유하여 말하자면, 당나라 시기에 오늘날 서양에서처럼 스승의 그림을 그릴 수는 있었지만, 성당을 장식하는 작업자로는 일하지 않았을 것입니다. 적어도 이것이 바로 제가 석굴 연구에서 도출한 인상입니다. 그러나 여기에서도 저는 서둘러 우리의 정보가 얼마나 단편적이었는지를 상기시켜 드리고 싶습니다. 북위의 조각품 중에서 몇몇 두상은 헬레니즘의 희미한 흔적을 드러내는 것 같습니다. 샤반느 씨는 대동부에서 메르쿠리우스(Mercure)에서 영감을 받은 것 같은 한 불교의 천재를 알려주었습니다. 하나의 새로운 전통이 하나의 새로운 예술로 재탄생되었지만, 또다시 이러한 발전의 과정은 우리의 능력을 벗어나 있습니다.[4]

그러나 둔황은 단지 벽화나 제단을 통해 우리를 사로잡았던 것은 아닙니다. 제가 당시 아카데미에 영광을 함께한 것처럼, 우리는 11세기 이전에 만들어진 그 가치를 평가할 수 없는 필사본들을 수중에 넣었습니다. 필사본들은 틀림없이 1035년에 봉인되었는데, 1900년에 우연히 발견된 것들입니다. 이 필사본들은 주로 중국어이며 불교적 성격을 지닙니다만, 역사적인 것, 철학적인 것들도 있고, 산스크리트어, 위구르어, 티베트어로 된 문서들도 있으며, 히브리어로 된 필사본의 불완전한 두루마리도 있습니다. 네스토리안의 짧은 한 필사본은 781년 서안부 비석에 경정(景淨)이라는 승려가 쓴 비문과는 별개의 것입니다. 이 온전하지 않은 두루마리는 중국의 마니교 문헌에서 찾을 수 있는 바로 그것입니다. 아주 좋은 상태인 이 두루마리는 유명

---

4 편집자 주: 펠리오 씨는 둔황 천불동에서 다양한 시기의 예술적 연속성을 보여주는 여러 장의 사진을 아카데미에 소개했다.

한 서예가 유공권(柳公權, 778~865)이 쓴 금강반야바라밀경(金剛般若波羅密經, Vajracchedikā)의 탁본으로, 탁본한 석판은 이미 11세기에 없어졌습니다. 이것이 아니라면, 송나라 시기에 알려졌으나 수 세기 전에 없어진 당나라 태종(太宗, 627~649)이 지은 것이 중국 탁본 중에서 가장 오래된 것입니다. 다시 말해, 둔황의 이 탁본은 원문이 새겨진 뒤에 곧바로 뜬 것입니다. 왜냐하면, 653년에 새겨졌다는 기술이 있기 때문입니다. 10세기 심지어는 9세기의 이들 인쇄된 목판들은 중국에서 알려진 것 중에서 가장 오래된 것입니다. 5세기 또는 6세기 초의 한 필사본은 비단 위에 쓰여 있는데, 감탄할 정도로 잘 보관되어 있습니다. 이것의 다른 텍스트는 드리운 수술 장식 위치에, 통째로 비단에 수놓아졌습니다. 이러저러한 임대차계약서, 회계장부, 인구조사를 한 부분, 일상 기록, 한마디로 대략 700년부터 1000년까지 중국에서 멀리 떨어진 이 지역의 삶을 기록보관 차원에서 다시 만들어야 했던 것들을 만날 수 있습니다.

저는 이처럼 둔황에서 찾은 서가에 들어있는 것들을 낱낱이 조사했지만, 전체 5천 두루마리 가운데 3분의 1만 확보할 수 있었습니다. 적어도 이 3분의 1속에 중요한 것은 전부 들었습니다. 여기 이것들은 제가 여러분께 보여드리기 위해 몇 개의 표본을 빼둔 것에 불과할 뿐입니다.

이렇게 몇 저술을 소개해 드렸으니, 우리에게 가져다줄 새로운 사실들을 명시할 필요가 있겠습니다. 주제넘게 말씀드리고 싶지는 않지만, 저는 둔황 필사본을 확보한 것이 중국학 연구 분야의 환경을 완전히 바꿀 수 있는 서너 가지 사건 중 하나라고 생각합니다. 유럽에는 중국의 옛 필사본이 한 권도 없습니다. 중국에서도 많은 혁명이 있었고, 한편으로 기후도 제국의 남부에 있는 책들에는 유해했기 때문에 옛 필사본들은 거의 모두 사라졌습니다. 800년경부터 행해진 인쇄술은 11세기에 빠르게 발전하여 이러한 소실을 만회할 수 있었습니다. 요컨대 일본에서도 중국의 옛 필사본은 소장하고 있지 않습니다. 소량이 있기는 하나 주로 불교적인 것들입니다. 지난 30년간 그곳에서 중국의 석학들이 가져온 것은 바로 이것들입니다. 이 필사본들에는 600년 이전의 것은 보이지 않습니다. 갑자기 우리는 현재까지 중국과 일본에서 발견했던 사례처럼 소량의 필사본이 아니라, 현재까지 언급된 것들만큼이나 오래되거나 더 오래된 수천의 두루마리들을 확보한 것입니다. 그리고 우리는 그것들을 몇몇 극동 아마추어들의 수중으로 흩어지게 한 것이 아니라 우리의 국립 수장고에 손이 닿도록 안전하게 넣어 두었습니다. 이것이 바로 유럽의 중국학에 있어 새롭고 독보적으로 더 유리한 환경을 확보한 것입니다.

덧붙여 말씀드리자면, 저는 다른 방식으로도 우리 연구의 관심을 활용하려 했습니다. 중국인들은 100년 전부터 많이 저술하고, 간행하고, 주석작업을 해왔습니다. 그러나 국립도서관의 중국 관련 장서들은 18세기 선교사들이 비체계적으로 보내온 것들로 구성되어있어, 필수적인 책들을 갖추고 있지 않을뿐더러 그때 이후로 진전이 없었습니다. 유럽의 다른 도서관들은 더 나을 것이 없습니다. 저는 북경에서의 마지막 체류 기간을 활용하여, 파리 중국학 장서를 채우기 위해, 우리에게 부족한 중국 책 3만 본(本) 또는 권을 사들였습니다. 장차 국립도서관의 중국학 관련 인쇄자료는 유럽에서 경쟁자가 없을 것이고 필사본의 소장량은 중국과도 견줄 수 없을 것입니다.

중국의 석학들은 이점을 놓치지 않았습니다. 직례총독(直隷総督) 단방(端方, 1861~1911)은 저에게 우리 필사본의 일부를 양도받으려고 했습니다. 마지막으로 북경의 문인들은 사진 촬영과 주요 텍스트들을 원본 크기로 영인 출간하는 비용을 마련하기 위해 일종의 협회를 구성하기도 했습니다. 우리의 컬렉션을 출판하는 데 드는 비용은 이러한 제의를 받아들이는 것보다 더 좋을 수는 없을 것입니다. 생각한 것보다 훨씬 더 많이 모였습니다. 그래서 저는 중국 석학들이 우리의 자료를 영인하도록 편의를 제공했습니다. 그들은 이 자료들을 무척이나 소중하게 여기므로 저는 우리가 그들을 충족시켜 주는 것이 좋다고 생각합니다. 지금까지 유럽의 중국학자들은 본국의 석학들과 동료로서 관계를 갖지 못했습니다. 그런데 오랫동안 침체되어있었던 중국학 연구가 기획되고 발전함에 따라 우리는 극동에서 이루어진 것들과 더욱 긴밀하고 더욱 빈도 높게 접촉할 필요가 있을 것입니다. 최근 북경에서 받은 열렬한 환대는 이러한 점에서, 우리에게 최상의 희망을 부여할 것입니다. 우리의 호의를 좌절시키지 않도록 해줄 것입니다. 조금씩 중국의 석학들이 유럽의 분류체계로 들어오고 있습니다. 흔히 백과사전적 문화를 갖춘 옛날 중국학자들은 중국에서 근 3천 년 동안 이루어진 것들을 모두 읽고 암기하면서도 동포나 동료들에게 그들이 정보를 가져온 책을 전혀 알려주지 않았습니다. 그러나 지금은 개방형 도서관이 많아졌고 박물관이 여기저기에 세워지고 있으며, 명실상부한 '국립도서관'이 이 몇 달 사이 북경에 세워졌습니다. 이 새로 건립한 기관에 18세기 건륭제(乾隆帝, 1735~1796재위)의 명으로 수집된 어마어마한 총서로 남아있는 네 판본 중 하나를 소장하게 되었습니다. 이 『사고전서』의 대부분이 우리에게는 알려지지 않고 있습니다. 또한 열하(熱河, Jehol)의 것들처럼, 몇몇 궁궐에 보관된 옛 판본들, 1900년 한림원(翰林院)의 화재 이후 『영락대전(永樂大典)』의 유일한 사본으로 남은 것, 그리고 특히 내고(內庫)에 있었던 옛 책들을 소장했습니다. 이 새롭게 알려진 내고의 책들은 시시해 보였고 아무도 이 같은 선물이 의미하는 것을 알 수 없었습니다. 그러나 이들 책이 보관된 내고의 건물 안으로 들어가, 뭉치들을 풀어보고서야 간행물과 12세기와 13세기 필사본으로 이루어진 서가가 있다는 것을 알았습니다. 13세기 이후부터는 아무도 닿지 않은 것입니다. 그렇습니다. 여러분! 황제의 책들이었기 때문에 아무도, 심지어 18세기 당시까지 알려진 중국 문헌을 황제의 명으로 모두 조사하는 데 참여한 학자들도 접근하지 못했던 것입니다. 현재 엄청난 소장본들의 목록을 만들어 그것이 완성되는 대로 책들을 부쳐 보내야 했습니다. 그런데 중국 학자들은 이 보물들이 옮겨질 새 국립도서관에서 우리가 필요로 하는 사본들을 자신들의 감독하에 목록을 만들 수 있도록 해주었습니다. 이것이 바로 그들이 우리의 배려에 얼마나 고무되어 내려진 처분인지를 말해줍니다.

여러분께서 보시는 바와 같이 중국학 연구 조건이 변화되고 있다고 여러분께 말씀드린 것이 잘못되지 않았습니다. 저는 우리 국립도서관과 북경에서 막 세워진 도서관에 대해서 말씀드렸습니다. 그런데, 확실히 엄청난 것이겠지만, 베를린과 런던으로 가져온 수집품에서 중국 연구가 이루어져야 할 바를 아직도 모르고 있습니다. 분명 투르키스탄은 이집트처럼 무궁무진한 것은 아닙니다. 이미 지난 10년처럼 투루판에서는 창문용 타일 모양으로 된 옛 필사본의 엽(葉)들을 더는 사용하지 않습니다. 그러나 어제도 코즐로프(Kozlov) 대령은 감숙성에서 상당수의 서하문자로 된 문서들을 발굴했다고 합니다. 거의 매일 새로운 놀랄 일이 전해집니다. 우리의 연구 영역은 끊임없이 펼쳐져 있습니다. 이 많은 문서 속에서 우리가 임무를 통해 가져온 부분들이 충분하다는 것을 알아주셨으면 합니다. 게다가 우리의 작업 은 돌아가서도 그치지 않을 것입니다. 이제 연구하여 출간해야 합니 다. 그 과제가 엄청나므로 많은 작업자가 협력해야 할 것입니다.

중앙아시아에 관한 설명1
극동프랑스학교 중국어 교수 폴 펠리오

I. 카슈가르의 북쪽에 있는 '세 석굴'과 테구르만(Tegurman) 유적

오랜 명성과 큰 역사적 중요성에도 불구하고, 쿠차 오아시스는 지금까지 어떤 유의미한 고고학적 자료를 내놓지 않고 있다. 스타인의 쿠차 인근 유적 목록은 도시의 남쪽과 북쪽에 있는 두 개의 스투파와 칸 우이(Khân uï)의 유적군만 알려줄 뿐이다.2 이슬람교도가 오기

---

1 역자주: 이 조사 보고서는 『BEFEO』, 1906(6), 255~269쪽에 수록되어 있다. 세 장의 참고도가 수록된 것으로 보이지만, 여기에서는 그림2와 3, 두 장의 평면도가 실려 있다. 이 자료에서는 폴 펠리오의 주석을 그대로 옮겼으므로, 역자의 주는 '밑줄'로 표기했다.

2 스타인, 동투르키스탄에서 고고학적 여정과 지형적 탐사에 관한 첫 번째 보고 (Preliminary report on a journey of archaeological and topographical exploration in Chinese Turkestan), 런던, 1901, 16~29쪽. 호탄의 모래 속에 묻힌 도시들, 120쪽 이하를 참고하시오.
칸 우이에 관하여 더 자세하게 말하고자 한다. 쿠차에서 가장 가까운 두 스투파에 관해 말하자면, 북쪽에 있는 것은 팀(Tim), 또는 쿠르간 팀(Qourghân Tim)이란 명칭으로 불렸고, 이 명칭은 그 스투파가 있는 쿠르간이라는 마을 이름에서 나왔다. 이 탑은 스타인 씨가 상당히 자세하게 연구했다. 남쪽의 스투파는 키질 데브(Qyzyl Debe), 그 벽돌의 색깔 때문에 '홍산'으로 불렸다. 그 벽돌 중 몇몇은 잘못 구워진 것으로 보인다. 그 지역의 옛 스투파들에서처럼 이 스투파 안에서 다량의 뼈나 나무 숯의 조각들 접할 수 있다. 스투파 아주 가까이 있는 이 작은 언덕 위에, 지름 54m, 땅에서부터 높이는 최대 3m 50짜리 아주 낮은 모자 같은 것에 주목할 만하

이전 시기 그 지역에 남아있는 몇 안 되는 건물이기 때문에, 스타인 씨가 언급하지 않은 두 유적, '세 석굴'과 테구르만의 유허에 주목할 필요가 있다고 생각한다.

1. '세 석굴'. 카슈가르에서 세미레트쉐(Semiretché)에 이르는 대로를 따라 북쪽으로 15km에 있는 나린(Naryn)을 지나면, 서쪽의 길을 차지하고 있는 수직의 황토 절벽에 약간 깊숙한 세 석굴로 접근할 수 있는 세 개의 '창문들'이 뚫려 있다.[3] 중국인들은 이곳을 삼산동(三山洞)[4]으로 부르는데, 그 현지의 명칭은 웃슈 메라반(Utch-meravàn) 또는 웃슈마 라반(Outchmah-ravàn)이라고 한다.[5]

다. 양쪽은 옥수수밭으로 경계를 이루고 있지만, 이 언덕은 완전히 헐벗어 있다. 두 개의 작은 봉분이 무덤임을 표시해 준다. 그러나 모든 방향으로 향하고 있는 이 무덤들은 이슬람교도의 장례법에 해당하지 않는다. 봉분의 여러 지점으로 난 두세 개의 통로를 통해 벽돌로 만든 천정 같은 것 뒤로 부분적으로 모래에 막힌 구멍들을 볼 수 있다. 더 주의 깊게 살펴보면, 전체 봉분이 사실은 큰 벽돌로 만든 같은 천정으로 바쳐지고 있음을 알 수 있다. 그러나 내가 말한 통로를 통해 모래가 천정에서 거의 80㎝까지 가운데 구멍을 채우고 있다. 이러한 건물을 지은 목적은 알 수 없다. 오늘날 이슬람교도들은, 우리가 본 뼈들이 보여주는 것처럼 태아들과 갓난아이들을 이곳에 묻는다. 이것이, 신도들의 시신들이 아니라 살아 보기도 전에 죽은 아이들의 것이었기 때문에, 시신들의 발을 카아바를 향해 묻지 않은 것을 설명해 주는 것이다.

3 길과 절벽 사이에는 약 10m의 높이로 된 무너져 내란 흙더미로 경사를 이루고 있다. 창문들의 아래 가장자리는 이 흙더미에서 10m 80에 있다. 창문 너머에 있는 절벽의 높이는 조금 더 작다.

4 삼산동(三山洞)은, 현 중국학자들은 일관되게 '삼선동(三仙洞)'으로 표기한다.

5 첫 번째 형태가 내가 생각하는 것으로, '세 석굴'이라는 중국어 명칭처럼 석굴의 수가 명칭의 첫 부분인 웃슈(Utch)를 '3'으로 보게 이끈다. 내가 튀르크인에게 질문하여 얻은 것은 바로 이러한 설명이다. 그러나 메라반(meravàn)에 대해서는 말해주지 않았다. 뒤에 언급한 주석들에서 페트로프스키(Petrovski) 씨는 웃슈마 라반(Outchmah-ravàn)으로 옮기고, 첫 부분을 '3'을 뜻하는 웃슈로 보려 했지만, 전체 명칭을 '허물어진 힘든 입구'로 해석하는 현지인의 해석을 받아들이기로 했다고 했다

내가 아는 한, '세 석굴'에 관해 언급한 유일한 유럽인은 페트로프
스키(Petrovski)[6] 씨로 그의 설명은 1903년 러시아 왕실 고고학 협회
의 동양 분야 학술지에, 카슈가르 근처의 불교 기념물(Un Monument
bouddhique près de Kachgar)라는 제목으로 발표되었다.[7] 길에서 '세
창문'이 나오도록 찍은 사진 한 장과 '세 석굴'의 평면도가 논문에 첨
부되어 있다. 석굴에 접근할 수 없어서 페트로프스키 씨는 밧줄 사

(295, 299쪽). 사실 웃슈마(Outchmah)는 경사져 접근이 어려운 장소를 의미하는 것
같다. [파베 드 꾸르떼이(Pavet de Courteille)의 사전에서 바베르의 기억(Mémoires de
Bâber)에서 추출한 예들을 참고하시오] 웃슈 메라반(Utch-meravàn) 또는 웃슈마 라반
(Outchmah-ravàn)라는 명칭이 현지 용법으로 '세 석굴'에 적용되었을 뿐만 아니라
남쪽으로 더 펼쳐져 있는 상당히 사고가 잦은 길의 부분을 차지하고 있으므로 페
트로프스키의 설명은 어원적으로 타당한 것 같다. 그러나 이 경우에 민간 어원설
은 웃슈를 '3'으로 보도록 명칭을 변경한 것이므로 오늘날 일반적인 발음을 채택하
는 것이 좋다고 생각한다. 동투르키스탄의 최근 지리에서 웃슈마가 들어가는 명칭
을 본 적이 없다. 스벤 헤딘(Sven Hedin)은 야르칸드(Yarkand) 남쪽에 있는 웃슈므
아리크(Utschme-arik)를 거명했지만(Die geogr.-wissensch. Ergebnisse meiner Reise in
Zentral Asien, 1894-1897, Pelermann's Mittleihuigen, Ergänzungsheft 131, 6쪽), 헤딘은 이
명칭을 '뽕나무 운하'로 해석했으므로(370쪽) 실제 발음이 우즈마 아리크(Udjma-aruq)
임이 분명하며, 이는 파베 드 꾸르떼이의 사전에서 '비탈진 곳'의 웃슈마(Outchmah)
와 '뽕나무'의 우즈마(Udjma)가 하나로 통합되어 있어 'tch'와 'dj'의 철자를 혼동한
것에 지나지 않는다.
6 니콜라이 표드로비치 페트로프스키(Nikolay Fyodorovich Petrovsky, 1837~1908): 러시아
외교관으로 1882~1902년까지 카슈가르 총영사를 지냈다. 바로 그레이트 게임에서
영국측 조지 메카트니(George Macartney, 1867~1945)의 경쟁상대로 잘 알려진 인물이
다. 그는 중국 신장지역 역사에서 주목할 만한 자료들을 수집했다. 특히 야쿱 벡
정권의 노병이었던 물라 무사 사이라미(Mullā Mūsa Sayrāmī, 1836~1917)가 차가타이
언어로 쓴, 19세기 이 지역의 상황을 가늠할 수 있는 최고의 책인 『평화의 역사
(Tārīkh-i amniyya)』 집필에 도움을 주기도 했다. 그가 개인적으로 소장하고 있던 자
료들은 19말 세인트 페테르부르크 아시아 박물관에 기증되었다.
7 「Bouddüskü pamialnik bliz Kachgara」, 『Zapiski Vost. Imp. Russk. Arkh. Ob.』, VII,
298~501쪽. 페트로프스키는 이전에도 '세 석굴'을 한 주석에서 언급한 적이 있다.
바로 Otvietkonsoula Kachgarie, N.F. Petrovskago, nazaiavlenie. C.f. Oldenbourga,
앞의 책, 294~298쪽.

다리를 타고 절벽을 내려간 코사크인 호위대장이 제공한 정보에 근거했다. 그륀베델(Albert Grünwedel, 1856~1935) 교수의 독일 탐사대가 1905년에 그곳을 찾았을 때, 바르투스(Bartus)[8] 씨도 같은 방식으로 내려갔다. 아주 최근에 스타인 박사가 자신의 새 임무를 수행하면서 절벽의 기슭까지는 내려갔지만, 석굴 안으로는 들어가지 못했다. 마침내 오늘에야 바이앙 박사, 누에뜨 씨 그리고 내가 도르래를 활용하여 세 '창문'으로 기어오르게 되었다.

중앙과 오른쪽 석굴은 완전히 회반죽 칠로 뒤덮여 있었다. 이 회반죽은 다른 쪽 석굴로 들어가는 불규칙한 구멍의 벽까지도 덮여 있었다. 따라서 이러한 연결은 이미 회칠 되었을 때부터 있었다. 왼쪽의 석굴은 반대로 텅 비어 있었고, 벽들은 규칙적인 괭이질로 다져져 있었다. 이 세 번째 석굴에 들어있는 잔해들은 옛날 온전했던 칠이 떨어져 나가고 새로운 초벽(初壁)을 만들 목적으로 몇 차례 내벽에 흠을 냈으나 아마도 비용 문제로 공사가 중단되었음을 말해주는 것 같다.

중앙 석굴의 바닥은 받침대에 앉아있는 붓다가 차지하고 있다. 그 불상도 단단한 모래 벽에 거칠게 정돈하여, 짚과 찰흙을 섞어 만들고, 이 붉고 초록의 파편들만 남아있는 칠로 마감되었다. 머리는 완전히 사라졌지만, 그 뒤로 갈색 화염으로 채색한 이중의 아우라를

---

8 테오도르 바르투스(Theodor Bartus, 1858~1941), 독일의 항해가로, 호주에서 선장이 되었지만 독일로 돌아와서는 호주의 은행이 파산하여, 1888년부터 베를린 민속학 박물관에 선박 장비를 담당하는 기술자로 근무했다. 1902~1914년 그륀베델과 르 코크(Albert von Le Coq, 1860~1930)가 이끄는 독일 투루판 탐사대에 참가하여 석굴의 벽화를 떼어 내는 방법을 개발했다. 죽을 때까지 투루판에서 가져온 유물들을 조사하고 보존하는 일을 했다.

볼 수 있었다. 이 석굴의 측벽(側壁)과 또한 뒷방에는 두 제자의 모습이 그려져 있었는데, 중국적 기법을 확인할 수 있었고, 또 머리, 손과 마찬가지로 신체 일부가 없어져 버렸다. 중앙 석굴의 앞방에서는 두 측벽에서 함몰된 두 곳에는 옛날 도상이나 옛 부조가 차지하고 있었던 것으로 보이나 흰 회반죽으로 볼 때, 석굴이 보수될 때부터 약간 깊은 이들 감실(龕室)은 있던 그대로 임을 말해준다.

오른쪽 석굴에는 아무런 조상이 없다. 다만 뒷벽 앞으로 파진 네모난 구멍이 보이는데 받침대가 있었던 곳 같다. 모시는 사람들이 이 석굴의 두 측벽에 그려져 있었으나 그들의 이미지들은 괭이질로 망가져 있었다. 앞방의 벽과 천정은 꽃과 작은 규모의 부처로 장식되어 있었고 한결같이 머리 부분이 없었다. 스타일은 최근 중국에서 그린 탱화에서 보이는 평범한 양식이었다.

위에서 말한 바와 같이 왼쪽 석굴은 완전히 비어 있었다. 따라서 우리는 석굴들의 여전히 회칠 된 상태로 남아있는 벽에는 중국어, 몽골어 튀르크어로 자신들의 방문을 알리는 낙서들로 뒤덮여 있다는 점을 덧붙이는 것으로 석굴에 관한 기술을 마쳐야 할 것 같다. 석굴들은 완전히 비어 있었고, 남아있는 것의 전부인 5개의 화살과 1815년 사원 보수를 기념하는 두 목판은 페트로프스키의 호위대장이 가져갔다. 또한, 수많은 신도가 다녀갔기 때문에 수집가를 부추길 만한 그 어떤 희망도 없었다. 이렇게 많은 서명에서 더욱 놀라운 것은, 우리가 가진 장비도 없이, 위험에 노출되지 않고 밧줄에 의지하여 그 많은 사람이 내려왔다는 점이다.

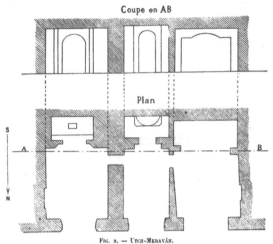

Coupe en AB

Plan

FIG. 2. — UTCH-MERAVÀN.
Plan des « Trois Grottes » ; Echelle 1 = 120.

▌ 그림2. 웃슈 메라반. '세 석굴' 평면도. 축소비율 1:120.

그렇지만 '세 석굴'을 찾는 사람들은 같은 신념에 자극되었을 것이다. 중국인과 만주인과 비교하여 거의 모두가 군인이었던 그들은 원정을 떠나면서 '조상 부처'의 가호를 빌러 왔을 것이고, 이슬람교도들은 우상을 파괴한다는 적선(積善)으로 생각했을 것이다. 바로 그들이 가장 세력이 정점에 달했을 때, 틀림없이 야쿱 벡이 수많은 마자르(mazār)와 요새를 갖추고 제국을 휩쓸었을 시기로, '세 석굴'의 조상과 그림들이 훼손된 것은 바로 이때임이 분명하다. 그러나 고고학적으로 말하자면, 손실이 심각하다고 말할 수 있다. 틀림없이 석굴의 실제 보수는 상당히 최근이어서 50년 전에도 여전히 그러했는지 알길이 전혀 없다. 페트로프스키 씨가 세인트 페테르부르크로 보낸 목판들에 언급된 1815년의 보수는 사실 부분일 뿐으로, 언제 석굴들이 칠해졌는지 알 수 없다. 왜냐하면, 이 칠한 벽면에는 목판들보다 더 오래된 서명이 있기 때문이다. 그러나 내가 찾은 서명 중 어떤 것도 1788년 이전으로 올라가 가지 않으므로, 전제적인 실제 장식은 13세기 중반에 이루어진 건륭제의 신장 원정 이후에 이루어진 것 같다. 반대로, 13세기의 중국인들은 분명히 이 석굴들을 파지 않았다. 그들은 이슬람이 아직 우상을 없애지 않아 산에 가짜 신상들을 세울 수 있었던 시기, 말하자면 세워진 지 10세기가 넘는 한 불교 사원을 원래대로 복원했을 뿐이다.

현지의 한 전설이 '세 석굴'과 연결되어 있다. 한 이교도 군주가 카슈가르를 통치할 때, 딸아이가 태어나자 점쟁이들이 예언하기를 그 아이는 뱀에 물려 죽을 것이라고 했다. 걱정된 왕은 '세 석굴'이라는 산의 절벽을 파게 하여 딸을 그곳에 살게 했다. 공주가 성장하여 화창한 날, 아버지 몰래, 안을 잘 수색하지 않은 과일 바구니가 그녀에게 전해지게 되었다. 과일들 속에 숨어 있던 뱀이 그녀를 물어 점쟁이들이 예언한 것처럼 죽었다. 이 이야기는 투르키스탄에서 상당히 많이 발견된다. 나는 이 이야기를 카슈가르 스웨덴 호크베르그(Hökberg) 선교사를 통해 처음으로 알았다. 우리를 칸 우이로 데려다준 이슬람교도 벡(beg)인 임임 벡(Imim beg)은 같은 전설을 말해주면서 그 공주는 칸 우이(글자 그대로 '칸의 거처'라는 의미)에 군림했던 이교도 왕의 딸이고, 그의 도시는 사토크 보그라 칸(Satoq Boghra Khân)에 의해 파괴되었다고 덧붙였다. 이는 틀림없이 '세 석굴' 부근에 있는 테구르만(Tegurman)의 유적들은 '중국' 공주의 도시로 여기는 것과 같은 전설로부터 나온 것으로,[9] '10베르스트' 러시아 지도 편집자들은 이러한 형식의 정보를 주워들은 것 같다. 왜냐하면, 그들이 웃슈 베라반의 남쪽에 있는 것을 북쪽에 있다고 잘못 써넣은 테구르만 유허가 카니야(Khaniya)의 것으로 설명되었는데, 그것은 '군주'를 뜻하는 칸(Khân)과 유사한 형태로밖에 설명되지 않기 때문이다.

어쨌든 지역 전승에서 '세 석굴'에 잘못 적용된 점이 있다. 이슬람교도에 따르면 공주가 사는 곳은 아홉 개의 방으로 구성되며, 각 창문 뒤에는 세 개의 방이 있다고 생각한다. 게다가 이 옛 사원으로의 접근이 어려웠으므로 실제 있었던 것보다 훨씬 더 장식되고 잘 갖추어질 수 있었던 것으로 추정된다.

페트로프스키 씨의 논문이 발표되자마자 세 '창문'에 대응하는 세 개의 '석굴'만 있었고, 이 석굴들에는 오래전부터 귀중한 것이 전혀 남아있지 않았음을 알 수 있다. 나는 그러한 혼동이 어떻게 이교도 공주의 전설에서 생겨났는지 내내 이해하지 못했지만, 칸 우이에서 아카슈(Aqqàch)를 거쳐 칸 아리크(Khân-aryq)로 가는 여정에서 해결의 실마리를 찾았다. 칸 우이 평원의 남동쪽 끝에서 지금까지 알려지지 않았고, 칸 우이의 하사 탐(Hasa Tam)과 사칼 탐(Saqâl Tam)과 상당히 비슷하며, '아홉 개의 작은 방'이라는 의미인 토쿠즈 호즈라(Toqouz Hodjrah)라는 명칭을 가진 유적군을 발견했다.[10] 그 유허에서 뒤지고 있던 한 소년이 말해 주기기를, 이 명칭은 그곳에 묻힌 노크타 라시드(Nokhta Rachid)라는 공주를 떠올리게 하는 말이라고 했다. 노크타 라시드와 조크타 라시드(Djokta Rachid)는 전승에 따르면, 사

9 페트로프스키 씨는 이미 모아 둔 전승에 따라 '중국'의 공주가 웃슈 메라반에 살았다고 했지만(앞에 언급한 출처, 295쪽), 이와 관련된 세부 사항을 제시한 것은 아니다.
10 호즈라(Hodjrah)는 아랍어지만, 동투르키스탄에서 상당히 일상적으로 사용된다. 특히 사라이(saraï) 사람들의 '상자'을 '호즈라'라고 부른다.

토크 보그라(Satoq Boghra Khân)가 카슈가르를 이슬람으로 개종시킬 때 정복된 이교도의 두 군주이다. 두 이름의 앞부분이 가지는 유사성은 그 전설이 원래의 형태를 따질 필요가 없었다는 것을 상정하게 한다. 그 지역의 유적들은 자연스럽게 이 사람들의 것으로 추정되며, 에스키 샤르(Eski-Chahr)라는 옛 성곽과 연결되지 않을 수 없는 사람은 노크타 라시드이다. 이 에스키 샤르는 이슬람교도의 카슈가르에서 중국의 양기 샤르(Yangi-Chahr)로 가는 길에서 왼쪽에 있다.[11] 토구즈 호즈라 유적의 유물들은 의문을 제기하지 않으며, 그것들이 이슬람교도 이전이 분명 아니므로, 말하자면 하사 탑과 사칼 탑의 것과 같으므로[12], 그것들은 늦어도 7세기, 즉 칸 우이 평원에 물을 대준 아리크 강이 말라버렸을 때 방치되었음이 틀림없다고 말할 수 있다. 토쿠즈 하즈라 유적은 현지인들이 여러 차례 조사를 한 곳으로, 중요한 발굴품을 보지는 못했지만, 끊임없는 조사가 이루어진다는 것은, 그곳이 텅 빈 것은 아님을 시사한다. 그러므로 이교도 공주와 그곳에 묻힌 부자들의 '아홉 개 방'이라는 전승이 나린(Naryn) 길에 있는 웃슈 메라반으로 옮겨진 것은 '세 석굴'보다 방문자가 적었던, 바로 이 '아홉 개의 작은 방' 유적이라는 것이 가능해 보인다.[13]

---

11 이 유허들은 최근까지도 발굴되지 않았다. 페트로프스키는 카슈가르의 옛 위치에 관한 그의 연구에서 그에 대해 언급하지 않았고(앞에 언급한 출처), 내가 아는 한 스벤 헤딘이 그곳을 언급한 유일한 사람이다(Pelermann's Mittleihuigen, Ergänzungsheft 1 31, 259쪽). 이 유적은 분명 이슬람 시기의 것으로 추정된다. 그러나 카슈가르의 역사가들이 무시할 수 없을 정도로 충분히 오래된 것 같다. 바이앙 박사가 그 평면도를 그렸다.

12 이에 대해서는 칸 우이 유적을 말할 때 소개할 기회가 있을 것이다.

13 이 글이 이미 편집되었을 때, 나는 여기서 맏다(madda)라고 부르는 옛날이야기를 해주는 사람에게 웃슈 메라반의 전설을 알고 있는지를 물어볼 기회가 있었다. 그가 나에게 해준 이야기는 내가 들었던 대로 옮겨 적을 만큼 상당히 흥미로웠다.

여기에 첨부한 평면도는 페트로프스키가 간행한 것보다 더 정확하게 석굴들을 재현하고 있다. 세 석굴의 최대 길이는 10m 80이고, 최대 깊이는 5m 85이다. 석굴들은 정확하게 북쪽에 있다. 10베르스트 러시아

부기(附記)에서 현지 발음과 일치하는 표기를 찾을 수 있을 것이다. 카슈가르 속어로 된 텍스트가 없어 새로운 몇몇 견본을 출간한 기회를 잡지 못한 것을 무척 유감으로 생각한다. 나는 다음과 같이 이야기꾼의 말을 옮겨 놓는다. "웃슈 메라반에 대해 말하자면, 도(dö)라는 곤충이 하룬 보그라 칸(Haroun Boghra Khân)의 딸을 물었다. (하룬 보그라 칸이) 생각한 것은 다음과 같네. 생각 끝에 그는 중국에서 석공을 데려오게 하여 산에 집을 돌을 깎아 집을 만들게 하였소. 석공은 세 개의 창문이 있는 거처 내부에 41개의 작은 방을 파서 만들자, 칸의 딸이 그곳에 살게 했지요. 칸의 딸은 포도가 먹고 싶었습니다. 하룬 보그라 칸의 사람들은 웃슈 메라반에서 칸샬라(Khânçala)로 가는 노선에 살고 있었기 때문에 손에 손을 거쳐 포도를 건네주게 되었습니다. 소위 웃슈 메라반 거처 안에 앉아있던 하룬 보그라 칸의 딸은 젊은 하녀들과 함께 있었는데, 누군가 그녀에게 포도 바구니를 건넸습니다. 칸의 딸은 그 바구니를 받아 '아가씨들도 같이 먹어요'라고 했다. 자신도 포도 한 알을 입어 넣었지요. 그러나 이 포도에 들어있던 '도'라는 곤충이 칸의 딸 혀를 물었습니다. 그러자 칸의 딸은 죽었습니다. 그 결과로 웃슈 베라반은 저주의 장소가 되었기 때문에 아무도 더는 그곳에 가지 않았지요. 하룬 보그라 칸의 시기 그곳에는 사람들이 오르내리도록 사다리가 있었는데, 타이푼난(Taïpounan) 시대에 우스툰 아르투슈(Oustoun Artouch) 사람들이 그 사다리를 걷어가고 그곳에 불을 질렀습니다. 사다리가 없어진 뒤로 사람들의 발길은 (웃슈 메라반에) 더는 닿지 않게 되었습니다." 이 이야기에서 특이한 것은 바로 웃슈 메라반의 전설이 옛날 이교도 시대가 아니라, 카슈가르가 이슬람교로 개종했을 당시로 연결된다는 것이다. 하룬 보그라 칸은 사실 두 번째 계승자인 사토크 보그라 칸으로, 10세기 말에 죽은 그는 현지 전설에 따르면 조카인 사토크의 바람대로 개종하지 않고 땅에 묻힌 이교도의 삼촌으로 간주되었다(Grenard, 『La légend de Satoq Boghra Khân et l'Histoire』, 여러 곳을 참고하시오). '도'라는 곤충은 전갈이 아니다. 내게 해준 이야기에 따르면 오히려 쥐며느리 같다. 이 벌레는 오늘날 해가 없지만, 당시에는 그렇지 않았다고 이야기꾼이 말해주었다. 칸샬라(Khânçala)는 켄트(Kent) 중 하나거나 베츠 카렘(Bech-karem)의 작은 마을이다. 타이푼난은 적어도 전설상에는 옛날 카슈가르인 군주의 이름이다. 나는 더는 명시할 수 있는 책이 없었다. 우스툰 아르투슈는 카슈가르에서 나린으로 가는 길에 있는 웃슈 메라반의 북쪽에 있다. 오랜 다툼으로 카라타글리크(Karâtâghlyq), 즉 '검은 산의 사람들'로 불리는 우스툰 아르투슈 사람들과 아타글리크(âtâghlyq), 즉 '흰 산의 사람들'인 카슈가르 사람으로 나뉘었다. 카슈가르 사람인 그 이야기꾼이 아르투슈 사람들의 이야기에서 훔쳐 왔다.

지도에서는 이 방향이 잘못 표기되어있을 뿐만 아니라, 석굴이 파진 간단한 황토벽이 길을 따라 봉우리처럼 서 있는 것을 너무 산 앞쪽으로 위치시켰다. 마지막 오류로, 지도에서 코슈-테게르만(Koch-tegerman, 즉 Qoch-tegurman, 두 방앗간)으로 불린 곳까지 강이 가로지르는 이 길은 좌안에 있으면서 산에 가까운 것으로 보고된 것이다.

II. 테구르만(Tegurman) 유허

내가 가지고 있는 가장 상세한 '10베르스트'[14]짜리 러시아 지도에는 '세 석굴'의 북쪽에 있다. 코슈-테게르만(Koch-tegerman) 너머, 웃슈마라반(Outchma-ravan)이란 도시의 유허(Khaniya)이다. 코슈 테게르만, 더 정확히는 코슈 테구르만(Qoch tegurman)[15], 즉 '두 방앗간'은 현장

---

14 엄지손가락 길이가 10베르스트로, 420,000분의 1 지도이다. 카슈가르의 지도 면은 동투르키스탄에 대해서만 있었다. 그 너머는 40베르스트 지도를 활용해야 했다. 오래전부터 타슈켄트에 있다는 '2베르스트'짜리 지도에 관해 들었지만, 카슈가르가 들어있는지는 모르겠다. 내가 확보할 수 있었던 가장 최근의 러시아 지도는 10베르스트로, 10년 전에 만들어진 것이다. 지금처럼 중국을 마음대로 돌아다닐 수 없었기 때문에 매우 칭송받을 만한 작업이지만, 오늘날 보기에는 불충분하다. 주요 정보들은 잘못 제시되었거나 잘못 이해한 것들로, 내가 카슈가르와 우스툰 아르투슈 사이, 정확하게 말하자면 카슈가르를 러시아 서부를 연결하는 큰 도로 중 하나에서, 많은 부정확한 것들을 알려주는 것은 상당히 독보적이다.

15 항상 그랬던 것처럼 여기에서 철자법이 확정되지 않은 언어에 대한 전사(傳寫)를 강요하고 싶지 않은 것은 더 말할 필요가 없다. 그렇지만 내가 들은 발음대로 한 글자씩 옮기는 것이 좋다고 생각한다. 내가 옮겨 적은 테구르만은 쇼(Shaw)의 것과 일치한다. 그르나르(Grenard)같은 문헌학자조차도 자신들의 저술에서 고려하지 않은 [q]와 [k]의 구분은 우리가 항상 간직해야 하는 문제인 것 같다. 그렇지만 [g]와 [gh]는 구분해야 한다. 그래서 우선, 스타인이 테게르만에 대해 제시한 것(Sand-buried cities of Khotan, 61쪽)인, 티가르만(Tigharman)으로 발음하고 싶지는 않다.

에서 확인하지 못한 이름이다. 사람들은 테구르만, '방앗간'이라고만 했다. 이 명칭은 특별히 차크마크(Tchâqmâq) 강의 좌안, 말하자면 길이 이 강을 가로지르는, 그리고 실제 방앗간 하나가 있는 곳에 있는 작은 휴게소에 적용되었다.[16] 그러나 현지 용법은 테구르만이라는 이 명칭을 이 방앗간에서 투투르가(Tuturga)[17]까지, 남쪽으로 펼쳐져 있는 전 지역을 지칭하는 데 사용한다. 러시아 지도에서 '세 석굴' 북쪽에 있는 곳에서는 어떠한 유허도 발견하지 못했고 나를 수행한 촌장은 주변에 관해 어떠한 것도 알지 못했다.[18] 반대로 지도에서 의문의

---

16 여름 끝에는 거의 말라버리는 이 강의 상류에는 투윤(Touyoun) 또는 토윤(Toyoun)이라고 불리지만 나는 이 명칭을 우스툰 아르투슈부터 하류에 적용하는 것은 듣지 못했다. 위에서 언급한 스벤 헤딘 저술에 첨부된 지도는 베츠 카렘(Bech-karem) 부근에 있는 강에 웃슈 미르완(Utsch-mirwan)이란 명칭을 부여하고 있는데, 웃슈 베라반을 잘못 옮긴 것이다.

17 나는 투투르가 영토의 범위를 정확하게 확정할 수 없었다. 이 명칭은 소위 카슈가르 오아시스의 북쪽 가장자리에 있는 쿠르간(Qourghân) 마을 북쪽에 있는 작은 촌락에 적용되었다. 우스툰 아르투슈의 길에 있는 이 오아시스는 종 카라울(Zong-qaroul)이라 불리는 중국 세관에서 끝났고, 이곳은 10베르스트 러시아 지도에서 너무 북쪽으로 치우쳐 사막에 있었다. 10베르스트 지도와 스벤 헤딘의 지도에서 바그 아리크(Bâgh-aryq)가 있는 곳으로 옮겨야 한다. 종 카라울 서쪽에 바로 이어서 쿠팔라 크와잠(Qoupallâ Khwàdjam)의 마자르(mazâr)가 있는데, 이 사람은 카슈가르 전설에서 그의 아우 쿠파딘 크와잠(Qoupadin Khwàdjam)에 비하여 잘 알려진 인물이다. 종 카라울의 동쪽과 큰비가 거의 내리지 않는 때에만 경작되는 땅 중간에 옛 군주인 카슈가르 사람 카라칸(Qarâkhân)의 마자르가 있다. 이 마자르는 투투르가의 영역에 속해 있었으므로, 투투르가는 거의 카슈가르에서 베츠 카렘까지의 길 근처까지 동쪽으로 펼쳐져 있었던 것 같다. 투투르가의 의미는 모른다. 사람들은 야르칸드, 마라바치(Marâbachi), 호탄(Khotan) 등등의 오아시스에 관한 흡족한 지도를 가지고 있었지만, 카슈가르 오아시스에 관한 적절한 것을 본 기억이 없다.

18 페트로프스키 씨는 웃슈 베라반과 우스툰 아르투슈 사이의 차크마크 강 좌안으로 펼쳐진 산의 지맥 중 하나에서 장성의 흔적을 확인한 것 같다고 말했다(앞에서 언급한 출처, 295쪽). 내가 조사한 바로는 그러한 것은 아무것도 없었다. 그러나 내가 놓칠 만큼 거의 드러나지 않게 불룩 튀어나온 여러 곳이 있었다.

'하즈레트 술탄(Hazret Sultân)의 무덤', 즉 사토크 보그라 칸[19]의 무덤을 위치시킨 곳에는 상당히 큰 유적군이 있었는데, 사람들은 중국 공주의 옛 도시라고 여겼으며, 그 유적들이 있는 영토에 따라 테구르만 유적이라 불렸다. 강의 남안에서 '세 석굴'의 동쪽으로 대략 10km에 있는 이 유적들은 카슈가르에서 나린까지의 길을 따라가다 보면 멀리서 볼 수 있는데, 페트로프스키가 웃슈 메라반으로 가는 길에서 이들을 언급하지 않은 것은 의아스럽다. 카슈가르에서 아무도 우리에게 알려주지 않았고, '세 석굴'을 찾았을 때 우연히 이곳을 발견하게 되었음에도, 이전부터 알고 있었던 것처럼 테구르만 유적은 1905년 독일 탐사대가 찾아왔고, 최근 몇 달 전에는 스타인 박사가 왔었다.

바이앙 박사가 그린 평면도(그림 3)는 테구르만 유적의 중요성과 배

---

19 여기에는 러시아 지도제작자의 설명하기 어려운 혼동이 있다. 동투르키스탄에 있는 하즈레트 술탄은 언제나 사토크 보그라 칸을 지칭한다. 그런데 『타즈케레트(Tazkereth)』에 따르면, 사토크 보그라 칸은 아리티크 또는 아르투슈에 묻혔다 (Grenard, La légende de Satoq Boghra Khân et l'histoire, 10쪽, 별쇄본). 카슈가르 북쪽에는 아르티츠 또는 아르투슈라는 두 마을이 있다. 나린(Naryn)의 길에 있는 서쪽의 하나는 아스툰 아르투슈 또는 우스툰 아르투슈, 즉 상부 아르투슈라고 불렸고, 키치크 아르투슈(Kitchik Artouch), 작은 아르투슈라고도 하였는데 이것이 바로 중국어로 소(小) 아르투슈로 사용하는 명칭이다. 우스툰 아르투슈는 일곱의 켄트(kent) 또는 작은 마을을 포함하고 있는데 그에 주어진 명칭들은 다음과 같다. 카라크(Qarâq), 에키 사크(Eki-sâq), 타코트(Tâ삣), 웃차(Utcha), 베사크(Besaq), 디칼레(Dikhâlle)이다. 동쪽에 있는 다른 아르투슈는 더 특별하게 알틴 아르티츠(Altyn Artych) 또는 아스틴 아르티츠(Astyn Artych), 하부 아르티츠라고 한다. 사람들은 종 아르티츠(Tchong artych)라고도 하는데 중국어로는 대(大) 아르티츠라고 한다. 사토크 보그라 칸의 무덤으로 전승되는 곳은 바로 알친 알르티크이고, 순례자들이 그곳을 많이 찾는다. 알틴(altyn)과 아스틴(astyn)이 동투르키스탄에서는 구분 없이 사용되기 때문에, 알틴 타그(Altyn-tâgh)를 아스틴 타그(Astyn-tâgh)로 보는 것과 관련하여 일어나는 논쟁들이 부질없음을 상기하시오. 알틴은 '금'을 뜻하는 알툰(âltoun)과 혼동하여 쓰인 것이 아니라 단순히 아스틴(âstyn)의 일반적인 이중어 형태이기 때문이다.

치를 알려준다. 가장 동쪽에 있는 건물은 스투파로, 쿠르간 팀(Qourghân Tim), 또는 카슈가르의 키질 데브(Qyzyl Debe) 또 칸 우이의 토파 팀(Topa Tim)보다는 덜 중요하지만, 상당히 잘 보존되어 있다. 그것은 이 별것 없는 스투파들과 더 닮아있지만, 그 탑의 우수한 형태는 거의 완벽하게 보존된 형태로 칸 우이의 북쪽에 있는 모리 팀(Mori Tim)에서 나온 것이다.

스투파의 실제 높이는 10m 이상의 흙더미로 되어있고, 그 흙더미는 인접한 땅보다 2m 이상 솟구친 것 같다. 기념물의 실제 상태로 원래의 형태를 판단해 보면, 우선 사각형의 받침대로 구성되어있는데, 약간의 각은 여전히 볼 수 있으며, 3m 40 이상의 흙더미에 여전히 남아있는 토사 막이 층으로 제한되는 것 같다. 이 장방형의 각 모퉁이는 대략 8m 이상이 전개부를 가지고 있다. 이 최초의 장방형 위로 두 번째 장방형이 더 작게, 일종의 피라미드의 층처럼 포개져 있는데, 모서리들은 첫 번째 장방형의 것들과 일치하며, 현재 5m 45 이상의 흙더미에 있는 두 번째 토사 막이에 닿는다. 이 두 번째 층 위로 탑이 원통 모양으로 있다. 첫 번째 원통형 주신(柱身)은 두 번째 토사 막이에서 세 번째에 달하는데, 현재는 7m 35 이상의 흙더미이다. 이 세 번째 토사 막이에는 좀 더 작은 지름으로 두 번째 원통형 주신이 세워져 있다. 이 두 번째 원통형 주신의 지름은 대략 스투파의 실제 꼭대기의 지름 즉 5m 50이다. 그러나 대충 1m 이하의 꼭대기에, 즉 네 번째 토사 막이 돌출부는 남남서쪽에 보이며, 코니스(쇠시리 모양의 돌출부)가 기념물의 주변 이 지점에서 튀어나온 것으로 생각하게 한다.

동북동쪽에서 스투파는 거의 같은 높이로 쪼개져, 사람들은 1m

30의 수직이며, 네모난 일종의 굴뚝으로 들어가는데, 꼭대기로부터 3m를 내려간다. 이 굴뚝은 틀림없이 이 기념물을 세울 때 만들어진 것으로 스투파의 한중간에 자리한다. 이와 비슷한 굴뚝 또는 방이 칸 우이의 모리 팀(Mori Tim)에서 찾을 수 있는데, 아마도 그 이름은 이로부터 나왔을 것이다(굴뚝 스투파). 스투파는 꾸밈없는 벽돌을 평평하게 포개 만들어졌으며 그 규모는 폭과 깊이가 32cm와 43cm 사이지만 높이는 90cm로 거의 일정하다.

스투파의 북서쪽에는 높이 약 2m 80 두께 1m 30의 이중벽(A)이 있다. 이 벽은 스투파의 방향으로 향하는 것 같다. 그러나 더 세심하게 조사해보면, 평면도에 들어있는 점선 너머에는 아무것도 남아 있지 않을 뿐만 아니라, 가설적으로 풀어보자면 이 벽은 스투파 자체에는 이르지 않고 약간 북동쪽으로 지나간다. 이 이중벽의 안쪽을 따라서 땅에서 1m 70에서 1m 90의 높이이며, 약 1m 90에서 벽면이 얇아지는 구멍이 있는데, 그것들은 들보를 넣기 위해 뚫린 것 같다. 양쪽의 구멍들이 규칙적으로 대응하지는 않을지라도 그로써 이 이중벽이 지지되어 있었고 아마도 땅에서 1m 70 정도의 높이로 덮여 있었다는 것을 상상하게 한다. B로 표기된 다른 벽은 A의 시스템으로 이어져 있지만 조금 높고(2m 10), 넓이는 같다(1m 30). 이 벽들은 스투파의 벽돌보다 훨씬 못한 벽돌로 만들어졌다. 그 규모는 거의 수직으로 부서진 균열들 때문에 폭과 깊이를 측정하기 매우 어렵다. 평균 넓이는 25cm~30cm인 것 같다. 높이는 더 정확하게 말할 수 있는데, 약 16cm 정도이다.

A와 B의 벽들은 동쪽의 큰 사각형 땅을 보호하고 있는 것 같다. 남동쪽에서 올 때, 먼저 벽돌로 된 약 7m 높이의 큰 사각기둥 두

개(C와 D)를 보게 된다. D의 사각기둥에서 가장 큰 넓이는 4m 10이다. 이 두 사각기둥은 스투파의 기둥과 같은 벽돌로 만들어졌다. 사각형 땅에서 북동과 남서쪽 면에서 특별한 장치가 눈에 띄는데, 90cm 높이의 벽돌로 이어지는 받침대로 구성되었으며, 평평하게 놓였지만 각 받침대 사이에는 약 22cm의 높이로 잘 다듬어지지 않은 높은 벽돌로 된 층이 있다.

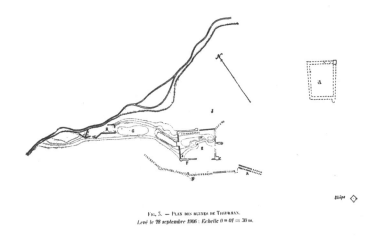

Fɪɢ. 5. — Pʟᴀɴ ᴅᴇꜱ ʀᴜɪɴᴇꜱ ᴅᴇ Tᴇɢᴜʀᴍᴀɴ.
Levé le 28 septembre 1906 ; Echelle 0 ᵐ 01 = 30 ᵐ.

▌ 그림 3. 테구르만 유적의 평면도. 1906년 9월 8일 작성. 비율 1cm=30m.

특히 F지점 쪽에 있는 당시 2m 40에 달했던 벽은 보강되어있다. 사각기둥들과 방형의 땅에서 나무의 흔적들, 또는 토사 막이 형태라든가 들보의 형태 같은 것이 없었다. 방형의 땅 안은 모래와 자갈 무더기로 채워져 있었고 c지점에서 10m 높이로 솟구쳐 있었다. 일견에 구조물로 볼 수 있는 어떤 흔적도 보이지 않았다. 이 방형의 땅은 부분적으로 습곡에 있었고, 주로 자갈로 형성되어 있었으며 북서쪽에서 봉우리에서 단절되고 강으로 끊어질 때까지 이어졌다. 땅의 습곡에서 완전히 폐허가 된 구조물 흔적들, G에서 부분적으로 속이 빈 일종의 탑에 있었던 받침대들, H에서 아주 불규칙한 크기의 벽돌로 세워진 작은 보루들을 알아볼 수 있었다. 이 작은 보루의 북북동쪽 벽 3분의 2 가까이 급류에 쓸려 내려갔지만 그래도 절벽의 큰 덩어리를 볼 수 있었다. 이 절벽은 원래 높이에서 약 5m 이하의 한 덩어리가 떨어진 것이다. 그리고 옛날 진흙층[20]과 높이 약 1m 50의 자갈 지층 위로 무너진 벽 일부가 있었다. E에서 G에 이르는 이 습곡에는 침식이 이루어져 물이 토대를 가로질러 새로운 길을 만들어 내고 있었다.

약간 돌출된 모래로 된 라인이 주변 평지 높이로 네모난 옛 성의 자리였음을 표시해 준다. J지점에 흙으로 만든 옛 구조물의 명백한 흔적들이 있었다.

이전에 찾아왔던 사람들이 테구르만이 유적에서 발굴한 것에 관해 아는 바가 없다. 틀림없이 상당히 오래된 스투파의 커다란 수직 틈 이외에 스투파 아래, G지점의 구조물 옆, I지점의 큰 방형의 땅에 있는 벽의 아래에, 전혀 확인되지 않은 것으로 생각되는 식별하는 구멍들이 있다. 유허의 마당에는 유약을 바르지 않은 거친 도자기 조각들이 널려 있다. 테구르만 유적을 처음 찾았을 때, a와 c사이 E의

---

20 이 황토들은 최근 이루어진 충적토가 아니다. 그 층들은 현재 그대로 연대기의 시기 이전에 쌓여 있었다는 것에는 아무런 의문이 없다. 천산에서 카슈가르의 평원으로 내려오는 급류가 점점 깊게 이 황토층을 팠다. 무너진 흙더미가 있는 곳에서 벼랑의 높이는 24m이다.

방형 땅에서 급류에 팬 땅을 긁어가며 투르키스탄에서 항상 사용된 것으로 보이는 거칠게 흙으로 구워 만든 큰 그릇 중 하나를 발견했는데 그것은 오늘날 쿰(khoum)이라고 불린다. 이 의문의 쿰은 가장 큰 지름은 72cm이고 최상부는 없어졌으며 큰 지름과 바닥 사이의 높이는 55cm였다. 부분적으로 모래로 채워져 있는 이 쿰은 나무의 숯 조각을 여전히 담고 있었다. 그렇다고 이러한 쿰의 출현이, 페트로프스키에 따르면, 아타크 콰자(Attâq Khwâdja)의 마자르 인근 진흙층에도 발견되기 때문에 한 시기의 특징적인 것은 아니다. 그리고 그곳의 것들은 내가 생각하기에 이슬람교 이전의 것들이 아닐 가능성이 크지만, 나는 칸 우이에 있는 토파 팀(Topa Tim) 인근의 성곽에서 온전한 쿰들을 발견했는데, 토파 팀의 비하라(사원)임에 틀림없는 이 성곽은 불교의 시대로 거슬러 올라간다. 따라서 옛 구조물에서 발견된 쿰들을 통해 전혀 결론을 끌어낼 수 없다.

반면 E의 큰 방형 땅 안쪽에 벽토와 나뭇가지로 안쪽에서 칠한, 조상들의 파편들로 보이는 두 덩어리의 회반죽을 수집한 것이 더 특징적일 것이다. 이슬람교도들은 자신들의 건물에 상을 두지 않았고, 게다가 칸 우이에서 이어진 조사를 통해 이 조각들의 불교적 특징을 확인할 수 있었다.

정말 우연하게도 이 도자기의 파편들을 조사하면서 나는 한 면에 브라흐미 문자가 들어있는 작은 판자 조각을 수집했다. 글자가 상당히 지워졌다고 하지만 이 조각은 E의 방형 땅에서 불교적 기원을 확인해 주면서 지금까지 카슈가르 지역에서 찾은 힌두의 글자로 된 최초의 견품으로 이끈다.

이 우연한 발견은 발굴 작업이 결실이 있을 것이라는 희망을 심어

주었다. 며칠 뒤에 나는 10명의 사람과 테구르만으로 돌아와, 급류에 패인 a부분에서 방형 땅 b 구석과 옛 구조물임을 표시하는 것 같은 모래도 이루어진 라인 c끝까지 조사했다. 우리의 기다림은 절망적이 었고, 발굴 작업은 유적 표면에 널려 있는 도자기 조각들과 같은 도 자기 파편들과 구운 벽돌의 한두 조각과 이외에는 아무것도 나오지 않았다. 테구르만에서 아무것도 찾을 수 없었다는 것을 말하고 싶은 것이 아니라, 행운이 없는 한, 상당한 시간과 비용을 들여 조사할 필 요가 있지만, 그러나 성공할 가능성이 그렇게 추진할 정도로 확실하 지는 않은 것 같았다. 조사하는 동안 나는 특정하지 않은 지점에서 원뿔 모양으로 구워 만든 작은 종(鍾) 한 개를 수습했다.

우리의 정보가 빈약했지만, 테구르만 유적에서 상당히 그럴법하게 두 시기를 구분할 수 있는 것 같다. 내가 보기에 스투파와 E 방형 땅은 그곳에서 가장 오래된 구조물이었다. 그 방형의 땅은 칸 우이 의 토파 팀에서처럼 스투파의 비하라(사원)였을 것이다. 반면 불교의 시대 끝 또는 이슬람교의 시대 초기에 카슈가르에서 우스툰 아르투 슈로 가는 길에 있는 이 원형 돌출물의 전략적 중요성은 하나의 작 은 보루 역할을 했다. 그 때문에 비하라의 옛 성곽 A와 B의 성벽으 로 보호하면서 동시에 새로운 구조물들이 H에 세워졌다. 이것이 바 로 장치가 한편으로는 A, B의 담장과 다른 한편으로는 스투파와 방 형의 땅과 다른 것을 설명해 주는 것이다. 큰 방형의 땅에 있는 담 장, 특히 F지점의 담장은 아마도 이 시기에 보강되었을 것이다. 마지 막으로 H에 있는 새로 만든 작은 보루는 새로운 자태로 옛것과 같 이 건설되었다. A의 이중 담장은 망루처럼 사용된 스투파와 중심 성 곽을 연결하는 목적으로 덮힌 통로였을 것이다.

이러한 결론들이 가설이라 할지라도, 현재까지 테구르만 유적에 관해 우리가 알고 있는 것과 일치하는 것 같다. 내 생각으로 그곳에는 무슬림의 도시가 있지 않았다. 이러한 관점에서 우리가 찾은 것은 적다고 하지만 우리가 접할 수 없었던 것을 설명하는 데에는 유용할 것 같다. 우리는 테구르만 유허에서 동전이나 한 조각의 유리도 찾지 못했다. 바로 이 점에서 나는 칸 우이 기념물들의 시대를 연구하면서 재론할 것이다.

카슈가르 1906년 10월 10일.

[펠리오는 별첨 자료로 중국 공주에 관한 전설을 들은 대로 로마자화 하여 수록했다. 또 이야기에서 나오는 고유명사에 대한 표기 문제와 의미를 11개의 주석으로 설명하고 있다. 그러나 펠리오가 카슈가르 지역에서 둔황으로 오기까지의 활동을 개술하는데, 크게 필요하지 않으므로, 생략한다.]

오뜨아지

만년설과 유사(流沙)로 뒤덮여 영상 40도에서 영하 40도를 오르내리는 험악한 기후에 놓인 이 땅인 오뜨아지에는 7~8백만 주민들이 거의 사방 몇 세제곱킬로미터의 땅에서 빈약하게 살아가고 있다. 역사적으로 최소한의 기간에도 문명을 낳지 못했고 더 나은 미래를 예견할 만한 것이 없었다. 반세기 전부터 탐험가들과 학자들이 왜 그곳으로 가려 했을까? 누가 몽골은 칭기즈칸의 시대 기억을 환기하고, 티베트는 거대한 산과 신비로운 라마의 이미지를 일깨운다고 하는데, 어떤 환상이나 단어의 마술이 있어서인가? 그러나 30년 전부터 강대국들의 학문적 탐사가 특히 동투르키스탄에서 이루어졌고, 그 이름에는 신비로운 것이 아무것도 없다. 더 복잡하고 더 심오한 무엇이 있음이 분명하다. 그것은 그렇게 거대하고도 잘 알려지지 않은 이 지역의 현재와 과거에 관한 신속한 연구가 있어야 더 잘 드러나게 될 것이다.

***

오뜨아지라고 부르는 이곳은 정치적으로 세 덩어리로 나뉘는데,

크게 지리적 민족적 관점에서 다른 세 지역에 해당하는데, 바로 몽골, 투르키스탄, 티베트이다.

▌오뜨아지(Haute Asie)[1]

---

1 오뜨-아지(Haute-Asie): '상부 아시아'란 의미로, 일반적으로 중앙아시아, 시베리아 그리고 히말라야 사이의 영역을 지칭한다. 따라서 티베트, 신장, 몽골지역을 포괄한

약 2백 7십만 입방킬로미터의 면적에 2백 5십만 인구를 가진 몽골은 세로로 고비사막으로 잘린 외몽골(북부)과 내몽골(남부)에 있는 대부분 목축지이다. 튀르크인들의 언어처럼 알타이계에 속하는 그들의 언어를 가지고 있는 몽골인들은 티베트 라마교를 따르는 불교도들이지만 고대 샤머니즘적 요소들을 상당 부분 가지고 있다. 중국의 신해혁명이 있었던 1911년에, 17세기부터 중국에 예속되어있었던 외몽골은 우르가(Ourga, 오늘날 울란바토르)의 '활불(活佛)'2아래 독립을 선언했다. 러시아의 지배하에 들어가, 소비에트 공화국이 된 것은 1921년부터 더 정확하게는 1924년부터인 최근이다. 비교적 덜 중요하여 중국의 직접적인 관할하에 있었던 내몽골에서는 중국의 식민지화가 빠르게 진행되었다.

1882년 중국의 성으로 편입된 동투르키스탄 또는 신강(新疆)은 약 1백 7십만 입방킬로미터에 달하는 면적과 최대 2백 5십만의 주민을 가지고 있다. 대부분이 열렬한 무슬림들이며 튀르크어를 사용한다. 천산(天山)의 안쪽 골짜기에 형성된 목초지를 제외하고, 투루판의 가라앉은 곳, 이리(Ili) 또는 타림분지의 오아시스에 사는 사람들은 정주하며 농업에 종사한다. 프랑스의 면적과 거의 동일한 산으로 둘러싸여 있는 타림분지는 북쪽, 서쪽, 남쪽에는 천산과 각각 해발 7천

다. 중국의 학자들은 '신장'으로만 번역하는데 차이가 크기 때문에 '오뜨아지'라는 명칭을 그대로 사용한다.

2 복드 칸(Bogd Khan, 1869~1924): 제8대 제 담바 후툭투(Jebtsundamba Khutuktu, 존경하는 위대한 환생 라마란 의미)로 신해혁명 이후 외몽골에 독립을 선언하고 복드 칸국을 세웠다.

미터를 넘는 히말라야의 서쪽 돌출부로 경계를 이룬, 북동쪽으로 기운 거대한 대야이다. 평원에는 거의 비가 내리지 않는다. 따라서 식물들은 눈이 녹은 물이 산에서 흘러내리는 강을 따라서 자랄 뿐이다. 한편, 대기가 극도로 건조함에 따른 증발, 토양으로의 흡수, 관개의 필요성에 따라 대부분의 물줄기는 빠르게 메말라 갔다. 그래서 남쪽과 북쪽의 두 오아시스 루트가 약화한 산들을 따라 타림분지에 형성되었다. 지리적 분할은 정치적 분할을 초래했고 그것을 유지했다. 타림분지의 '왕국들'은 각각 관개 체계에 따라 존재했고, 통일을 위한 시도들은 외래의, 즉 중국인, 튀르크인, 특히 티베트인들과 같은 정복자들을 통해 이루어졌다. 덩케르크(Dunkerque)에서 포트 방드르(Port-Vendre)까지 거리의 세 배인 2,750㎞의 타림강은 로프노르의 습지까지 완만하게 이르고, 이 간헐적으로 이룬 갈대숲은 한차례 이상 호수의 자리를 이동시킨다.

티베트는 3백만 세제곱킬로미터의 면적에 펼쳐져 있다. 지구상에 존재하는 가장 높은 산악지역으로, 이 산들은 남쪽에서 인도 방향으로 카라코룸(K2 봉우리)에서는 8,000m에 달하고 히말라야(에베레스트산)에서는 8,840 또는 8,900m로 치솟아 있다. 북쪽과 북서쪽의 부분은 동투르키스탄으로 둘러싸여 있고 프랑스에 비해 한 배 반 정도의 면적을 차지하고 있으며 평균 고도는 5천 미터 이상이다. 한여름에도 밤에는 얼음이 얼고, 심지어 목동들도 그런 기후의 지역에서 벗어나 산다. 그곳은 너무 척박하여 자라는 풀들이 거의 없고 무성해지지 않는다. 사람들은 남서쪽 또는 남쪽과 동쪽의 부분에서 거주할 수 있을 뿐인데, 여기에서는 골짜기들이 2,000에서 2,500m의 고도로 낮아져 밀, 보리, 쌀, 살구

인도-이란 스타일로 된 불교의 신, 나무 위에 그린 그림(아우럴 스타인 탐사(1901). 아우럴 스타인(Aurel Stein), 『고대 중앙아시아의 길에서(On Ancient Central-Asian Tracks)』, Macmillan and Co., Limited, London, 1933, 사진32. 스타인은 "페르시아 보디사트바를 표현한 목판(Rustam)"이며 크기는 2x5인치로 설명하고 있다.

그리고 포도를 생산한다. 이곳이 바로 동쪽으로는 중국 경계 지역이자, 남쪽으로는 브라마푸트라(Bramaputra)의 높은 골짜기 남쪽에 있는 라다크(Ladak)이다. 티베트의 인구는 2백만에서 3백만 정도이며 그중 6분의 5는 정착민들이다. 그들이 사용하는 언어는 미얀마어와 유사하고, 한장어족(Sino-Tibetan)의 서쪽 분파로 간주하는 결정적인 이유를 가지는 사람들로 구성되어있으며, 동쪽 분파는 중국어와 시암[현 태국]어로 구성되어있다. 종교적 관점에서 티베트인들은 7세기부터 불교를 신봉했으나 그들의 불교는 토착의 신앙과 주술이 들어간 라마식 불교 형태를 취하고 있다. 남성의 절대다수는 사원에서 생활하고 약간의 남성들은 종종 불분명한 부름을 받아 승려가 된다. 왕실 권력과 승단의 갈등이 있은 뒤로, 그 갈등에서 이긴 라싸의 달라이 라마가 18세기 중반 이후로부터 중국의 지배권 아래 티베트의 주인이었다. 이러한 지배권은 영국 군대가 1904년 라싸에 진입하면서 손상을 입었다. 중국은 1910년 라싸를 재탈환함으로써 지배권을 되찾으려 했으나 중국의 신해혁명은 티베트인들이 방어에 성공하도록 이끌었다. 오늘날 특히 달라이 라마와 두 번째 서열의 판첸 라

동투르키스탄의 경계. 왼쪽으로 둔황 근처에 있는 천불동의 벼랑에 판 굴들이 보인다. 석굴의 안쪽에는 수많은 불상 조각과 그림이 있어서 천불동이라 불린다. 『둔황 석굴(Les grottes de Touen-Houang)』(1~30 석굴), 파리, Paul Geuther, 1914(표지에는 1920년으로 되어 있음). 사진3.

마[3]가 인도에서 피난처를 찾으면서 영국은 그의 믿을 만한 고문이 되었다.

***

자연환경이 유리하지는 않았지만, 오뜨아지는 지중해, 인도, 중국 세계 사이에 있는 상황에서 중요하다. 오뜨아지는 이들을 나누었고 또한 통합했다. 교통이 편리했던 것은 아니었다. 북쪽에는 거대한 초원 지역이 사막으로 잘려져 있고, 서쪽으로는 최근까지도 차가 다닐 수 없는 타림분지와 서투르키스탄 사이의 협로들이 있다. 남서쪽으로 연중 대부분 기간 넘을 수 없는 가공할 만한 협로들이 있다. 남쪽으

---

3 판첸 라마(Panchen Lama): 티베트 불교에서 달라이 라마 다음의 지도자로, 아미타불의 화신으로 알려져 있다. 이때에는 툽땐최끼니마(Thubten Chökyi Nyima)였다.

로는 약간의 협로가 히말라야를 가로지르지만, 여행자들은 빙벽의 티베트를 가로지르는 고생을 해야 한다. 동남쪽으로 인도의 북동쪽을 경유하여 상부 미얀마로 가는 길은 상대적으로 쉽지만, 계속해서 중국의 운남과 사천성으로 가려면 수평으로 깊게 둘러싸인 동부 티베트에서 내려오는 큰 강물들이 인도양과 중국해 방향으로 흐르는 협곡들로 단절되어 있다. 마지막으로 동쪽으로는 중국의 역사가들이 자신들의 나라를 투루판 또는 로프노르(Lop-nor) 지역으로 나누고 있는 돌과 유사의 사막을 두려움에 가득 찬 어투로 기술하고 있다. 또한, 이 같은 물리적 장애물들은 중국이 지중해 세계에 거의 알려지지 않은 채로 별개로 존재하도록 해주었지만, 중국이 과거 우리가 생각하는 만큼 절대적인 고립 속에서 살지 않았다는 것을 보게 될 것이다. 아주 먼 과거 속으로 거슬러 올라갈 정도로 그들의 접촉은 있었고 상호 영향을 주고받았으며, 이는 고대 세계의 모든 문명을 연결해 주었다. 시간에 따른 변화는 있었지만 이러한 관계는 절대 끊어지지 않았다.

***

중부와 동부 아시아의 가장 오래된 역사는 새롭게 채워지고 있다. 인류의 요람으로 보는 상당히 미숙한 개념인 '세계의 지붕'은 중력의 법칙에 따라 사람들이 파미르고원으로부터 내려왔을 것이라는 추정에 따른 것으로, 이미 오래전부터 "언어는 산스크리트어를 모태로 한다"는 잘못된 가설의 언저리에 봉착했다. 그러나 요 몇 년 사이 우리가 알고 있던 것과 다음과 같은 가설로 이끄는 것을 고려할 필요가 있다. 구석기시대의 인간은 인도에서 예니세이(Yenisey)강까지의 선을 경계로 동쪽에는 살지 않았으며, 중국에 석기시대가 있었는지, 조차도 확실하지 않다. 아리아인들은 기원전 2천 년 전에 인도에 이르렀지만, 그들 이전의 어떤 민족도, 그들조차도 글자를 가지지 않았고, 매우 산발적으로 기원전 몇 세기에 도입되었을 뿐이다. 중국은 서아시아 또는 인도와 기원전 2세기 후반부터 접촉했다. 몽골지역의 유목민들이 북중국으로 침입한 것을 제외하면 몽골은 기원후에 있었던 대 이주의 시기에만 역사 속으로 들어올 뿐이다.

이것이 바로 폐기해야 할 이론이다.

인도와 관련하여, 인더스강 유역에서 이루어진 놀라운 조사는 기원전 3천 년 전으로 거슬러 올라가는 아리안족 문명의 유물을 찾아냈는데, 그것은 한편으로 보기 드문 표현력을 갖춘 조각 기법이 들어가 있고, 한편으로 차이는 있지만, 칼데아(Chaldea)의 수메르 고대 문자와 유사한 글자를 쓰고 있다. 오뜨아지에 관한 연구는 이러한 발굴품들을 무시할 수 없다. 왜냐하면, 우리는 여러 차례 수메르인들에게 '알타이어의' 모태를 찾았기 때문이다. 아무튼, 그 유물은 분명히 밝혀지지는 않았지만, 위의 가설과는 반대로 인도양 경계에서 발전했을 알려지지 않은 선사시기의 문명이었었다는 증거가 될 수도 있다.

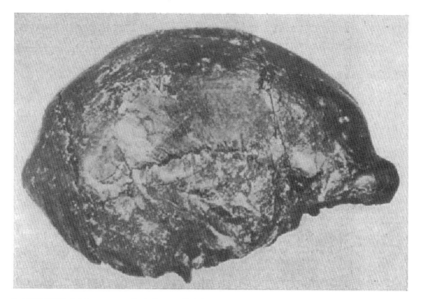

▌ 북경원인의 해골(오른쪽 면). 유인원으로 진화가 극에 달한 거대한 눈 주변에 주목하시오. 이 유물들은 북경에서 멀지 않은 호북성 서쪽의 산에 있는 주구점(周口店)의 화석의 틈새에서 1929년에 발견되었다.

중국에 있어서, 에밀 리쌍(Émile Licent)[4]과 테이아르 드 샤르댕 (Teilhard de Chardin)[5]이 몇 년 전에 황하의 굽이에서 파묻혀 있던,

---

4 에밀 리쌍(Émile Licent, 1876~1952): 자연사 박사학위를 가진 프랑스 예수회 선교사로 중국 이름은 상지화(桑志華)이다. 1914년 천진에 도착한 뒤에 황하백하(黃河白河) 박물관(오늘날 북강박물관 北疆博物院)을 열었다. 1914~1924년 사이 산동, 호북, 섬서, 호남, 산서, 감숙, 내몽골 등지의 탐사를 수행했으며, 1916년에는 파리의 자연사박물관 소속 고생물학 교수인 마르셀린 불(Marcellin Boule, 1861~1942)과 화석을 탐사했다. 그는 오르도스에서 제4기의 동물 화석의 발굴을 보고하며 고생물학의 전문가를 파견해 줄 것을 요청했다. 그 사람이 바로 마르셀린 불에게서 공부한 테이아르 드 샤르댕(Teilhard de Chardin, 1881~1955)으로 1923년 프랑스 고생물탐사대의 수장을 맡았다.

5 테이아르 드 샤르댕(Teilhard de Chardin, 1881~1955): 프랑스 예수회 신부, 진화론자. 특히 플리오세(Pliocene) 석탄기의 중국 지질 전문가이자 신생대 척추동물에 관한

북중국의 특징적인 지층 중 하나를 구성하는 사암의 점성으로 뭉쳐진 모래로 이루어진 '진흙'의 놀라운 덩어리들과 함께 구석기시대(따라서 그 이전이 됨)의 그릇들을 찾아냈다. 그뿐만 아니라, 아주 최근, 중국의 지질부는 북경지역에서 서양에서 가장 오래된 인류 형태인 네안데르탈인과 겨우 인류가 된 자바원인(Pithecanthropus) 사이에서 그 과도기에 해당하는 북경원인(Sinanthropus)의 유골을 발굴했다.

이것이 바로 구석기시대의 인류이다. 신석기 시대 또는 청동기시대의 인류, 즉 돌을 연마하거나 이미 청동을 합성하기 시작한 시기에 관하여, 오늘날 북중국에서 알려진 10여 개의 지점이 있고, 몽골, 시베리아, 동서의 투르키스탄에서 발굴된 다른 것들도 많이 보고되었으며, 거기에서 발굴된 채도들은 서아시아와 동유럽에서 수집된 형태의 것들과 연관되어 있다. 친자관계는 아직 밝혀지지 않았지만, 접촉들이 있었다는 것은 의문을 드러내지 않는다. 이러한 엄청난 장거리의 산물 이동은 중앙아시아 한 중심인 코코노르의 청동기 유적지들에서 발굴된 '자패(紫貝)'라는 바다 조개껍질의 존재로 밝혀졌다. 이러한 청동기 시기에 사람들이 상품과 기술을 교환했기 때문에 그들이 관습과 믿음을 교환했다고 하는 것은 당연하다. 미래의 연구는 구대륙의 고대 문명들 속에서 오늘날까지도 신석기의 공통된 유적이 존

고생물학자로 학문적 성취를 남겼다. 1912년 조작으로 밝혀진 필트다운(Piltdown) 인의 발견에 참여했다. 1923년에는 파리의 자연사박물관과 천진의 황하백하박물관(黃河白河博物館)이 공동으로 진행한 조사에, 박물학자 에밀 리쌍 신부와 합류하여 중국 북방지역의 고고학적 조사를 수행했다. 1926년에는 중국의 고고학자 양종건(楊鍾健, 1897~1979)이 맡은 주구점 북경원인 발굴에 고문으로 참여하기도 했다. 이후 중국 곳곳을 여행하며 많은 학문적 기록을 남겼다.

재할 수도 있다는 것을 밝혀줄 것이다.

***

　중국과 서아시아 사이 최초의 관계와 세계사 속으로 몽골지역이 들어온 것에 관한 전통적 이미지는 그래도 심각한 가필을 요구한다. 무엇보다도 우리는 우리의 용어로부터 속지 않아야 한다. 기원전 1세기에 몽골지역은 십중팔구 몽골인들이 차지했었지만, 투르키스탄은 튀르크인들이 차지했는지는 확실하지 않다.

　기원전 3000~4000년 전부터 의심의 여지 없이 남러시아와 시베리아 서쪽에서 아마도 인도-유럽인 종족이라고 할 만한 스텝 문명이 있었다. 말로 수레를 탄 최초의 문명은 남서쪽으로, 캅카스, 이란으로, 남동쪽으로는 중국으로 이동했다. 이 종족들은 문자를 사용하지 않았고 쉽게 소멸하는 물질을 사용했다. 아무튼, 우리가 특히 유목민 예술이라 부르며, 원시적으로 가죽과 나무에 그린 형태들을 청동기에 재현한 동물을 그린 선사의 예술과는 거리가 먼 생명체와 결부시켜야 한다는 것은 매우 그럴법하다.

　기원전 몇 세기를 거치면서 이 초원 지역은 스키타이인, 그다음은 사르마티아인(Sarmatians)이 차지했다. 오늘날에도 우리는 일반적으로 인도-유럽인, 더 특정하자면 다리우스와 크세르크세스(Xerxes)의 정착한 아케메니아 제국인 페르시아에 근거하는 사람들의 사촌인, 이란인 유목민들로 본다. 그러나 인도-유럽인종의 영역 범위는 우리가 과거에 생각했던 것보다 훨씬 동쪽으로 펼쳐져 있었다. 지난 30년 동안의 조사와 역사적 문헌들의 연구를 통해 거의 천산(天山) 전체에 그들의 군대들이 나타나고 있으며, 이들 종족이 오늘날 동투르키스탄에 있는 모든 정주민족을 구성했고 감숙성의 남서쪽 부분을 차지했다는 것을 입증할 수 있다. 기원전 2세기 초에 우리는 몽골지역에서 중국인들이 흉노(匈奴)라고 부르는 한 부족 연맹이 조직되었음을 알고 있다. 그 표기는 생소하지만, 적어도 5백 년 전의 다른 표기들로 입증되는 것처럼 같은 명칭을 가지지 않았다. 그런데 명칭에 있어서 이러한 흉노들이 대규모 침략을 한 훈족(Huns)과 같으며, 흉노와 훈족은 인도-유럽인종이 아니라는 것을 당연시할 수 있다. 오늘날 흉노와 훈족은 튀르크인들이라는 것이 거의 확정되었지만, 훈족이란 명칭은 원래 수식어에 불과하고 여전히 알려지지 않았다. 그러나 흉노연맹의 지배 계층이 튀르크인들이라면, 연맹 자체가 이란적 요소를 가지고 있지 않으리라는 것으로 이끌지는 못한다. 어쨌든 이러한 중국 주변의 유목민들은 아주 이른 시기에 이란의 영향을 받았는데, 이는 중국 자료들이 많은 증언을 남겨주고 있다.

말[馬]을 사용했다는 당시의 관습에는 변함이 없지만, 중국의 고대인들은 말이 끄는 수레를 탔지, 말 등에 올라탄 것은 아니다. 반대로 말을 탄 유목민들은 중국 침략을 개시했고, 이에 대항하여 중국의 군주들은 성벽으로 그들의 침입을 막았고 기원전 3세기에 한 황제는 만리장성이라 부르는 항구적인 시스템으로 연결했다. 그러나 이러한 수동적 방어는 일시적인 방편에 지나지 않았다. 기원전 300년경부터 유목민들의 침입에 노출된 군주는 기병에는 기병으로 맞서고자 했고,

이를 위해 고대 중국인들의 헐렁한 옷, 신발, 짧은 칼을, 유목민의 바지, 가죽 허리띠, 장화와 긴 칼로 대체시켰다. 이는 다소 변형된 복식이자 무장이었지만 점차 수 세기를 거치면서 중국의 일반적인 복식과 무장으로 되었다. 그런데 베르톨드 라우퍼(Berthold Laufer)[6]와 로스톱체프(Rostovtzeff)[7]씨는 처음으로 이는 정확히 말하자면 이란의 복식이자 무장이므로, 중국의 이웃 유목민인 흉노들은 더 옛날에 이

---

6 베르톨드 라우퍼(Berthold Laufer, 1874~1934): 동아시아어 전문가로서 역사 지리학자이자 인류학자이다. 독일 출신으로 미국의 이주한 학자로, 미국 자연사박물관에서는 "그 시대 가장 뛰어난 중국학자 중 한 사람"으로 손꼽고 있다. 라우퍼는 프리드리히 빌헬름 김나지움(Friedrich Wilhelms Gymnasium)을 졸업하고 베를린 대학에서 공부한 다음 1879년 라이프치히 대학에서 박사학위를 받았고 이듬해 미국에 이민했다. 1898~1899년 동안 제숲 북태평양 탐사대(Jesup North Pacific Expedition)의 일원으로 아무르강과 사할린섬에서 민족학 연구를 수행했다. 이후 그는 미국 자연사박물관 민속학 분야에서 조교로 일했고(1904~1906), 컬럼비아 대학교에서 동아시아 언어와 인류학 강사를 역임했다. 나머지 삶은 대부분 시카고에 있는 필드 박물관(Field Museum)에서 일했다. 1932년에는 과학사학회(History of Science Society)의 회장직을 맡았다. 라우퍼는 중국문화에 관한 연구뿐만 아니라, 중국 고대 문헌을 통해 고대 이란문물을 설명했다. 고대 이란에서부터 현존하는 저술들은 매우 희귀했지만, 라우퍼는 중국 고대 문헌들에서 관련 정보를 체계적으로 연구하여 『중국과 이란: 재배 식물과 산물에 관한 전문적인 주석을 갖춘, 고대 이란 문명사에 대한 중국의 기여(Sino-Iranica: Chinese contributions to the history of civilization in ancient Iran, with special reference to the history of cultivated plants and products)』(1919)라는 대표 연구를 남겼다. 펠리오는 바로 이 책을 참고하고 있지만, 정확한 참조 사항은 확인하지 못했다.

7 미하일 로스톱체프(Michael Rostovtzeff, 1870~1952): 러시아 라틴어 교사의 아들로 태어난 그는 키예프, 세인트 페테르부르크 대학에서 공부하고, 1918년 러시아혁명 때, 스웨덴, 영국, 최종적으로는 미국에 이민하여 그리스 로마사 전공 역사가로 활동했다. 미국 위스콘신-메디슨 대학교 학장을 맡았고 1944년 은퇴할 때까지 활동했다. 러시아에서 그는 고대 러시아 남부와 우크라이나 역사를 전공했고 그에 관한 연구는 『남러시아에서 이란인과 그리스인(Iranians and Greeks in South Russia)』(1922)와 『스키타이와 보스포루스(kythien und der Bosporus)』(1925)에 들어있다. 그의 가장 중요한 고고학적 발굴은 바로 『듀라-유로포스와 그 예술(Dura-Europos and Its Art)』(1938)에 정리되어 있다. 흉노에 관한 연구는 바로 『스키타이와 보스포루스』에 들어있는 것으로 보이는데, 펠리오가 근거한 참조 사항을 확인하지는 못했다.

란인들에게서 빌려온 것이 틀림없다고 주장했다. 우리는 놀랍게도 사산조 페르시아의 유물들에서처럼 세기 초의 중국 직물 위에 '안식전(安息箭)'을 쏘기 위해 말을 타고 몸을 돌린 기병을 볼 수 있다.

▌역자가 추가한 참고도. 모직 커튼 또는 바지에 짠 이집트인의 패턴. 수입된 사산조 페르시아 실크로 된 복제품으로, 예멘에서 에티오피아 군대를 상대로 싸우고 있는 호로스 2세(Khosrau II, 590~628재위)의 프레스코에 근거하고 있다.

***

중국 전승에 따르면, 중국은 다음 조건에서 중앙아시아와 관계를 갖기 시작했다. 기원전 2세기, 중국의 서쪽 경계, 감숙성에 중국인들이 월지(月氏)라고 부르는 민족이 있었는데, 그들도 흉노의 공격을 받고 있었다. 중국 황제는 흉노와 대항하기 위해 월지와 동맹을 체결할 생각으로 장건(張騫)을 사신으로 보냈다. 그러나 장건은 흉노에게 공략당해 동투르키스탄을 가로질러 속디아나로, 박트리아로 이주한 월지를 찾지 못했다. 그곳부터는 사실상 서투르키스탄과 아프가니스탄의 북부지역에 해당한다. 흉노에게 사로잡힌 장건은 10년 뒤에야 도망쳐 월지의 왕실로 갈 수 있었다. 그러나 그들은 새로운 나라를 세워 정주하고 있었다. 장건은 중국으로 돌아오다가 다시 흉노에게 붙잡혔다가 마침내 흉노 부인과 단 한 명의 수행자와 함께 고국으로 돌아왔다. 그의 사신행은 실패로 끝났지만, 그는 서투르키스탄에서 포도와 목숙(苜蓿)을 가져왔다. 이러한 일은 기원전 126년에 있었다. 그래서 중국인들과 유럽인들은 항상 장건을 '서역'으로 가는 길을 연 사람으로 간주하였다. 그는 '실크로드'를 열었을 것이다. 이 길은 중원에서 값비싼 천을 동투르키스탄을 경유하여, 더욱 가볍고 부인들의 몸매를 더 투명하게 비추도록 금은의 실을 넣어 짠 티르(Tyr)와 시동(Sidon)까지 가져갔다.

케리아(동투르키스탄)의
관리들. 이란-튀르크
의 혼혈 유형들.

　　장건의 여행은 매우 사실적이지만 나는 그 이야기가 우리가 생각
하는 만큼 오래되지 않았고 로마인들이 그것을 매우 미화했다고 생
각하지 않는다. 한편 중국에서 서방의 영향은, 중개인을 통한 유사(有
史) 이전의 접촉 또는 교역은 제쳐두더라도, 2세기 더 거슬러 올라갈
수 있을 것이다. 기원전 4세기의 중국은, 철학과 학문 분야에 있어
서, 새로운 풍을 흡수했던 것 같고, 이 시기의 문명에서 그리스와 인
도에서 온 개념들의 흔적을 확인할 만한 좋은 근거들이 있다는 것을
지적했다. 사자가 없었던 중국인들은 페르시아를 통해 기원후 1세기
에 그 동물을 알고 있었고, 그 동물을 이란어 이름으로 불렀다. 그러
나 중국인들은 기원전 4세기에 처음으로 그 동물을 알았고 그때는
인도식 이름으로 불렀다.

　　어떤 길로 사고와 사물을 가져올 수 있었을까? 옛날에도 동투르키
스탄을 가로질러, 박트리아를 우회하거나, 인도로 갈 때는 카라코람

을 가로지르는 '실크로드'를 생각할 수 있을 뿐이다. 오늘날 천산 서북쪽 이리(Ili)에서 기원전 400년경의 보스포루스(Bosporus)의 동전들을 발굴했는데, 고비사막의 북쪽보다는 남쪽을 경유했지만, 천산 북쪽의 스텝 루트가 그리스로 가는 선상에 들어올 수 없었는지 의문을 가지게 한다. 인도에 있어서, 중부 티베트가 세기 초에는 아직 알려지지 않았고 사람들이 틀렸다고 생각하지만, 갠지스강 중부에서 라싸를 경유하여 중국으로 가는 길에 관한 프톨레마이오스의 설명을 빌려, 알렉산드리아의 지리학 내용이 중국의 텍스트와 일치하도록 아쌈(Assam)과 상부 미얀마를 경유하여 더 동쪽으로 그 길을 옮기는 것으로 충분하다. 아마도 이 길은 몇 세기 이전에 이미 활용되었을 것이다.

***

어쨌거나 서아시아와 극동 사이의 관계가 확인되고 많아지는 것은 기원후 1세기이다. 바로 외부 원정과 확장을 할 수 있었던 한나라라는 강력한 왕조가 중국을 지배할 때로, 이후 당나라, 원나라, 청나라 때에도 마찬가지였다.

스텝 루트에 관하여 우리는 우연히 이루어진 근래 15년 사이의 발굴과 그 이후로 코즐로프 대령이 외몽골지역 우르가(Ourga) 북부에 있는 노인 울라(Noin-Ula)의 탐사가 없었다면 아무것도 말할 수 없었을 것이다. 이 지역에서 흉노 왕들의 무덤으로 보이는 봉분들이 발굴되면서 펠트 또는 모직물과 같은 매우 쉽게 소멸하는 물품들이 얼어버린 주변의 물 때문에 건조되어있었기 때문에 놀랍게도 보존되어 있었다. 두 개의 중국어 비문은 그 무덤들을 기원후 1세기로 가져가게 한다. 그런데 유목 예술품들과 비교하여 이들 무덤의 재료들은 비단, 칠기, 중국 옥, 이란의 영감을 받은 장식을 포함하고 있었고 또한 헬레니즘의 영향이 너무나 명확하여 흑해 주변에서 수입된 것으로밖에 볼 수 없는 천들도 있었다. 교역의 명백한 증거들은 북아시아를 통한 지중해 세계와 극동을 하나로 만들어 준다.

그러나 '실크의 길'이 우위를 점하지만, 또한 예술의 길, 종교의 길이기도 했다.

우리가 명확하게 알 수 있는 것은 지난 30년부터 동투르키스탄에서 수행한 조사와 거기에서 나온 그림, 조각상, 또한 우리가 존재했을 것이라고 알지도 못했던 사라진 언어로 된 유물들 덕분이다. 기원후 몇 세기에 타림분지의 북쪽 오아시스들과 투루판 지역은 우리가 '토하라어'라고 부르는 언어를 말하며 갈색의 눈을 가진 인도 유럽인들이 차지했다. 이 '토하라어'는 인도-유럽어족의 특별한 분파로, 산스크리트어와 페르시아어보다는 슬라브어와 켈트(Celt)어에 더 가깝다. 남쪽의 오아시스들은 다른 인도-유럽어, 이란어 계열의 언어를 사용했는데 이 언어는 사카족의 언어인 '사카어'일 가능성이 크다. 마지막으로 역시 사라진 이란어인 '속드어' 또는 속디아나의 언어는 그 언어를 말하는 사람들의 상업적 활동으로 중앙아시아 전역에 퍼진 일종의 링구아 프랑카(Lingua Franca, 공용어)가 되었다. 그렇지만 장건의 여행 이후로 중국은 동투르키스탄에 군대를 여러 차례 보냈고 거기에 군영을 세우고 기원후 1세기 후반에 모든 나라를 두루 정복하려 했다.

중국 서부에서 속디아나와 박트리아로 이주한 월지인들은 그들 역시 인도-유럽인들이 가능성이 크다. 그들은 '토하라어' 또는 '사카어'를 말했는데, 그들이 가진 토하라인이라는 명칭은 나중에 박트리아를 토하레스탄(Tokharestan)으로 불리게 했는데, 애초부터 우리가 이 이름으로 불러야 했는가? 이 문제는 여전히 해결되지 않았지만, 월지(月氏)인은 고전 저자들이 말하는 인도-스키타이인으로, 동투르키스탄의 어떤 민족과 긴밀한 민족적 친연성을 가지며 그들은 중국조정과 사신을 주고받는 관계에 있었다는 사실은 남는다.

그런데 박트리아에 와서 인더스강까지 밀고 간 월지인 또는 인도-스키타이인들은 알렉산더 대왕의 원정 이후로 그곳에 있었던 그리스 왕조들을 계승했고, 그들도 파르티아와 속디아나라는 페르시아 정주 이란인들과 접촉하고 있었으며, 갠지스강 유역에서 시작된 불교도 인도 국경인 북서쪽에까지 이르는 포교가 이루어지고 있었다. 인도-스키타이인들은 불교로 개종했으나 이란적 요소가 강하게 스며든, 그리고 헬레니즘 예술 모델과 전통을 가진 도상들로 표현된 불교였다. 바로 이 이란적 요소의 불교와 그리스-불교예술(Art gréco-bouddhique)이 인도-스키타이인들의 중개를 통해 동투르키스탄을 확보하고 이어서 기원후 1세기에 중국까지 퍼져나갔으며, 중국에서 다시 한국과 일본에 진출했다. 이는 인도-스키타이인들이 불교를 처음으로 인식한 덕분에 극동이 많은 석가모니 신봉자들을 형성할 수 있었기 때문에 세계사에 있어 상당히 유의미한 일이다. 사실 불경을 중국어로 처음 번역한 사람들은 대부분이 인도-스키타이인들이거나 파르티아 또는 속드인들로 달리 말하자면 이란인들이었다. 실제 인도인들은 나중에 가담했을 뿐이다. 예술사는 그리스-불교예술을 더는 간과해서는 안 된다. 그 영향은 동투르키스탄의 프레스코와 조각상들에서 뚜렷하게 나타나고 있다. 이란풍을 섞고, 굽타 예술의 더 정확히 인도적인 영감을 통해 수정되어 우리는 5, 6세기의 북위(北魏, 386~534) 왕조의 북중국에서 찾을 수 있다. 그때는 바로 동화되고, 생생해지고, 새롭고 열렬한 신념으로 재탄생한 이 외래문화가 둔황, 운강, 용문의 암벽 전체에 이른 시기였다.

■ 둔황 근처 천불동의 프레스코. 현지의 공주들과 조정의 복식을 재연하고 있다. 10세기 중반.
『둔황 석굴(Les grottes de Touen-Houang)』(111~120석굴), 파리, Paul Geuther, 1921, 사진213.

***

　기원전 2세기에 형성되어 몽골 전역에 펼쳐진 흉노연맹은 유목제
국으로서 단명의 운명을 가졌고 여러 토막으로 빠르게 갈라졌다. 서
흉노는 서시베리아에서 오랫동안 머문 뒤에, 새로운 힘을 얻어 5세기
에는 아틸라(Atilla)[8]의 훈족이 되었다. 동쪽과 남쪽의 흉노로부터 분

---

8 아틸라는 434~453년까지 훈족을 통치한 왕이다(445년까지 형인 브레다와 함께 통치함).
　남부 발칸 지방, 그리스, 골, 이탈리아 등 로마 제국의 가장 위협적인 존재였다.

395년경 다뉴브강 유역의 평원에서 태어난 그는 니벨룽겐(Nibelungenlied)의 노래에서는 에첼(Etzel)이란 이름으로, 아이슬란드 영웅 전설에서는 아틀리(Atli)로 나타난다. 확인되는 행적은 441년 동로마제국의 다뉴브강 유역의 국경을 공격한 다음, 싱기두늄(Singidunum, 벨그라드)를 포함한 많은 주요 도시를 약탈했다. 422년 휴전과 443년 재공격을 통해 내륙으로 들어가 나이수스(Naissus, Niš)와 세르디카(Serdica, 소피아)를 파괴했다. 이어서 필리포폴리스(Philippopolis)를 점령하고 콘스탄티노플로 향하는 일련의 전투에서 동로마 군대를 패퇴시켰다. 훈족의 궁수들이 요새화된 성을 공격하는 것은 승산이 없었기 때문에, 아틸라는 갈리폴리(Gallipoli) 반도를 휩쓸고 파괴했다. 443년 가을 평화협정이 체결된 뒤 아틸라의 움직임은 알려지지 않았다. 대략 445년 형 브레다를 살해했다는 것뿐이다.

아틸라는 441~443년의 공격보다 더 큰 규모로 동로마를 두 번째 공격을 시도했다(447년). 이전 공격보다 더 동쪽인 남동쪽 유럽에 있는 하부 스키타이와 모에시아(Moesia)로 향했다. 유투스(Utus, 비드Vid) 강에 있는 동로마제국의 군대를 물리쳤지만, 아틸라 또한 심각한 손실을 받았다. 그에 대한 복수로 다시 발칸 지방을 황폐시키고 남쪽 그리스로 몰아갔다. 그 결과는 동로마 황제 테오도시우스 2세(Theodosius II) 사이의 협정으로 이어졌다. 동로마는 다뉴브 남쪽 땅을 내주고 조공을 해야 했다. 451년 골(Gaul) 침공했다. 당시 서로마의 실질적 통치자였던 아에티우스(Aetius)와 우호적 관계를 맺었던 그가 왜 골로 향했는지는 알려지지 않았다. 서로마 황제 발렌티아누스 3세(Valentinian, III)의 여동생 호노리아(Honoria) 와 혼담이 오가며 결혼지참금으로 서로마제국의 절반을 요구했다. 결국, 아틸라가 골을 정복하자 아에티우스는 서고트 왕 테오도릭 1세(Theodoric I)와 군대를 합쳐 훈족에게 맞섰다. 이들 동맹군이 도착하기 전에 아틸라는 아우렐리아눔(오를레앙)을 정복했다. 두 진영의 결정적인 교전은 카탈라우눔 평야 전투(Battle of the Catalaunian Plains)에서 이루어졌다(이곳이 정확히 어디인지는 통일된 의견이 없다). 격렬한 전투 끝에 서고트의 왕이 죽었고 아틸라도 골로부터 철수하며 첫 번째 패배의 고배를 마셔야 했다.

452년 훈족은 이탈리아를 침공하여 아킬레이아(Aquileia), 파타비움(파도바), 베로나(Verona), 브리시아[Brescia], 베르고뭄[Bergamo], 메디오라눔[밀라노] 등을 포함한 많은 도시를 약탈했다. 그러나 기근과 전염병이 휩쓸면서 아틸라는 군대를 물릴 수밖에 없었다. 453년 서로마 황제 마르시아노(Marcian)가 이전 테오도시우스 2세와 이루어진 협정을 이행하지 않자 아틸라는 동로마 공격을 꾀하다 죽었다. 그가 어떻게 죽었는지, 어디에 묻혔는지 알려지지 않았다. 그가 죽은 뒤에 그의 측근 고문이었던 게피드(Gépides)의 아르다릭(Ardaric)이 훈족 지배에 반대하여 반란을 이끌면서 훈족의 제국은 빠르게 무너졌다.

아틸라에 대한 평가는 입장에 따라 다르게 나타난다. 기독교 세계에서는 부정적 관점이 지배적이었고, 스칸디나비안, 게르만 민족들은 긍정적인 모습으로 묘사되었고 또 헝가리 사람들에게는 건국 영웅으로 칭송되고 있다. 프리쿠스는 449년 로마 대사를 수행하여 왈라치아(Walachia)에 있는 아틸라의 본부를 방문했었다. 아틸라를

리된 유목민들은 중국 영토로 일련의 약탈을 개시하여 그곳에서 정착하고 중국화되었다. 기원후 3세기부터 잘 방어되지 않은 중국의 북방은 새롭게 굶주린 유목민들을 끌어들이는 희생양이었다. 그들이 짐승의 고기를 찾아 몰려들었다. 그래서 우리는 북방지역에서 서로 공격하고 파괴하는 많은 공국이 출몰하는 것을 볼 수 있다. 이 나라들은 군대보다는 위엄이 더 컸던 중국 황제에 따라 공국이 되기도 했고 적이 되기도 했으며, 중국 왕들은 그들을 이용하기도 했고 그들을 감내하기도 했다. 로마의 황제들이 같은 시기에 대등한 지위에 있었던 것은 우연한 것이 아니다.

이러한 모든 외래인들은 흉노처럼 튀르크인들이 아니었다. 자세한 민족 정보가 대부분은 불확실하지만, 그리고 같은 언어를 쓴다고 해서 같은 종족임을 의미하는 것은 아니지만, 기원후 초반에 '알타이' 계열의 종족들이 서쪽에서 동쪽으로 세 그룹의 공국들로 분포되어 있었다고 말할 수는 있다. 튀르크인들은 가장 강력하고, 가장 많으며, 가장 개화되었고, 몽골지역 전체 또는 대부분 지역을 차지했다. 몽골인들은 아마도 북동쪽 몽골지역과 서만주 지역의 숲이 있는 지역에 정착했다. 마지막으로 퉁구스 인들은 만주에 살았다. 각각의 그룹들은 인근 대국의 매력을 동경했고 어떤 때에는 전리품의 몫을 요

만났던 프리쿠스는 그가 큰 머리, 깊숙한 눈, 평평한 코, 엷은 턱수염을 한 땅딸막한 사람으로 간략하게 묘사했다. 역사가들에 따르면, 아틸라는 화를 잘 내고, 호전적 기질을 가졌지만, 매우 끈질긴 협상가로 냉정했다고 한다. 독일TV ZDF의 다큐멘터리 시리즈 '스핑크스, 역사의 비밀' 중 '잃어버린 고리 찾기' 편에서 이들 훈족이 한민족의 후예라는 설을 내놓아 주목을 받기도 했다.

구하기도 했다. 간혹 때가 되면, 유목민들은 중국식으로 조직화할 줄 알았고, 중국에서 상당히 안정적인 정권을 세워 한결같은 중국 왕조의 반열에 들기도 했다. 5~6세기의 북위(北魏) 같은 나라는 종종 퉁구스인으로 부르지만, 그들은 튀르크어를 사용했다. 더 이후 10~11세기의 거란, 12~13세기의 여진 같은 경우는 원래 몽골인들과 만주인들이었다. 기원후 초기부터 북중국은 상당 기간 다른 종족의 세력권에 놓였다.

▌ 몽골인 타입. 우르가(Ourga, 몽골북부)에 있는 다이챠이란(Daichairan) 공주.

중국 땅에 정착한 '알타이'인들은 간혹 오뜨아지에 사는 유목민들을 규합한 제국들에 대항하여 그들의 새로운 나라를 건설했다. 이러한 유목제국 중에서 흉노연맹이었던 곳에 힘을 확장하는 데 성공한 최초의 나라는 연연(蠕蠕) 또는 당시 유럽을 침략했다가 결국에는 샤를마뉴대제에게 멸망한 아바르의 조상으로 보이는 아바르(Avar, 407~553)였다. 내가 보기에 그들 언어의 음가를 간직하고 있는 언어적인 이유에서 나는 오래전부터 이들 연연이 흉노처럼 튀르크인들이 아니며, 그들을 최초의 몽골제국으로 보아야 한다고 주장한다. 내 생각으로는 몽골인들도 500년경 아프가니스탄을 공략하고 인도의 북서쪽에서 가공할만한 약탈을 자행한 백훈족(White Huns) 또는 에프탈리트(Hephthalites)의 사촌으로 보인다. 그리고 몽골인들을 4세기 초부터 감숙성의 남서쪽, 코코노르(Koko-nor)⁹ 지역에 이주해 왔다가 663년 티베트인들에게 멸망한 토욕혼(土谷渾)으로 봐야 할 것 같다. 토욕혼과 연연은 자신들의 왕을 가한(gaghan)이란 칭호로 부른 최초의 사람들이고, 이 형태로 또는 칸(Khan)으로 진화된 형태로 이후 튀르크인과 몽골인들이 거쳐 간 모든 곳에서 이 명칭이 유지되었다.

---

9 코코노르(Koko nor): 몽골어로 코커 나우르(Köke naɣur)의 영어식 표현이다. 바로 중국어로는 청해호, 티베트어로는 쪼 옴포(Tso Ngömpo)이다. 몽골어의 의미는 '푸른 호수'라는 의미이기 때문에 영어로는 블루 레이크(Blue Lake)라고 한다. 중국 청해성 칭장고원 동북부에 위치하며 길이는 105km, 폭은 65km의 중국 최대 염수호이다. 이 호수 북쪽에서 지금은 멸종된 프르제발스키 말(Przewalski's horse)이 발견되었고, 조류 인플루엔자 바이러스가 발견된 곳이기도 하다.

***

북위(北魏)가 적어도 고유한 글자를 가지고 있었음에도 그들의 언어로 된 원래의 유물은 전혀 전해지지 않고, 연연의 것은 말할 것도 없다. 그런데도 북위의 역사는 빠르게 중국의 역사와 혼동되었다. 연연에 관하여, 그들과의 대립에 관한 이야기는 일반적인 역사로 별달리 주목할 만한 것이 없다. 고려해 볼 만한 것은 바로 그들이 알타이에서 튀르크인 농노와 대장장이들을 가지고 있었다는 것이다. 이 튀르크인들은 551년, 반란을 일으켜, 연연 제국의 유허(遺墟)에서 유사한 모습으로 거대한 튀르크 제국인 튀르크 돌궐(突厥)를 건설하고 외몽골 오르콘(Orkhon) 근처에 수도를 가졌다.

돌궐이란 이 명칭은 분명 복수의 '몽골'(연연) 즉 글자 그대로 '강한'을 뜻하는 튀르크(türk)의 튀르쿳(Türküt)을 표현한 것이며, 바로 여기에서 '튀르크'인이란 명칭을 처음으로 만날 수 있다. 돌궐인들은 우선 연연 몽골인들을, 그리고 그때까지는 그렇게 불리지 않은, 튀르크어를 말하는 종족들을 복속시켰다. 이후 15년이 되지 않아, 옛날의 노예들은 세력을 몽골 전 지역뿐만 아니라 동투르키스탄 일부, 이리(Ili), 서투르키스탄, 아프가니스탄 북부까지 확장했고, 비잔틴 제국, 사산조 페르시아, 중국 황제와 사신을 주고받았다.

하지만 튀르크 돌궐의 역사적 중요성은 그들 제국의 확장과 존속기간으로 측정되지는 않는다. 6세기 말부터 그들은 사실상 독립되어 적대시하는 두 분파로 분열되었다. 가장 오랫동안 존속한 분파는 오르콘 분파로 745년 다른 튀르크인들 즉 위구르 인들에게 전복되었다. 이 위구르인들은 840~841년에 마찬가지로 튀르크인이었던 키르기스인과 카를루크(Qarlouq)[10] 사람들에게 멸망되었다. 그 이후로 몽골지역에 큰 튀르크 제국은 없었다. 그러나 튀르크 세계에 자극을 주었던 돌궐인들은 남아있었고 그들의 영향은 수 세기 동안 지속되었다. 몽골지역에서 내몰린 위구르 인들은 투루판 지역에서 다시 규합되었다. 튀르크인이 점차 동투르키스탄의 옛날 인도-유럽어를 없앴고, 서돌궐의 후손들은 서투르키스탄을 차지했으며, 튀르크 유목민들은 서시베리아, 남러시아 그리고 헝가리까지 나아갔다. 우리는 이 거대한 소용돌이의 반작용 끝에 있지 않다. 10세기, 아프가니스탄에서 가즈나(Ghaznavids) 모하메드의 튀르크 제국, 소아시아의 셀주크 튀르크 제국의 건설과 마지막으로 1453년 콘스탄티노플을 차지하면서 끝난 오스만 튀르크의 발전을 추가해야 한다.

---

10 칼를루크(Qarlouq): 페르시아어 Khallokh에 해당하는 아랍어 표기이다. 중국어로는 갈라록(葛邏祿)으로 음역한다. 카라 이르티시(Kara-Irtysh) 지역의 튀르크 유목 부족 연맹이다. 괵튀르크(Göktürk khaganate, 돌궐족) 영내에서 자치권과 독립을 유지한 같은 민족 그룹으로 알려져 있으며 몽골 자카타이 왕국에 흡수되었다.

▌ 타림분지 북쪽(오늘날 신장성)의 **무자르트-다리아**(Mouzart-daria, 다리아는 '바다' 또는 '강'을 의미함). 쿠차 서쪽에 있는 불교 석굴의 입구에서 본 모습.

돌궐제국이 이처럼 영감을 받은 연연 제국의 귀결인 것은 돌궐제국이 남긴 유물들 덕분에 상당히 잘 알려져 있다. 특히 여러 언어로 세워진 돌궐 왕들의 비석들이 몽골지역에 남아있는데, 그중 하나는 튀르크어이고, '룬 문자(Runic alphabet)'[11]로 잘못 불린, 속드어의 옛 형태에서 나온 글자들로 쓰여 있다. 비문들은 초원 지역을 단숨에 건널 정도로 과감하고 지칠 줄 모르는 기병들의 옛날 일들을 서술하

11 룬 문자: 게르만 민족이 라틴 알파벳을 사용하기 이전이 표음문자로, 앞이 여섯 문자를 따서 '푸사르크(fuþark/futhark)'라고도 부른다. 이 문자로 표기하는 언어로는 고대 노르드어(Old Norse)가 있었다. 고대 영어는 여기에서 출발한다.

고 있다. 이어서 우리는 특히 번역된, 네스토리우스파의 시리아 고대 문자인 에스트랑겔로(Estranghélo)[12]에서 빈번하게 빌린 글자로 일상 생활을 기록한 위구르 문헌을 가지고 있다. 그 글자가 아르메니아인 의 셈족 글자로 거슬러 올라가는 옛 속드 글자를 거쳐 최근 속드 글 자로 되었다는 것에는 의심이 없으며, 에스트랑겔로의 사촌이지만 거 기에서 나오지는 않았고, 결국, 나중에 몽골과 만주 글자를 낳은 위 구르 문자이다. 유럽을 석권한 페니키아(Phœnicia) 인들이 고안한 알 파벳은 한편으로는 태평양의 끝까지 퍼져나갔다.

***

몽골지역에 있었던 북돌궐이 빠르게 약화한 것과 천산과 두 투르 키스탄에 있었던 서돌궐의 소멸은 일정 부분 유목민들의 내부적 대 립에 기인하지만, 대부분은 중국 군대와 외교의 탓이다. 6세기 말에, 2세기 전부터 단절되었던 중국 제국의 통일은 새로운 왕조를 위해 한나라 이후 버려진 영광스러운 기억을 회복시켰고, 그 제국은 얼마 되지 않아 당나라로 대체되었다. 당나라 황제들은 매 순간 중앙과 동아시아에 확고한 주도권을 행사했다. 그들의 군대는 옥수스강까지 진출했고, 아랍인들에 내몰린 사산조 페르시아인들은 당나라의 지원 을 요청했으며, 경솔하게 인도의 왕으로 불린 한 중국 사신은 티베 트 원군의 도움으로 사로잡혀 중국조정으로 압송되었다. 그러나 8세

---

12 에스트랑겔로(Estranghélo): 기원후 1세기 사용된 시리아의 고대 문자로 'star'는 문 자를 'inguil'은 복음을 의미한다.

기 중반, 문학과 예술을 찬란하게 꽃피우며 오랫동안 군림한 끝에 당나라는 그 문화가 침체할 위기를 초래할 정도로 환락 속에 꺾여갔다. 반란을 진압하기 위해 외국에 지원을 요청해야 했고, 튀르크인, 이란인 아랍인들까지로 구성된 군대가 아버지가 도망간 수도에서 새로운 황제를 즉위시켰다. 상황은 다른 적들의 위협을 받을 정도로 결정적이었다. 역사의 과정에서 한 번 만에 티베트인들이 그들의 산악지역을 벗어나 오뜨아지의 맹주가 되려 했다.

우리는 가장 오래된 티베트의 역사에 관해 잘못 알고 있다. 기원 후 첫 세기에 티베트인 종족 중 일부가 중국의 서쪽 경계, 즉 감숙성 남쪽과 사천성 서쪽을 확실히 점유하고 있었고, 그들 중 어느 누가 중앙 티베트를 장악했는지는 확실하지 않다. 그러나 티베트인들은 라싸 지역에서 적어도 여러 세대 전부터 자리 잡고 있었고, 7세기 전반에 군주 중 한 명이 백성들과 함께 불교로 개종하고, 중국과 네팔의 공주와 결혼했는데, 이러한 이중의 결합은 중국과 인도의 이중적 영향 아래서 미래의 번영을 아주 잘 반영해 준다.

쏭첸감포(Srong-btsan-sgam-po)[13] 왕의 후계자들은 중국과 간헐적으로 정치적 우호 관계를 맺었을 뿐이다. 점차 그들은 자신들의 경계를 확장했고 중국 서부와 투르키스탄으로 들어왔고, 그들 군대의 한

---

13 쏭첸감포(Srong-btsan-sgam-po): 송젠감보(Songzain Gambo, 617~650)의 웨일리식 표기로, 중국어로는 송찬간포(松贊干布)로 음역한다. 티베트 왕조의 33번째 첸포(btsan po)이다. 『신당서』, 「토번전」에 따르면 힘차고 강한 것을 '찬(贊)'이라 하고, 대부(大夫)를 '보(普)'라고 하므로 군장(君長)을 '찬보'라 한다고 하였다.

갈래는 몽골지역까지 밀고 갔으며, 심지어는 당나라 황제들의 수도까지 들어가기도 했다. 최근 발굴된 한 문서는 티베트인의 지리적 수평선이 자신들의 나라를 넘어 아주 완벽히 멀리 펼쳐졌다는 것을 보여준다. 나는 위구르 튀르크인들의 군주를 위해 만들어진 보고서를 티베트어로 번역한 9세기의 필사본을 가져왔는데, 거기에는 한국에서 우랄까지의 오뜨아지 사람들을 기술하고 있다. 중국에는 다행하게도 이러한 지적 호기심과 군사 활동은 연약한 기초에서 이루어졌다. 몇몇 왕조의 갈등은 일시적 제국의 분열시키기에 충분했고, 9세기 중반부터 산속으로 들어간 티베트인들은 아시아의 정치적 군사적 활동에 있어서 그 역할을 하지 못했다. 그러나 그들의 종교적 이상들을 밖으로 전파하고 우세하게 할 수 있었다. 그들에게서 점점 발전한 불교 형태인 라마교는 주문이나 주술과 더불어 중국에서 더 냉철해진 불교보다 더 유목민의 구미에 잘 맞았다. 이처럼 유리한 환경 속에서 중세의 끝자락에 몽골인들은 불교로 개종했는데, 바로 라마교식 불교였다. 라싸는 오늘날 몽골지역의 몽골인들에게 종교적 중심지이다. 그들의 형제인 트랜스바이칼(Transbaikal, 바이칼 호수의 동쪽) 지역의 부야트(Buryat)14 인들과 심지어 볼가(Volga)강 하류의 칼무크(Kalmouk)15 인들에게도 마찬가지이다.

---

14 부랴트(Buryat): 13세기 몽골제국을 구성했던 몽골어계 유목민족으로, 현재는 부랴트 공화국을 중심으로 살고 있다.

15 칼무크(Kalmouk): 영어식 표기는 칼미크(Kalmyk)로 러시아어 [Калмыки(Kalm'iki)]에서 나왔다. 서몽골 후예들인 중앙아시아의 오이라트(Oïrat) 사람들을 지칭한다. 17세기 서쪽으로 이동하여 볼가강 유역에 정착했다. 현 러시아 칼미크 공화국의 주민들이다. 일부는 신장웨이우얼자치구와 몽골에도 남아있다.

■ 호탄(동투르키스탄) 지역의 농민
들. 이란-튀르크 타입.

불교는 동투르키스탄을 경유하여 극동으로 들어온 최초의 외래 종
교이며 국가 종교의 위상을 획득한 유일한 종교이다. 그러나 몇 세
기 뒤에는 다른 종교사상이 같은 길을 따라 들어왔고, 그렇게 찬란
하지는 않았지만 그들의 미래는 소홀히 할 수 없는 것들이다.

이 세 종교는 우리를 오래 잡아 두지는 않았는데, 바로 유대교
(Judaism), 조로아스터교(Mazdaism), 이슬람교(Islam)이다.

유대교에 관하여 동투르키스탄 서쪽 지역에서 유대-페르시아어 자
료들을 수집했었고, 나는 둔황에서 800년경의 히브리어로 된 사마리
아(Samaria)인의 기도서 사본을 찾았는데, 상업적 교역이 중국의 변경
까지 확장되었음을 보여준다. 9세기에는 광주에도 유대인들이 있었지

만, 이들은 바다를 통해 왔다는 것이 거의 확실하다. 1100년경 호남성의 개봉부에 만들어져, 거의 오늘날까지 존속했던 유대인 거류지가 생겨난 것은 역시 바다를 통해서 인도로 온 사람들이었다. 또한, 우리는 17세기에 감숙성 영하(寧夏)의 유대교당과 유대인들이 있었던 것으로 알고 있다. 이들은 외견상으로 중앙아시아로 온 것 같지만 그들의 존재 이상에 관한 것은 모른다. 역사 중에는 몇몇 일화들이 언급되어 있음에도 불구하고, 유대인들은 오뜨아지와 중국의 역사에서 역할을 하지 못했다.

조로아스터교의 경우는 더 어렵다. 무슬림 자료들은 투루판의 위구르 인들이 신봉했다고 한다. 그렇지만 중국 자료들은 여러 차례 '불의 신, 천신의 사원[火神天神廟, 火神?]'를 언급하고 있으며, '조로아스터(Zoroaster)'라 불렸는데, 그의 종교가 621년 당나라의 수도에 들어왔다고 특기하였다. 그리고 다른 자료들을 들 수도 있으며 나는 이 조로아스터교가 6세기부터 중국에 소개되었다고 생각하는 이유가 있다. 그러나 어떠한 조로아스터교에 관한 문서들이 동투르키스탄뿐만 아니라 중국에서도 발견되지 않았다.

이슬람교는 가장 늦게 들어왔다. 10~15세기에 동투르키스탄 사람들의 개종이 이루어졌고, 그들의 성지가 불교의 유적지와 종종 겹치지만, 12세기 중반부터는 중국에 정착되었고 오늘날까지 수백만의 신도를 가지고 있다. 극동아시아로의 팽창은 대체로 군사적 이동과 몽골 시기의 강제 이주와 관련된 것 같다. 그러나 그 역사적 자세한 사항은 거의 완벽하게 우리에게 벗어나 있다.

207

마니교(Manichaeism)와 기독교가 남는데, 이들에 관하여 우리는 오늘날 상당히 정확한 정보를 가지고 있다.

***

바빌론의 마니(Mani)가 3세기에 만든 이원론적 종교로, 선하면서 밝고, 악하면서 어두운 근본이 영원히 공존하고 대립하며, 각각의 영역과 창조를 가지는 마니교는 한때 보편적인 종교가 되기도 했다. 4세기 말에는 아프리카에서 번성했고 성 어거스틴(Saint Augustine of Hippo)도 9년 동안 일원이었다. 기독교 교회는 마니교와 영감을 받은 다양한 종파들을 가차 없이 추방했다. 우리는 알비주아(Albigeois)[16]에 대한 무서운 전쟁을 알고 있다. 동양에서 이슬람은 최소한의 광신도 보여주지 못했다. 그래서 마니교는 결국 지중해 세계에서 소멸하였고, 그들의 책과 체계는 반대파의 반론에 의해 더 알려졌을 뿐이다.

그러나 만들어진 이후, 2세기 또는 3세기가 지나는 동안에는 그래도 포교할 힘이 남아있어 중앙아시아와 극동을 확보했다. 7세기부터 중국에 들어와 지탄받았지만, 사람들은 묵인했고, 그들의 주요 문헌들은 중국어로 번역되고 개작되었다. 뜻밖의 사건이 그 종교를 도왔

---

16 알비주아(Albigeois): 12~13세기 프랑스 남부 알비와 툴루즈를 중으로 생겨난 기독교 교단으로, 이원론과 영지주의를 주장했다. 아르메니아 바오로파(마니교적 분파)와 보고밀파가 합쳐져 형성된 것으로 '카타리파(Catharism, 어원인 katharoi는 순수를 뜻함)'로 더 잘 알려져 있다. 교황청은 이들을 이단으로 규정하고 1209년 알비 십자군을 결성하여 가혹한 탄압과 추방에 나섰다.

다. 762년 반란군은 당나라의 동도(東都, 낙양)를 차지하고 있던 튀르크 위구르의 가한(gaghan)에게 도움을 요청했고 거기에서 고관의 마니교도를 만났다. 그때까지 샤머니즘의 위구르는 웅장한 우주론과 마니의 고행에 매료되었다. 오르콘 지역으로 들어오면서 위구르왕은 마니교를 국교로 선언했다. 이때부터 중국과 오뜨아지에서 마니교의 운명은 위구르의 운명과 직결되었다. 그들이 강력했던 만큼 중국은 마니교도에게 허가와 배려를 할 수밖에 없었고, 마니교의 사원들은 수도와 지방 곳곳에 세워졌다. 유교, 도교와 같은 옛날 중국 사상을 가진 사람들은, 이미 불교를 시샘하고 있었지만 새로운 종교의 영향력을 견뎌낼 수밖에 없었다. 위구르가 몰락하자마자, 840~841년에 중국 황제는 칙령으로 마니교를 단죄했고 그에 따라 마니교는 845년, 불교뿐만 아니라 전반적인 외래 종교의 추방령에 아무것도 얻지 못했다. 탄압이 그치자, 나라의 근간까지 나아갔던 불교는 파괴된 사원들을 다시 지을 수 있었다. 그보다 덜 공고하게 확립된 마니교는 843년 칙령으로 잃어버린 위상을 더는 회복할 수 없었다. 그렇지만 그 종교는 소멸한 것은 아니었다. 이는 바로 대중에게 미친 교리와 매력이 지닌 뛰어난 생명력의 증거이다. 서방에서 추방된 마니교가 카타리파(Cathars)와 발도파(Vaudois)[17]에 이르기까지 다양한 이름으로 살아남았지만, 이원론적 교리는 중국에서 채식주의적 많은 종파를 낳

---

17 발도파(Vaudois): 1173년경 프랑스 리용의 삐에르 발도(Pierre Valdo, 1140?~1202?)가 주창한 기독교계의 금욕주의 운동으로 개신교의 일파이다. 프랑스, 이탈리아, 아메리카까지 급속히 전파되었으나, 1215년 가톨릭 당국으로부터 이단으로 규정되어 박해를 받았다. 종교 개혁의 선성(先聲)으로 평가되기도 한다. 리용에서 남쪽으로 내려온 발도파는 카타르파의 중심지인 랑그독에서 상호 영향을 주고받은 것을 생각해 볼 수 있다.

았다. 이들 종파는 중국의 동쪽과 남동쪽, 특히 절강성과 복건성에서 중요한 역할을 했다. 이러한 새로운 마니교는 12세기 사변철학에 영향을 주지 않을 수 없었다. 극동의 아리스토텔레스인 주희(朱熹)는 복건 출신이라는 것이 그 징후이다. 중국의 마니교도들은 유럽의 먼 사촌들보다는 지도자의 전승에 더 신뢰를 보였다. 소수의 사람만이 광명교의 사도인 마니에 관한 기억을 하고 있었고 마니교의 주요 저술들은, 좀 놀랍지만, 1019~1025년 『도장(道藏)』이라는 공식적인 교정본 속에 수록되었다. 몇 년 전에 찾은 마르코 폴로의 한 장(章)은 13세기 말에도 여전히 마니교도들이 복건에서 긴밀한 조직을 형성하고 있었음을 보여주고 있다.[18] 우리는 서양에서 마니의 제자들이 처형된 아주 오랜 뒤인 17세기 초까지도 마니교를 추적할 수 있다.

상부 몽골지역의 위구르 마니교에 관하여, 매우 결정적인 의미가 있는 비문이 남아있다. 그러나 그들의 제국이 멸망한 840~841년에 위구르는 투루판 지역에 새로운 왕국을 건설했는데 그곳에서 독일 탐사대는 벽화의 조각들과 놀라운 모형들뿐만 아니라 아주 다양한 언어와 문자로 된 마니교 문헌을 수집했다. 둔황 석굴의 문헌들은 아우럴 스타인과 나에게 중국어와 튀르크어로 된 마니교 문헌들을 보충하도록 해주었다. 이러한 발굴들은 아마도 기욤 드 루브릭 (Guillaume de Rubrouck)[19]과 같은 13세기의 여행자들이 몽골인들도

---

18 마르코 폴로는 푸지우(Fugiu) 즉 복주(福州) 왕국에 관하여 기술하면서, 기독교도의 조직을 언급하고 있다. 이들을 펠리오는 마니교도로 보는 것이다. 이에 관련된 사항은, 김호동 역주, 『동방견문록』(2018), 403~405쪽을 참고하시오.
19 기욤 드 루브릭(William of Rubruck, 1220~1293): 프랑스 프란체스코회 수도사로, 교황

'일원론의 이단'이라고 말한 것을 증명해 줄 것이다. 하지만 중앙아시아의 마니교는 아마도 중국의 마니교보다 이전에 사라졌을 것이다. 한편으로는 본국에서 소멸하여 향할 만한 본거지를 더는 가지지 못했기 때문이며, 특히 마니교보다, 불교보다도 이슬람이 우세하여 모두를 평정했기 때문이다. 그러나 성 어거스틴의 이론 같은 것을 제대로 주해하기 위해 오늘날 투르키스탄과 중국으로 가야 했던 모든 구세계를 연결하는 관계에 관해서 말하자면 특징적이다.

[저본에는 둔황 17호 석굴에서 문서들을 읽고 있는 폴 펠리오의 사진이 수록돼있다. 이 사진은 I장에서 보았으므로 여기서는 싣지 않는다. 아래 설명은 다음과 같다. "(동투르키스탄 동쪽 가장자리에 있는) 둔황 석굴 문서들 속에 있는 폴 펠리오. 9세기에 봉해진 이 석굴은 1900년에 발견되었다. 1907년 말, 영국의 학자 아우럴 스타인이 그곳을 찾았고, 1908년 초 폴 펠리오 씨가 다시 조사했다. 석실이 숨겨놓은 수많은 필사본을 볼 수 있다. 이들은 고고학자들에게 말로 평가할 수 없는 도움을 주었다." 이로써 볼 때, 이 소책자를 편집한 사람이 추가했을 것이다.]

이노켄티우스 4세 및 프랑스왕 루이 9세로부터 몽골의 대칸에게 보내는 서한을 가지고 로마 가톨릭교를 포교하라는 명을 받아 몽골로 파견되었다(1253). 크림 해안의 속다이아(Sodaia)를 출발하여 돈, 볼가 두 강을 건너 8천 킬로미터를 여행하여 1254년 1월 몽골의 수도 카라코룸에 도착하여 몽케 칸을 만났다. 하지만 그를 개종시켜 십자군과 함께 칼리프왕국을 격파하려는 사명은 이루지 못했다. 1255년 트리폴리로 귀국하여 루이 9세에게 올리는 보고서, 『Itinerarium fratris Willielmi de Rubruquis de ordine fratrum Minorum, Galli, Anno gratiae 1253 ad partes Orientales』를 남겼다. 이 여행기에서 카울레(Caule)라는 명칭으로 고려의 존재를 처음으로 언급하고 있다. 첫 번역본으로는 『Voyages autour du monde, en Tartarie et en Chine』(Paris, 1830)가 있다.

***

이른 시기에 중앙아시아로 들어온 마지막 종교는 네스토리우스
(Nestorius)의 기독교이다. 콘스탄티노플의 주교였던 네스토리우스는
그리스도가 하나가 아니라 두 개의 성(性)을 가질 뿐만 아니라 두 개
의 인격이 있다고 주장했기 때문에, 에페소 종교회의에서 431년 단
죄되었다. 여기서는 얼마나 네스토리우스가 실제로 그에게 돌리는 이
론에 책임이 있는지를 논하지 않고, 그의 이름으로 주어진 사상 체
계가 빠르게 많은 제자와 신도들을 확보한 것을 언급하는 데 그친다.
지중해 연안으로 추방된 그들은 사산조 페르시아에서 피난처를 찾았
다. 5세기 말부터 네스토리우스파 교회는 어느 정도 페르시아의 국가
적 교회가 되었다.

서방은 네스토리우스교에 단호했기 때문에 동방으로 포교를 펼쳐
나갔다. 인도에서 네스토리우스교는 성 토마스를 표방하는 공동체를
흡수했다. 특히 네스토리우스파는 중앙아시아로 선교단을 파견했다.
우리는 언제 이들이 동투르키스탄으로 스며들었는지는 모른다. 어쨌
든 확실한 사실로, 중국의 역사서들을 통해, 그리고 1623년 또는
1625년에 서안부(西安府)에서 발굴된 781년의 시리아-중국의 유명한
기념비를 통해 확인된다. 635년 기독교도 아라본(阿羅本)이 당나라의
수도에 도착했고, 3년 뒤에 사원을 세워도 된다는 칙령을 받았다.
781년의 비문은 중국의 네스토리우스교가 한 세기 반을 거치며 겪은
성쇠를 이야기하고 있다. 별개의 텍스트들, 특히 내가 둔황 석굴에서
찾은 「삼위몽도찬(三威蒙度讚)」은 그림에 약간의 가필을 하고 있다. 그

러나 845년의 탄압령은 교회에 치명적이었고, 제한된 숫자의 신도들과 대부분 밖에서 온 수도사들만 남게 되었다. 박해 이후에 불교는 다시 꽃을 피웠고, 마니교도 자체 변화를 모색하며 유지되었지만, 845년 이후 3백여 년 동안 중국의 기독교는 거론되지 않았다. 우리는 12세기가 되어서야 중국의 가장 북단에 있는 지역에서, 비한족으로 구성된 종교로 찾을 수 있다. 그러나 이때는 몽골 시대의 전야로, 그곳의 기독교도들은 옛 교회와 아무런 관련이 없었다. 그들만이 유일하게 오뜨아지의 네스토리우스교 공동체에 속했다.

무슬림과 중국의 자료들은 기독교도들이 10세기에 동투르키스탄의 여러 곳에 살고 있었다고 하는데, 이번에도 독일의 탐사대가 투루판 지역에서, 많은 기독교 자료들을 수집했다. 그러나 이들은 원자료로서 그 역사는 오늘날까지 그들이 존재했다는 것을 확인하는 데 그쳐야 한다. 한편으로 그 자료들은 투르키스탄의 정주민족들에게도 남아 있었다. 13세기 기독교도의 나머지를 찾을 수 있는 것은 유목민들에게서 이고, 내가 서술하고자 하는 것은 이 유목민 사제들의 전반적인 여정에 관해서이다.

다행히도 시리아의 자료가 소중한 정보를 제공해 준다. 역사가 바르 헤브라에우스(Bar Hebraeus)[20]는 메르브(Merv)의 대주교가 네스토리우

---

20 그레고리 바르 헤브라에우스(Gregory Bar Hebraeus, 1226~1286): 13세기 시리아 정교회의 부주교로서 교회사학자이다. 그는 당시 시리아에서 신학, 철학, 과학, 역사 방면의 가능한 많은 연구 결과들을 수집했다. 저작들은 대부분 시리아어로 작성되었고, 몇몇은 아랍어로 되어있다.

스교 총주교에게 새로운 개종자들, 튀르크 게라이트(Turc Kéraït)인들을 위해 단식과 관련한 관용을 요청하는 1009년의 편지의 핵심 부분을 가지고 있었다. 바르 헤브라에우스 자신에 의해 가필되지 않았다면, 케라이트란 명칭은 여기에서 처음으로 나타나지만, 그것이 두 세기가 조금 못되어 오르콘 지역에 정착한 큰 종족의 이름이고, 그 왕이 칭기 즈칸을 도왔고 이후 살해되었다는 것을 밝혀냈다. 그런데 13세기의 케라이트인들은 사실상 기독교인들이었다. 상상에 따른 것이지만 '인도' 의 기독교 군주인 사제왕 요한(Presbyter Johannes)의 전설은 아마도 아비시니아(Abyssinia, 에디오피아의 전신)의 국왕과 관련하여 나온 것이다. 그러나 서방이 그 전설을 중앙아시아로 옮겨 놓으면서, 즐겨 끌어다 붙인 것이 바로 케라트인들의 기독교 군주였다. 이노켄티우스 4세 (Innocent IV)의 사절인 카르피네(Giovanni da Pian del Carpine)[21]가 칭 기즈칸의 두 번째 계승자 조정에서 관계를 맺은 기독교도인 수상 친 카이(Tchinqai)는 케라이트인이다. 소르각타니(Sorghaghtani) 공주 또한 케라트인이었는데, 그녀는 몽케칸과 쿠빌라이 칸의 어머니이자, 바그다드 칼리프를 멸망시킨 훌라구의 어머니기도 하다. 그러나 케라이트 인들은 당시 오뜨아지의 유일한 기독교도 유목민이 아니었다. 황하가 굽어지는 북동쪽 모퉁이인 고비사막 남쪽에 옹구트(Ongut)인들이 살았

---

21 조반니 다 피안 델 카르피네(Giovanni da Pian del Carpine, 1185?~1252): 이탈리아 프 란체스코회 수도사이자, 외교관으로서 교황 이노켄티우스 4세의 명을 받고 몽골제 국의 대칸 조정에 사절로 파견되었다. 1245년 출발하여 1246년 울란바토르에 도착 하여 구육 칸에게 교황의 친서를 전달하고 답장을 받아 1247년 돌아왔다. 그의 여 행기인 『몽골 역사(Ystoria Mongalorum)』는 중앙아시아, 케예프 루스(Kievan Rus) 그 리고 몽골지역을 유럽인 최초로 기술한 것으로 평가된다. 이후 그는 1247~1252년 까지 바르(Bar)에 근거를 둔 시리아의 대주교가 되었다.

는데, 마르코 폴로가 '조지왕'이라고 한 그들의 기독교도 추장은 이후 북경의 대주교가 되는 몬테코르비노의 요한(John of Montecorvino)[22]에 의해 네스토리우스교에서 가톨릭으로 개종되었다.[23]

22 몬테코르비노의 요한(John of Montecorvino, 1247~1328): 이탈리아 프란체스코회 선교 사로 최초의 중국 대주교를 지냈다. 1289년 대칸, 페르시아의 일칸국, 그리고 몽 골제국의 지도자들에게 교황 사절로 파견되었다. 아르군(Arghun) 칸, 쿠빌라이 칸, 타타르의 왕인 카이두, 아르메니아의 왕 그리고 시리아 정교회의 대주교에게 서 한을 가지고 출발했다. 먼저 몽골 페르시아의 주요 도시인 타브리즈(오늘날 이란의 아제르바이잔)에 이른 다음, 바다를 통해 1291년 인도, '성 토마스의 나라'인 마두라 스 지역으로 갔다. 1년 남짓 체류하며 코로만델 해안에 관한 기술을 남긴 그는 다시 바닷길로 1294년 당시 캄발리크(Cambaliech, Khanbaliq, 오늘날 북경)에 도착했다. 그때는 쿠빌라이 칸이 죽고 테무르(1294~1307)가 왕위를 계승해 있었다. 요한은 당 시 경교라는 이름으로 이미 정착해있었던 네스토리우스파의 반대에도 불구하고 원나라 조정의 신뢰를 얻었다. 1299년 그는 북경에 교회를 건설했고 1305년에는 두 번째 교회를 세웠다. 북경에서 성공적인 선교를 하면서 이후 프란체스코회의 교세를 넓혔다. 그 과정에서 그는 원나라 세 번째 황제인 쿠룩 칸(Külüg Khan, 원 무종)을 개종시키는 성과를 올렸다. 특히 그는 신약을 위구르어로 번역했으며, 옹 쿠트인들을 위해 시편 사본, 성무일도서, 찬송가들을 마련해 주었다. 나아가 그는 중국에 있는 아르메니아인과 이란인들을 로마 가톨릭으로 개종시켰다. 이러한 그 의 노력은 1328년 북경에서 죽은 이후에도 반세기 동안 지속되었다.
23 마르코 폴로는 텐둑(tenduc), 즉 천덕(天德)이라는 큰 지방을 기술하면서 조지 (geogi, geogio, giorge)라는 왕을 언급했다. 김호동 교수의 주석은 여기 펠리오의 설을 따르고 있다. 자세한 사항은 김호동 역주, 『동방견문록』(2018), 205쪽과 주석 을 참고하시오.

▌사진9: 둔황(동투르키스탄 가장자리에 있는)에서 신년 행사 장면.

몽골 시기의 이러한 기독교들과 관련된 문서들은 많을 뿐만 아니라 내용도 풍부하다. 여러 기독교도 무덤들이 북경의 북부만큼이나 이리(Ili) 계곡에서도 발굴되었다. 어쨌든 그리스도교는 중국에서 순수한 중국인들에게 전파되지 않았다. 그래서 1368년 명 왕조가 몽골인들을 축출했을 때 기독교도들은 이민족 왕조가 그들에게 보여주었던 우호를 받지 못했다. 그들은 적어도 두 세기를 겨우 버텨나갔다. 1600년경 예수교가 들어왔을 때, 여전히 중국의 북방에는 '십자가의 신도들'이 있었다는 것을 알고 있다. 몽골지역의 케라이트와 옹구트 기독교도들은 동서의 두 투르키스탄의 이슬람화로 메소포타미아의 네스토리우스교의 교구와 단절되어 결국에는 그들 역시 라마교도로 변했다.

중앙아시아에서 네스토리우스교의 포교는 예전에는 매우 왕성했지만, 장차 이해할 수 없는 비석과 매몰된 필사본으로만 남아있었다. 그렇지만 그리스도교의 어떤 기억은 영혼들 속에 여전히 떠돌고 있었다. 17세기 초반 몇 년, 고에스(Benoit de Goes)[24]가 동투르키스탄의 북부지역을 가로지르면서 그는 카라샬(Karachar) 왕 앞에서 무슬림 학자와 논쟁을 벌였는데, 그 왕이 자기 조상들의 종교를 고에스가 설교하고 있는 믿음으로 인식하고 있는 것에 매우 놀랐다.

***

24 고에스(Benoit de Goes, Bento de Góis, 1562~1607): 포르투갈 예수회 선교사이자 탐험가이다. 고에스는 포르투갈 군인으로 포르투갈령 인도로 갔다. 고아에서 예수회에 가입한(1584) 이후 하비에르(Jerome Xavier, 1549~1617)를 수행하여 라호르에 갔다가 아크바르(Akbar, 1542~1605)의 조정에 파견되었다(1595). 이후 무굴제국의 사신을 수행하여 1600년 고아로 돌아왔다가 다시 1602년 여름에 아그라(Agra)로 돌아온 그는 캐세이(중국)으로 가는 길을 찾는 임무를 맡게 된다. 1906년 9월 고아를 떠나, 아그라(10월), 라호르(12월), 카불(1603년), 야르칸드(1603 11월), 악수(1604 12월)를 지나 1605년 9월에 마침내 투루판에 도착했다. 이후 12월에는 중국으로 가는 관문인 숙주(肅州)에 이르렀다. 근 3년 동안 실크로드를 가로지르는 카라반을 따라 아르메니아 상인으로 위장해 이동했기 때문에 결국 고에스는 병에 걸려 북경까지 갈 수 없는 상황이 되었다. 그는 북경 조정에 있던 마테오 리치에게 구조 요청을 했고 마테오 리치는 자신의 하인들을 보냈다. 그렇지만 그 하인이 1607년 4월 11일 고에스의 죽음을 본 최후의 사람이 되었다. 고에스는 파미르를 경유하여 중국의 신장과 아프가니스탄을 잇는 1273년 마르코 폴로가 갔던 길을 다시 취한 최초의 유럽인이었다. 사후에 니콜라스 트리고(Nicolas Trigault, 1577~1628)가 고에스의 여정을 편집한 기록은 고에스가 "우리와 비슷한 포도주"를 그들도 만든다고 확신한 카프리스탄(Kafiristan, 신도들의 땅이란 의미로, 오늘날 아프가니스탄 누리스탄 주를 가리킴)을 제외하고, 마르코 폴로보다는 민족지적인 사실들을 덜 말하지만, 더 개인적이면서 종종 위험한 모험담을 이야기하고 있다. 그렇지만 그의 여정과 기술은 캐세이가 바로 중국이란 사실을 확인시켜 주는 것은 틀림없다. 고에스에 관한 기록은 니콜라스 트리고의 『1617년 중국으로 기독교도의 탐사 이야기(Histoire de l'expédition chrétienne au royaume de la Chine, 1617)』란 책 제5권(616쪽 이후)에 자세하게 보인다.

840~841년 위구르 제국과 막을 내린 동맹은 그들의 폐허에서 어떤 나라를 건설하기에는 적합하지 않다는 것을 보여주었다. 몽골지역에는 중심인물을 잃고 수많은 부족 체제로 돌아갔다. 적어도 더 남쪽 지역들은 이러한 무정부 상태를 벗어났다. 동투르키스탄의 서쪽과 서투르키스탄의 북동쪽에서는 이슬람화된 튀르크인들이 왕국들을 건설했다. 10세기에 걸친 불교 문명으로 준비가 되었기 때문에, 그 후로 튀르크화된 인도-유럽인들은 매우 빠르게 이슬람 문화에 동화되었다. 10세기는 중요한 튀르크어로 된 두 저술이 나타났는데, 무하무드 알 카쉬가리(Mahmud al-Kashgari)[25]의 『통치술(Art de Régner)』과 『튀르크어 대사전』이 그것이다. 더 동쪽에는 투루판의 새로운 위구르 왕국은 불교도들과 마니교도들로 구성되어있고 오르콘의 전통을 계승하고 있으며, 장차 정주적인 행정조직은 중국 문명의 전파에 강하게 영향을 받은 민족의 토대에 힘입었을 것이다. 마지막으로 감숙성 동쪽 경계에는 서하(西夏, Tangut) 또는 티베트인과 친연성을 가지는 탕구트라는 반유목적, 반정주적 왕국이 건국되었는데, 이후 칭기즈칸에

---

25 무하무드 알카쉬가리(Mahmud al-Kashgari): 11세기 활동한 카슈가르 출신의 위구르어 언어학자이자 문법학자이다. 그의 가문은 카라한 왕조와 연관된 귀족으로 보인다. 1058년에 바그다드에 정착해왔고, 1072~1074년 『튀르크어 대사전(Dīwān Lughāt al-Turk)』을 완성했다. 바그다드의 칼리프[Al-Muqtadi]에게 바칠 목적이었다고 한다. 이 사전은 터키 역사가 알리 아미리(1857~1923)에 의해 편집되었는데, 튀르크어권, 즉 중앙아시아를 중심으로 그린 세계지도를 포함하고 있다. 약 7,500여 단어가 표제어로 사용되었으며, 단어마다 그 어원을 밝히고 발음의 차이와 단어의 구성규칙, 예문까지 보여주고 있다. 그러한 예문들은 튀르크족의 역사, 지리, 민족, 사회에 대한 정보를 담고 있어 튀르크 민족의 역사와 문화를 연구하는데 중요한 가치가 있다. 여기 펠리오가 언급한 『통치술(Art de Régner)』란 책은 알려지지 않았다. 역자가 아는 한 펠리오가 처음 언급한 것으로 보이는데, 어떤 자료를 근거했는지 확인하지 못했다.

의해 멸망된다. 최근까지도 거의 알려지지 않은 이 민족은 중국의 글자와 비슷하지만, 매우 복잡한 고유의 글자를 만들었다. 30년 동안 3개의 비문과 약간의 동정들만 알려져 있을 뿐이다. 우리는 오늘날 수천의 서하 자료를 가지고 있고, 거대한 불교 경전들이 통째로 자신들의 문자로 번역되었고 간행되기도 했다는 것을 알고 있다.

그러나 이들은 가장 동쪽의 유목민들로 골짜기와 숲에서 나오자마자 제국을 건설하려 했다. 당나라의 몰락에 따른 반세기 동안의 대립 이후에 중국은 송나라로 통일국가의 면모를 되찾았다. 송나라는 960년에 시작하여 3세기 이상을 존속했다. 하지만 이때부터 동부 몽골지역과 만주 서쪽의 기마민족인 퉁구스인과의 혼혈 민족인 거란, 몽골인들이 북경의 평원 위에 출현했다. 자원이 풍부했지만 세련된 중국 문명 중심주의에 마비된 거대한 중국은 빈약한 이 유목민 침입자들을 물리칠 수 없었다. 따라서 그들의 몫을 주는 것이 더 현명하며 최소한의 희생이라고 확신했다. 영광 없는 저항이 있는 뒤로 황하의 북부 영토들은 거란에 넘어갔고, 거란은 요(遼)라는 공식적인 중국 명칭으로 정규 왕조에 이름을 올렸다. 초기의 황제들은 유목민의 활력과 대담성을 유지하고 있었고, 그들 중 한 황제는 옛날 돌궐과 위구르의 도읍이었던 오르콘 경계까지 기병들을 데리고 원정하기도 했다. 그러나 중국 땅에 정복자로서 정착한 모든 유목민이 그랬던 것처럼 거란인들은 반작용으로 중국 문명에 빠르게 사로잡혔다. 몇 세대 이후, 거란인들은 개화되고 중국화되었으며, 그들은 자체로 하나 이상의 문자를 만들어 냈다. 우리는 여태 판독할 수 없었던 유물 자료들을 알아가기 시작했다. 그러나 전사로서 자신들의 강점을 잃어갔다. 송나라의 중국은 스스로 이러한 약점을 활용할 줄 알았다. 중국은 노력해야 할 상황에서 물러났다. 만주인들의 선조 또는 적어도 큰삼촌 격인 만주 지역의 여진(女眞, Joutchen)이란 다른 신생의 유목민들을 그들과 대항하게 함으로써 거란을 제압하게 하는 것이 더 적절하다고 믿었다.

둔황의 천불동 석굴의 채색된 점토로 만든 조각상들. 6세기 전반. 『둔황 석굴(Les grottes de Touen-Houang)』(111~120석굴), 파리, Paul Geuther, 1921, 사진 194.

　이는 짧은 관점에서의 전략이었다. 1115년부터 여진인들은 북경을 휩쓸었고, 1125년 거란은 붕괴했으며, 거란의 부족 중 몇몇은 힘 있는 한 추장의 약진으로 중앙아시아를 가로질러 서투르키스탄의 북동쪽에 카라-키타이(Kara-Khitai) 또는 '흑거란'이란 새로운 왕국을 건설했다. 이로써 거란의 중국점령으로부터 중세기간 동안 북중국에 주어진 캐세이(Cathay)란 명칭만 살아남았을 뿐이며, 러시아에서 그리고 동쪽의 몇몇 민족들에게 중국의 이름으로 남겨졌다. 거란인들은 사라졌지만, 여진인들은 만주 지역으로 돌아가지 않았다. 그들이 정복한 영토의 주인이 되어있었으며, 그들의 기세는 자신들을 불러들인 송나라로 향했고 수도를 빼앗았다. 거란의 남쪽 경계는 황하였고 여진의 경계는 양자강이었다. 한 세기도 되지 않아, 정주 생활로의 너무 갑작스러운 변화로 매우 약해진 적과 싸움으로 지친 송나라 중국은 여전히 이미 비싼 대가를 치렀던 불행한 체제를 꿈꾸고 있었다. 즉 거란을 제압하기 위해 여진에게 했던 것처럼, 중국은 여진의 북쪽 경계에서 칭기즈칸의 몽골인들이 나타나면 벗어날 수 있을 것으로 생각했다.

***

칭기즈칸의 삶은 분명 세상이 알고 있는 가장 경이로운 모험이었다. 그는 무식한 고아에다, 몽골평원의 가장자리에서 소수의 야만 유목민을 30세까지 이끈 명목상의 추장이자, 가난하고 내몰린 존재였다. 그는 아시아와 유럽에서 알렉산더 대왕이 원정했던 것보다 더 철저하고 지속적인 전복을 시도한 한 제국의 창건자로 죽었다. 그는 숙고한 확신을 운명으로 생각한, 불굴의 의지를 가진 인간이 할 수 있는 훌륭한 본보기였다. 여건이 갖추어지고 사건이 우연히 그의 운명을 너무 일찍 끊어 놓지 않았다면.

칭기즈칸 이전 몽골인들의 역할은 우리에게 그다지 잘 알려지지 않았다. 내 생각으로, 그들은 4세기부터 6세기까지 몽골지역의 연연(蠕蠕) 제국, 코코노르의 토욕혼 왕국과 아프가니스탄의 에프탈리트 왕국을 이미 건설했던 몽골어 부족들이었다. 그러나 6세기 중반에 주도권은 오랫동안 튀르크인들에게 돌아갔다. 8세기 튀르크 비문과 9세기와 10세기의 중국 자료들은 달단(韃靼, 우리는 타르타르인Tartares이라 부름)인들을 언급하고 있다. 그들은 겉으로 보기에 몽골어 민족이고, 거주지는 감숙성 북쪽에서부터 만리장성을 따라서 몽골지역의 북동쪽에 있는 쿠룬(Khulun, 庫倫)과 부이르(Buïr, 捕魚兒) 호수까지 펼쳐져 있었다. '몽골'이란 명칭에 관해서, 『당서』에서 민족들을 열거하고 있는 가운데 그 이상도 아닌 한 차례 찾아볼 수 있다. 또 12세기 전반에 여진인들과 싸운 한 왕국을 지칭하는 것으로 찾을 수 있다. 그 나라의 역사는 아직 명확히 밝혀지지 않았다. 어쨌든 '몽골'이란 최초의 왕국은 칭기즈칸이 태어났을 때인 아마도 1155년에는 더는 존재하지 않았다.

▌ 카슈가르의 동쪽에 있는 툼슈크의 불교 부조. 사원의 화재로 불에 그을린
점토로 만들어진 인물상. 기원후 600년경.

칭기즈칸이 제국을 건설하자 전설은 빠르게 그의 출신과 초년의
사건들은 찬양되었다. 진실은 역사가들이 매우 다양한 언어들, 다른
언어들을 고려하지 않더라도 몽골어, 중국어, 페르시아어로 편집한
저술에 호소해야 할 정도로 원모습을 되찾기가 쉽지 않다. 어떤 자
료들은 간행되지도 않았고, 거의 번역되지도 않았고 최소한 잘 번역
된 것이 없다. 연대사의 범위에서는 중국과 페르시아에 의해 제공되
고, 환경적 범위에서는 내가 조만간 출간할 예정인 『몽골비사』의 도
움을 받을 수 있다. 1240년에 편집된 『몽골비사』는 정복자가 죽은
지 13년밖에 되지 않은 시기의 것으로 가장 오래된 자료지만, 사건
들과 심지어 대화들도 종종 운문으로 기술되어 있고 음유 시인들이

읊은 서사시의 불완전한 두루마리들이다. 이야기하는 사람은 항상 순진한 유목민의 텐트에 환영받았던 손님이고 그는 평민들과 잘 어울리는 감정이 있다. 더 냉정하게 평가하자면, 우리는 간혹 즉흥적인 비약을 하고 있으며, 영감을 받은 환경을 연상시키는 것이 풍부한, 세련되지 않은 이 시를 높이 평가한다. 그러나 시가 가지고 있는 전승에 전적인 신뢰를 부여해야 하는 것은 아니라고 생각한다. 이렇게 유보해 두고 다음과 같이 나에게 보인 것들을 대략 기술한다.

칭기즈칸의 원래 이름은 테무친이고 1155년, 현재 트란스바이칼 경계에 인접한 오논(Onon) 강 상류의 한 야영지에서 태어났다. 그의 아버지 예수게이(Yesugei)는 원래 '몽골' 민족인 보르지긴(Borjigin)계의 분파인 키야트(Qiyat) 부족의 소군장이었다. 이 몽골인들(엄격한 의미에서)은 같은 몽골어를 사용하는 타타르인들 중에서 더 중요한 민족이었던 남동쪽의 이웃과 오랜 싸움을 유지하고 있었다. 그래서 1167년경 타타르인들은 예수게이를 독살했다. 테무친에게는 세 동생, 카사르(Qasar), 카치운(Qači'un), 테무게(Temüge), 간난 여동생 테무룬(Temulun) 그리고 두 명의 이복동생이 있었다. 테무친의 부계 친족들은 남겨진 자식들을 물려받으려고 했다. 그러나 어머니 호엘룬(Hoelun)은 불명예스럽게 굴복하는 것보다는 용감하게 자식들을 데리고 떠나 산속에서 야생의 과일과 아이들이 잡은 멧돼지로 양육했다. 청년 테무친은 두 이복동생 중 한 명이 종달새와 작은 물고기를 계속해서 훔쳐 간 것 때문에 냉혹하게 활로 쏴 죽였다는 것으로, 젊은 몽골 형제들의 품행을 짐작해 볼 수 있을 것이다.

▌ (좌) 카슈가르(동투르키스탄, 오늘날 신장성)의 이란-튀르크인 타입. (우) 카슈가르 동쪽에 있는 툼슈크의 이란-튀르크인 타입.

테무친의 어머니가 가축도 말도 없이 떠났을 때, 그녀의 자격을 박탈한 친족들은 그녀와 그녀의 자식들이 산속에서 돌이킬 수 없는 처참한 결말을 맞게 될 것으로 생각했다. 그래서 그들은 이 어린 친족들이 궁핍함 속에서 성장하여 비록 연소하지만, 열정적이고 자신들의 권리를 주장할 준비가 된 한 가장으로 조만간 자신들과 맞서게 될 것이라고 걱정스럽게 바라봤다. 결국, 그들은 테무친을 사로잡았지만, 테무친은 달아났다.

힘들고 불안정하게 삶을 되찾았지만, 점차 나아져 갔다. 이제 테무친은 아홉 마리의 말을 가지게 되었다. 무법자의 생활에 지친 그는 부족의 상위층으로 자리를 회복하려 했다. 이를 공고히 하기 위해, 한 가정을 꾸릴 기회가 왔다. 옛날 그의 아버지는 콘그라트(Qongrat) 몽골인의 아홉 살 먹은 딸과 결혼했다. 테무친은 옛날의 약속을 떠올렸고, 미래의 장인이 결혼을 허락해줄 만한 좋은 심성을 갖추었다. 테무친은 한 살 많은 신부 보르테(Börte)와 검은담비 털옷을 가지고 그녀의 집으로 갔다. 장모는 의례적으로 오래전에 죽은 그녀의 아버지에게 보냈다.

모든 가족이 산 남쪽을 넘어 오논강의 발원지에서 케룰렌(Kerulen) 강의 발원지로 이주했다. 오르콘강의 지류인 툴(Tuul)강 상류의 목초지가 가까이 있었고 그곳에는 여진인들이 나중에 부여한 옹칸(Ong Khan)이란 명칭으로 더 잘 알려진 토그룰(Togroul)이라는 케라이트인의 왕이 유목하고 있었다. 그는 한계가 있고, 소심하며, 잔인하지만 유력한 사람이었다. 우리는 여기에서 '케라이트 튀르크인'을 다시 만나게 된다. 이들은 11세기 초반에 기독교로 개종했으며, 13세기에는 오르콘강 유역을 지배하고 있었다. 몽골인들의 기원에 관한 전설은 이들에게 전혀 할애하지 않고 있어, 케라이트인들이 튀르크의 영향을 강하게 받은 몽골인들 또는 몽골화 되는 과정에 있는 튀르크인들인지 말하는 것은 여전히 어렵다. 어쨌든 많은 케라이트 칭호들이 튀르크적이고, 토그룰은 몽골식 이름이라기보다는 튀르크식 이름이다. 옛날 테무친의 아버지인 예수게이는 토그룰을 모셨고, 토그룰은 '의형제(anda)'라고 하였다. 테무친은 그 부족의 질투를 더는 걱정할 필요가 없었다. 그 그늘에서 나오면서 그는 '몽골' 계열의 다른 적들과 심지어는 그와 관계가 없는 적들이 가진 묵은 원한에 노출되었다. 후원이 필요했던 그는 옹칸과 예수게이를 맺어준 우정을 고려하며 찾으려 했다. 옹칸에게 빈손이라는 것을 드러내지 않도록 죽은 아버지의 대신으로 보르테의 어머니에게 선물했던 검은담비 가죽 털옷을 가지고 갔다. 옹칸은 감동하여 테무친을 돕기로 약속했다.

　이제 테무친의 일은 그만큼 더 잘 풀려나갔고, 그는 충실한 동료인 보오르추(Bo'orchu)와 젤메(Jelme)를 얻게 되었다. 그러나 한 시험이 그를 기다리고 있었다. 북서쪽의 튀르크-몽골 민족으로 산의 다른 편, 케라이트 북쪽에 살고 있었던 메르키트(Merkit) 인들은 예수게이가 테무친의 어머니인 부인을 얻었는데, 그녀가 앞서 결혼했던 메르키트 인에게서 빼어갔다는 것을 잊지 않고 있었다. 그들은 새벽에 아홉 마리의 말밖에 없었던 테무친의 숙영지를 습격했다. 여기에서 『몽골비사』를 인용해보자. "테무친이 말 한 필을 탔다. 호엘룬이 한 필의 말에 올랐다. 카사르가 한 필의 말에 올랐다. 카치운이 한 필의 말에 올랐다. 테무게가 한 필의 말에 올랐다. 벨구타이(Belgoutai, 살아남은 이복동생)가 한 필의 말에 올랐다. 보오르추가 한 필을 탔다. 젤메가 한 필을 탔다. 호엘룬은 테무룬을 가슴에 안았다. 손에 한 필의 말을 준비시켰다. 보르테에게는 말이 없었다." 말하자면, 테무친은 어머니, 동생들, 여동생, 이복동생, 두 동료 그리고 여분으로 한 필의 말을 손에 쥐고 달아난 셈이다. 그러나 그는 아랑곳하지 않고 부인 보르테를 메르키트에게 버림으로써 그녀는 사로잡혔다.

▌ 쿠차의 북서쪽 무자르트 계곡에 있는 키질의 불교 석굴로 구릉의 측면을 파서 만듦.

테무친은 겁에 질려 전속력으로 달렸다. 그는 성산인 부르칸 칼둔(Bourqan Qaldoun)에 올라 하늘에 감사하고, 복수를 준비했다. 옹칸은 그를 지원해 줄 것을 약속했다. 테무친은 '몽골' 족의 추장인 자무카(Jamukha)에게 그의 형제들을 보냈다. 어린 시절 그와 함께 '의형제'를 맺었었다. 자무카는 회피하지 않았다. 메르키트로 원정을 떠나 급습하여 무찔렀다. 테무친은 정열적으로 보르테를 되찾았다. 그의 맏아들 주치(Jochi)가 조금 뒤에 태어났고 테무친은 전략적으로 주치와 보르테가 이후에 낳은 다른 아들들과 차별하지 않았다. 소문에 따르면 같은 가족이지만 주치는 테무친의 아들이 아니라 메르키트의 칠게르 보크(Chilger Bökh)의 아들이라고 했다.

옹칸의 지원과 자무카와의 동맹, 메르키트에 대한 승리는 '몽골' 민족에게 테무친의 위상을 높여 주었고, 명성은 해가 다르게 커졌다. 점차 반세기 이전부터 몰락한 '몽골' 왕실을 재건하려는 생각이 싹텄다. 어떤 사람들은 백성들을 선택하여 부양할 수 있는 추장에게 헌신적으로 부추겼고, 다른 이들, 옛 왕들의 직계 후손들은 테무친의 이름 아래 재건될 왕국의 실제 주인들이 될 것이라는 착각으로 그에 동조했다. 그러는 사이 옛 '의형제'에 대한 질투로 관계가 끊어진 자무카는 더 숙고하며 반대편에 섰다. 그러나 테무친을 따르는 사람들이 이겨 그는 결국, 칭기즈칸이라는 칭호로 '몽골'인들의 칸을 선언했다. 그 칭호의 의미는 여전히 논의되고 있다. 이 일은 12세기 말 확정되지 않은 날에 있었던 것으로 그친다. 칭기즈칸이 당시 그 자리에 올랐다고도 하고 심지어는 40여 년이 지났다고까지 하므로 이 시기 그의 삶에 관한 우리의 정보들이 얼마나 결함이 많은지를 볼 수 있다. 몽골인들은 젊은이들을 결혼시켰고, 메르키트인들에 대한 원정은 보르테가 첫아들을 낳기 이전에 있었다. 이 원정과 테무친의 칸 선언 사이에는 많은 시간이 흘렀음이 틀림없다. 아마도 20년쯤 되는 이 기간에 대해 우리는 아는 것이 전혀 없다. 일부의 '몽골인들'과 그들만의 의한 이 선언과 더 공식적이고 더 영향력이 크며, 현저하게 더 늦은 1206년에 있었던 선언 사이에 약간의 혼동이 배제되지 않았다는 것을 따지지 않더라도.

이 일을 알리자, 옹칸은 몽골인들이 새로 칸을 자처하게 되어 테무친을 선택했다고 선언했다. 조금 뒤, 분명 1198년 두 왕의 우정을 드러내는 새로운 기회가 있었다. 부이르 호수의 타르타르인들은 10년 전부터 여진의 영토에서 끊임없는 침입에서 벗어나게 되자, 그들의 군대의 부담을 줄여주기 위해 그들은 타르타르인들을 원수로 여기는 부족들을 용병으로 고용하려 했다. 옹칸과 칭기즈칸은 이 교란작전을 맡아 성공을 거두었다. 보상으로 옹칸은 여진으로부터 옹(ong, 王)이란 중국식 칭호를 받았고 그 이름으로 알려지게 되었고, 칭기즈칸도 '백부장(centenier, 百夫長)'으로 명명되었다. 이러한 칭호의 차이로부터 중요도가 옹칸에게 있었고, '몽골인'들에게 이미 칭기즈칸으로 불리고 있었음에도 옹칸에 비하면 보잘것없는 인물이었음을 알 수 있다.

이런 와중에 자무카는 무장을 해제하지 않았다. 칭기즈칸보다 더 강해진 그는 좁은 의미에서 일부의 '몽골인'들 뿐만 아니라, 남동쪽의 타타르인들, 메르키트인들, 바이칼 지역의 오이라트(Oïrat)인들, 알타이를 차지하고 있던 나이만(Naïman)인들을 자기 편으로 만들었다. 1201년에 이 모든 몽골 민족의 대부들이 아르군(Argon) 강가에 회합하여 자무카를 '전체의 칸'이란 뜻으로, 이전 케라이트인들에게 특히 카라키타이(Kara-Khotai) 인들에게서 찾을 수 있는 튀르크-몽골인 최고의 칭호인 '구르 칸(gur-kan)'으로 선언했다. 칭기즈칸은 이러한 동맹을 해체하는 데 전념했다. 1202년 그는 타타르인들을 정복했고 옹칸은 메르키트인들을 치러 갔다. 황제의 꿈에서 좌절된 자무카는 그를 받아준 옹칸과 내통하여 옹칸과 칭기즈칸 사이를 이간질하는 데 성공했다. 맞대결에서 패배한 칭기즈칸은 러시아에 도움을 요청했다. 1203년 그는 옹칸의 진영을 급습하여 무찌르고 옹칸은 죽었다. 다만 나이만인들이 알타이에서 독립되어 유지하고 있었지만, 자무카가 그들에게 피난하는 바람에 싸움에 뛰어들게 되었다. 이 나이만인들 또한 그 수가 많았고 강성했으며, 그들의 추장은 '대왕(Tayang, 大王)'이라는 중국식 칭호를 가지고 있었다. 그들의 이름은 몽골어로 보이지만(나이만은 몽골어로 '여덟'이란 의미), 그들의 관직명들은 튀르크식이었으므로 나이만인들은 몽골화된 튀르크인들일 수 있다. 나이만인들은 운명적으로 무능하고 겁많은 왕에게 통치되고 있었다. 칭기즈칸은 공격하여 그를 죽였다. 마침내 사로잡힌 자무카는 왕의 방식에 따라 피를 흘리게 하지 않고 처형되었다(1204). 이제 칭기즈칸은 몽골지역 전체에서 주인이 되었다. 그의 통치권은 1206년 오논강의 발원지에 모인 범몽골인 회합을 통해 엄숙히 봉헌되었다.

LIX
(ANT.)

D. VII. 5. (⅝)

PAINTED PANEL, FROM RUINED DWELLING,
DANDĀN-UILIQ
(See Chap. IX. sec. vi. vii.)

▎나무판 위에 그린 인도-
이란 스타일의 그림. 아
우럴 스타인이 폐허의 건
물에서 발굴함. 두 불교
의 보살을 표현하고 있
음. 스타인(A. Stein), 『고
대 호탄(Ancient Khotan)』,
vol. 2, 옥스퍼드, 1907,
59. 사진 아래에는 "단단
-위릭(Dandān-Uiliq) 폐사
원에서 나온 나무 판넬"
이라 설명하고 있다.

***

　50세가 된 작은 키야트 부족 출신의 고아는 동부 몽골지역의 최초
의 '몽골' 왕국의 경계를 넘어, 옛날 흉노와 돌궐 군주들의 스텝 제국
을 재건했다. 그들 제국처럼, 그는 주변의 강국들의 힘을 흡수하며,
쉼 없이 새로운 원정길에 올랐다. 수평선 네 지점에서 그가 지나는
곳은 시체 더미로 표시되었고 그가 간 뒤에는 폐허들이 불타올랐다.
그는 파괴자 그 이하 그 무엇도 아니었다. 하늘이 그에게 헌신하도

록 한 보편적 사명이라고 깊이 자각하면서 그는 주변의 어떤 나라라도 모두 정복했다. 그에게 대적하는 것은 하늘에게 죄를 짓는 것이었다. 신은 그것을 알고 그의 팔로 벌을 내리게 했다.

타고난 전략가였던 이 전사는 사물과 사람을 진가를 알아볼 줄 알았다. 그는 자신의 유목민들을 적절한 시기에 보냈고, 할 수 있을 때 맞서기 위해, 필요한 때 굽혔다. 용감하면서 현명하게 맞섰다. 모든 의무를 요구할 정도로 엄격했으며, 사치하지 않고 보통 사람들처럼 옷을 입고 살았다. 그리고 그의 신비로운 힘은 그가 정복한 곳의 사람들에게까지 통치의 교훈을 얻을 정도로 그를 매우 통찰력이 있게 해주었다.

***

곡물과 비단이 풍부했던 북중국은 2천 년 동안 오뜨아지의 유목민 왕들에게 적합한 약탈 대상이었다. 칭기즈칸은 그 원칙을 깨지 않았다. 여진인들은 중국인의 나라에 고정된 침략자의 운명을 가졌다. 스스로 문명화하면서 그들은 전사로서의 용맹함을 잊었다. 이는 칭기즈칸에게 무능한 장수들을 다루는 놀이에 지나지 않았다. 3년 만에 포위된 여진 황제는 돈을 주고 휴전을 샀고, 그 틈을 이용해 황하의 남쪽으로 가려 했다. 몽골인들은 그다음 해(1215) 북경에 입성했다. 이곳을 확보한 칭기즈칸은 북중국에 대리 관리를 남겨두고 몽골지역으로 돌아갔다. 그는 중앙아시아로 관심을 돌렸다.

카라키타이 왕국은 1204년 정복된 나이만인들의 남서쪽에 있었는데, 이 나라는 아주 먼 화레즘(Khwarazmian, 아랄해의 남쪽)이라는 무슬림 왕국과 접경하고 있었다. 1209년부터 카라키타이의 속국인 투루판의 위구르 왕은 카라키타이와 관계를 끊고 칭기즈칸에게 복종했다. 그 이후로 나이만 피난민들에 지배된 카라키타이 인들은 화레즘의 무슬림 술탄과 싸움을 했고, 화레즘은 통상적인 전술에 따라 적의 반대편인 칭기즈칸의 몽골인들과 관계를 맺었다(1215~1216). 무슬림 나라들의 산물을 받고 싶었던 몽골인들은 이러한 접근을 우호적으로 받아들였으나 곧 화레즘인들의 마음이 바뀌어버렸다. 그들의 권력이 공고해졌다. 그들은 아프가니스탄을 정복하고 심지어는 바그다드의 칼리프를 정벌하러 원정을 시도하려 했다. 그들을 활용할 수 없어지자 몽골의 교란작전이 동투르키스탄의 점진적인 점령으로 위험하게 되었다. 긴장된 상황은 중앙 권력이 원하지 않는 치명적인 사건을 낳기 쉬웠다. 서투르키스탄 오타르(Otar) 행정관은 칭기즈칸의 사신들이 들어있는 카라반을 학살했다(1218). 그런데 동방의 자료들과 13세기 유럽 여행자들은 몽골인들 모두에게 용서되지 않는 죄는 그들의 사신들을 죽이는 것이라고 다투어 언급하고 있다.

바로 이 1218년부터 칭기즈칸은 조심스럽게 화레즘 술탄에 대한 원정을 준비했다. 1219년 그는 이르티시(Irtych) 강에 있었고, 1220년 그의 군대는 서투르키스탄을 전멸시켰으며, 1221년 화레즘, 동페르시아, 아프가니스탄을 정벌했다. 화레즘 샤(Khwarazm-Shah)는 죽었으나 그의 아들이 전투를 이어갔다. 칭기즈칸에게 인더스강까지 내몰린 그는 강으로 달려들어 강을 건너 달아났다. 칭기즈칸은 당시 사마르칸트로 돌아가 정복한 곳을 조직화하고 1225년 몽골지역의 진영으로 돌아갔다. 그가 그곳을 떠난 지 6년 만이었다. 이러한 기념비적인 원정 과정에서 고려에서 돌아와 먼저 화레즘 샤의 발자취를 따라 떠났던 제베(Jebe)와 수부타이(Subutai)라는 두 장수는 그들이 넘어간 캅카스(Caucase)까지 밀고 가서 칼카(Kalka) 강가 아조프(Azov) 해의 북쪽에 있었던 러시아의 왕들을 치고(1223), 크림반도의 제네바인 상관들을 약탈했다. 그리고 카스피안 해 주변을 돌아, 우랄을 거쳐 서투르키스탄의 본진에 합류했는데, 근 4년간을 약탈한 뒤였다.

▌ 키질(동투르키스탄)의 석굴 중 하나. 암벽을 파서 만들었고 7세기의 벽화로 장식되어 있음. 돌출부에 흥미로운 천장에 주목하시오.

'세계의 정복자'는 이제 70세가 되었지만, 그에게는 복수해야 하는 모욕이 남아있었다. 화레즘으로 떠났을 때 감숙성의 서하 군주는 약속을 깨고 조공을 보내지 않았다. 칭기즈칸은 직접 서하를 치러 나갔다. 이 마지막 원정 과정에서 그는 병이 들어 죽었다(1227). 서하의 수도는 며칠 만에 함락되었고, 사람들은 죽은 황제를 저편에서 모시도록 학살되었다. 황하의 굽이에 있는 몽골인들이 칭기즈칸 무덤의 대를 이은 수호자로 자처했다. 거기에는 전설만 있을 뿐이다. 동시대의 모든 자료는 칭기즈칸이 몽골지역에서 죽었으며, 그가 선택해 둔 장소인, 오논강의 발원지에 묻혔다는 것을 증언하고 있지만, 되찾지는 못했다.

칭기즈칸은 인간적인 삶을 가벼이 여겼고 비정한 엄격함으로 통치했지만 죽이기 위해서 죽이지 않았다. 냉혹한 그의 평판은 상당히 늦은 전승이다. 동시대인들은 그를 더 잘 평가했다. 마르코 폴로는 "그는 죽었다. 그의 죽음은 중세의 기사 정신을 가진 사람인 프뤼돔(prud'homme, 신중한 사람 정도의 의미)과 현자들에게 커다란 손실이다."라고 하였다. 조엥빌(Jean de Joinville)[26]은 "그는 평화를 가져다주었다."라고 하였다. 놀라운 말이지만 사실이었다. 지나는 곳마다 몽골인들은 거칠었지만, 질서를 세웠고, 지역의 다툼을 종식시켰으며, 강도질을 없앴다. 반세기 동안 몽골의 평화가 아시아를 지배했다.

---

26 장 드 조엥빌(Jean de Joinville, 1224~1317): 중세 프랑스의 사학자 중 한 사람으로 제7차 십자군 원정(1248~1254)을 기록한 루이 9세의 전기를 쓴 작자로 잘 알려져 있다.

***

칭기즈칸이 죽기 오래전, 그는 제국의 건국자에게 부과된 가장 어려운 문제를 해결해야 한다고 생각했다. 그것은 권력의 실추를 안정시키는 것이었다. 보르테가 낳았던 네 명의 아들 중 그 누구도 예외적인 장점이 드러나지 않았다. 숙고한 끝에 그는 세 번째 아들인 우구데이(Ögedei)를 선택했다. 그가 1229년 대칸으로 선출되었다. 주어진 추진력은 너무 강력하여 진출은 캅카스로는 남서쪽과 시리아, 중국으로는 남동쪽으로 이어졌다. 1234년 여진 최후의 왕이 복종함으로써 몽골인들은 남송과 양자강을 경계로 나누어졌을 뿐이다. 몽골의 왕들과 늙은 수부타이를 이끌고, 폴란드, 실레시아(Silesia)를 거쳐, 카르파티안(Carpathian) 산맥을 넘어 세 개의 군대를 집결시키는 불가사의한 행군을 감행하여 아드리아해(Adriatic Sea) 연안까지 나아간 것(1241)은 바로 우구데이 재위 시기였다. 가벼운 무장으로 매우 기동성이 지칠 줄 모르는 우수한 몽골의 기병들은 서방의 기병들보다 더 훌륭한 전술가이자 전략가였음을 입증했다. 그러나 이미 왕조의 다툼이 암암리에 꾸며지고 있었고, 그것은 모두를 위태롭게 만들었다. 몽골인들은 분명히 헝가리 평원에 있었고, 아마도 훈족 이후, 아바르인 이후, 헝가리인 이후에 그들은 거기에 여전히 머물러 있었다. 바로 우구데이가 1241년 12월에 갑작스럽게 죽기 이전이었다.[27] 왕들이나

---

27 원주: 우구데이는 아마도 여러 몽골의 왕들처럼 알코올 중독으로 죽었을 것이다. 칭기즈칸은 한 달에 세 번만 취하도록 명했고, 한번이 좋을 것이라고 말했다. 그리고 그는 더는 취하지 않는 것이 좋겠다고 덧붙였지만, 하나의 이상(idéal)을 요구했을 수도 있다!

장군들 그 누구나 그의 계승자를 뽑는 자리에 참석하기를 원했다. 침략의 물결이 다시 떠올랐다. 경쟁은 너무나 격렬하여 우구데이의 계승자인 아들 구육(Guyuk)은 1216년에야 비로소 즉위했다. 이노켄티우스 4세의 사신인 카르피네(Giovanni da Pian del Carpine)는 그의 즉위식에 참석했었다. 그렇지만 그의 재위는 일시적이었다. 1218년 구육이 죽었다. 3년 뒤에 권력은 옛날 케라이트 군주인 옹칸의 조카딸이자 기독교도 공주인 정열적인 소르칵타니(Sorgaqtani)에게서 낳은 천부적 재능이 있는 아들들로 연상되는 칭기즈칸의 네 번째 아들인 툴루이의 자손에게 넘어갔다.

1250년 선출된 툴루이 아들 중 맏이 몽케(Möngke)는 1251년에 즉위했다. 몽케는 몽골지역에서 살았고 간혹 우구데이가 1235년에 성을 만든 카라코룸 수도에서 있었다. 그는 그곳에서 성 루이(Louis)의 이름으로 공식적으로 그를 찾은 기욤 드 루브릭의 방문을 받았다.

서방도 게을리하지 않았다. 1253년 몽케의 동생인 훌라구(Hulagu)는 카라코룸을 떠나 1256년 이스마엘파 또는 암살교단(Assassins)을 정복했고, 2년 뒤에는 5백 년 이상 된 바그다드 칼리파트를 붕괴시키고 제일 먼저 대칸의 공국인 페르시아 몽골인 왕국으로 대체했다. 그와는 별도로, 우구데이 시대부터 볼가강에 정착했던 칭기즈칸의 후예 즉 주치의 후손은 금장칸국(Golden Horde)을 건설하고 2세기 남짓 되는 동안 러시아를 지배 아래 두었다.

사진17: 말굽 모양의 아
치가 특징적인 키질(동투
르키스탄)의 석굴의 회랑으
로 페르시아와 아랍인의
건축으로 보인다. 벽에는
종교적 장면들을 표현한
벽화들이 있다.

  아시아 서부와 극동 사이에 균형을 이룬 거대한 제국은 중국으로
향했다. 몽골인들은 남송과 접촉하면서 그들을 정복하고자 했다. 몽
케는 먼저 아우 쿠빌라이를 운남성으로 보냈다. 그곳에서 수부타이의
아들은 하노이로 나갔다가(1257), 광서성을 경유하여 호남성 장사(長
沙)까지 거슬러 올라왔다. 몽골지역으로 돌아가는 쿠빌라이를 중국으
로 다시 보내, 양자강을 건너 한구(漢口)와 마주 보는 무창(武昌)을 공
격했다. 그때 직접 사천성에 활동하고 있었던 몽케가 갑자기 죽었다
(1259). 쿠빌라이는 계승을 대비하여 북으로 돌아갔다.

***

이때까지 대칸들은 몽골 상부 지역에서 왕들과 원로들이 모인 회합을 통해 선출되어왔다. 그러나 카라코룸에 있었던 구몽골파는 쿠빌라이가 측근에 반중국인들이 있다는 것에 반감을 품고 그의 아우인 아리크부카(Ariq Böke)를 선호했다. 그러자 쿠빌라이는 그 전통을 깨고 그의 장군들을 통해 중국의 변방에서 추대되었다. 운명은 이미 던져졌다. 칭기즈칸의 유목제국은, 그들의 기병들은 세계를 달려 다닐 수 있었지만, 중국의 정주 제국으로 변해갔다. 중국은 한차례 이상 정복자들을 매료시켰다. 복종하지 않는 인척들 간의 싸움, 일칸국과 금장칸국에 대한 명분상의 지배권을 드러내는 것은 부수적인 국면들이었다. 1264년부터 쿠빌라이는 수도를 북경으로 옮겼고 몇 년 뒤에는 왕조의 명칭을 중국식 이름인 원(元)을 채택했다. 그의 군대는 양자강을 건너 1278년 남송의 수도인 항주(杭州)를 점령했다. 남송의 후계자들은 광동에서 2년 동안이나 더 임종 시간을 연장했다. 1280년 그들은 항복했다. 중국 세계 전체에서 최초의 이민족이 통치하는 왕국이 세워진 것이다. 고승(高僧)들에게 애착을 가졌던 만큼 원나라는 군대를 개입시켜 국경을 티베트, 고려, 통킹, 미얀마까지 밀어가려 했다. 어제까지 유목민이었던 그들은 대양으로 나가려는 어리석은 짓을 시도했다. 이번에는 그들은 자신들의 군대를 너무 과대평가했다. 일본과 자바 원정은 실패로 돌아갔고 그 실패는 재앙에 가까웠다. 몽골의 명성은 전 아시아에서 땅에서나 바다에서나 최소한의 존중도 받지 못했다. 그래서 쿠빌라이는 부처 사리를 찾으러 사람들을 실론[스리랑카]으로 파견했을지도 모른다.

쿠빌라이의 재위 시기(1260~1294)는 몽골 힘의 절정을 나타냈다. 또한, 그러한 전성기를 통해, 구대륙의 다양한 지역들과의 접촉이 더 긴밀해진 시기이기도 하다. 단번에 개화된 몽골인들은 조상으로부터 물려받은 어떤 도그마에 갇힌 사람들이 아니었다. 오만한 수호자들은 어떠한 전통에 갇히지 않았다. 불교, 도교, 유교, 이슬람교, 마니교, 유대교, 백련(白蓮) 또는 백운(白雲)과 같은 이단 종파, 경교(景敎), 가톨릭 신자들이 그들 주변으로 몰려들었다. 몽골인들은 그들을 동등한 관용으로 맞이했고 세금과 노역을 면제시켜 주어 그들 신의 도움으로 효험을 받을 수 있도록 하였다. 몽케 대칸은 "다양한 종교들은 한 손에 다섯 손가락이 있는 것과 같다."라고 습관적으로 말했다. 또 불교는 그 손바닥과 같다고 덧붙이기도 했지만, 우리에게 그것을 말해 주는 것은 불교도들이다. 종교들은 대체로 그들의 신도에 대한 결정권을 가졌으며 합법적인 위상을 지녔다. 극동의 네스토리우스교는 그 본거지인 메소포타미아와의 관계를 유지하면서 번성했다. 당시까지 중국에서 주목받지 못했던 로마 가톨릭은 사신들을 보내왔고, 14세기 초에는 최초로 북경에 가톨릭 대주교 몬테코르비노의 요한(John of Montecorvino)이 주교들과 함께 있었다.

상업도 종교와 마찬가지로, 민족들의 교류를 통해 활발해졌다. 조직을 결성한 많은 무슬림들이 극동에서 자신들의 이익을 위해 활동했고, 또 황제가 왕들과 원로들에게 나누어준 돈과 재물을 활용했다. 유럽도 거의 같은 모습이었다. 교역했던 몇몇 라틴 상인들의 이름이 우연히 문서에 전해지기도 한다. 모두 세 명의 폴로(Polo)[28], 특히 마르코 폴로에 의해 퇴색되었다. 마르코 폴로는 중국에서 쿠빌라이 칸

을 모시며 17년을 보냈고(1275~1292), 그 경험을 솔직하고 생생한 이
야기로 남겼다.

▌ 베네치아 여행가 마르코
폴로. 중국에서 17년을
보냈다(1275~1292). 모자이
크로 된 이 초상화는 제
노바 시청에서 소장하고
있는데, 거기에는 크리스
토퍼 콜럼버스의 초상화
도 걸려 있다. 진짜 마르
코 폴로의 초상화인지는
확실하지 않다.

---

28 세 명의 폴로는 마르코 폴로의 아버지인 니콜로 폴로(Niccolò Polo, 1230?~1294?)와
마르코 폴로의 삼촌인 마페오 폴로(Maffeo Polo, 1230?~1309)를 말한다.

***

칭기즈칸 제국의 중심을 몽골지역에서 북중국으로 옮겨감에 따라, 쿠빌라이의 야망은 치명적 흐름을 더 빠르게 재촉했다. 중국과 무슬림 세계 사이의 전환점으로 카라코룸은 루브릭이 프랑스의 생드니 (Saint-Denis)보다 못하다고 밝힌 것만큼 빠르게 촌락으로 전락해 버렸다. 대칸은 중국의 천자가 되었다. 그러는 사이 두 세대 끝에 일칸국과 금장칸국은 결국 이슬람교도에게 넘어갔다. 일칸국은 14세기 중반에 유령 같은 군주들이 이어가면서 일시적인 궁전 감독관의 장난감이 되어버렸다. 중국에서 명나라의 거국적 반란은 1368년부터 더는 전사의 자질이 남아있지 않은 소수의 이민족을 몰아냈다. 초원 지역으로 돌아간 몽골인들은 다시 침입을 개시하여 15세기에는 명나라 황제를 사로잡기도 하지만, 이러한 잔류세력의 시도는 세계사에서 아무런 영향력이 없었다.

몽골 세계의 다른 쪽에서 칭기즈칸 제국을 재건하려는 사람이 있었다. 바로 서투르키스탄의 튀르크인인 티무르 랑(Tīmūr-i Lang), 즉 절름발이 티무르로, 프랑스어로는 타메를란(Tamerlan)이라고 한다. 그의 출신은 매우 어려운 문제지만, 소득도 없이 집요하게 물고 늘어진 끝에 계보학자들의 기발한 생각으로, 전혀 그럴법하지 않지만, 칭기즈칸의 후예라고 하게 되었다. 그러나 이러한 관심은 티무르가 어떤 모델에 영감을 받았는지를 밝혀주었다. 1336년에 태어난 1369년에 서투르키스탄의 주인이 되어 35년 동안 불가사의하게 활동한 전사의 삶을 살았고, 한 속국을 무장시켜 모스크바를 불 지르게 했으며, 그도 새로운 원정을 하기 위해 일 년 내내 모스크바에 있었다. 그는 기병들이 인도의 델리를 약탈하게 했으며, 1402년에는 소아시아의 앙카라에서, 6년 전에 니코폴리스(Nocopolis)에서 프랑크 왕국의 기병들을 짓밟아버린 술탄 오스만 바예지드(Bayezid)를 사로잡았다. 티무르가 1405년 오트라르(Otrar)에서 죽었을 때, 그는 동투르키스탄과 중국으로의 원정 준비를 마친 상태였다. 웅장하면서, 야만적이고, 잔인하며 용감했던 기병은 칭기즈칸의 기병들에 견줄만한 기억을 역사 속에 남겼는데, 유럽과 멀지 않았기 때문에 더욱 정확하다. 그러나 그의 제국은 더 오래가지는 못했다. 평범한 무슬림이었던 이 튀르크인은 그의 백성들에게 환상적인 헌신을 강요할 수 없었고, 칭기즈칸과 그의 초기 계승자들의 부족들처럼, 아드리아해에서 중국해로 말을 타고 가기에는 너무 정주하는 삶을 살았다. 그렇지만 다른 사람들은 그가 동방 전체를 흔들어 놓은 혼란을 이용했다. 페르시아는 일종의 재통합을 이루었고, 금장칸국에게 짓밟혔던 러시아는 해방과 같은 상태에 있었다.

De A. Theuet, Liure VIII. 630

T͡AMERLAN, EMPEREVR DES

Tartares.   Chapitre. 138.

> 서아시아와 일부 유럽을
> 차지한 튀르크인으로 '대
> 몽골인'의 조상인 티무르
> (1336~1405).

　교양과 예술을 갖춘 왕이나 간혹 천문학에 푹 빠진 학자로서 티무르의 후계자들은 내란과 폭동의 끊임없는 위협 속에서 제한된 영토를 통치하는 것으로 만족했다. 그렇지만 역사 속에서 티무르의 혈통으로 다시 나타날 운명이었다. 5세대의 후손인 바부르(Babur)는 어려운 청년 시기를 보내고, 서투르키스탄의 작은 공국을 포기하고, 아프가니스탄에 정착했다. 그리고 4차례나 실패를 하면서 1525년 인도의 델리를 정복했다. 그는 5년 뒤에 죽었지만, 인도의 '대몽골인'들의 튀르크 왕조가 건설되었고, 왕조는 1858년 세포이(Sepoys)의 반란까지

지속하였다. 용감하고, 예술적 자질을 갖추고 있으며, 술주정뱅이면서 방탕했던 이 바부르의 모습과는 완전히 대조적이면서 호기심을 유발하는 인물로서, 진본의 회고록들은 동방에서 전기 문학의 대작들이다. 그의 번영은 화려하고도 흥미롭다. 특히 그의 손자 아크바르(Akbar, 1556~1605)는 평화적 추세에 용감하고 무식한 전사였지만 놀라운 행정가로, 이슬람을 믿지 않고 예수교도들을 환영했으며, 그가 보기에 힌두교, 파르시교29, 이슬람교, 그리스도교 교리들의 공통적인 토대인 것 같은 것을 새로운 하나의 종교로 화해시키려 했다.

***

이 시기 동안 남겨진 동투르키스탄과 몽골지역은 잘 조직화하지 않았다. 동투르키스탄에서 카슈가르 왕국과 투루판 왕국이 유지되고 있었다. 몽골지역에서 지배권은 서몽골인의 사촌인 동몽골인들에게 넘어갔다. 우리는 이들을 칼무크인(Kalmouks)들이라고 부른다. 이곳에는 몽골제국의 최후의 맹아가 있었고, 17세기와 18세기 전반에는 대부분 몽골지역과 동투르키스탄으로 퍼져나갔다. 이 주제에 관하여 우리는 러시아의 외교관들과 표트르 대제(Peter the Great, 1672~1725)가 폴타바(Poltava)에서 체포하여 시베리아로 추방한 칼 12세(Charles XII, 1682~1719)의 스웨덴 관리들이 작성한 현지의 자료들을 통해 잘 알 수 있다. 그러나 만리장성 뒤로 물러난 명나라는 1644년 만주족

---

29 파르시(Parsi): 인도양을 통한 해상 무역을 주도했던 페르시아인들로 시작되는, 인도에 거주하는 조로아스터교[배화교]의 신도들을 말한다.

의 이민족 왕조로 대체되었고, 이 나라는 초기 군주들의 열정적인 노력으로 중앙아시아에 대해 한나라, 당나라 그리고 원나라의 주도권 전통을 되찾았다. 강희제(康熙帝, 1654~1722)는 1696년 직접 칼무크인들을 상대로 원정을 이끌었고, 그의 두 번째 계승자인 건륭제(乾隆帝, 1711~1799)가 60년 뒤에 과업을 완성했다. 중국은 한차례 이상 파미르고원까지 지배했다. 건륭제는 이를 계기로 예수교도들을 통해 나라의 지도를 그려내게 했고, 조정에 있었던 선교 화가들은 16개의 큰 판넬에 그의 승리를 축하했으며 황제는 프랑스에서 코친(Cochin)[30]의 지도로 조각하도록 그것을 보냈다.

그로부터 동투르키스탄에서는 무슬림의 반란이 있었고, 그 반란은 빠르게 그 지역을 쇠퇴시켰다. 더 심각한 것은 야쿱 벡(Yaqub Bek)[31]의 시도였다. 중국은 무서운 태평천국의 반란을 겪었고, 그 반란은 유럽 연합군의 개입이 없었다면 성공했을 것이다. 미래의 전사 야쿱 벡은 카슈가르 지역 전체를 정복할 유리한 환경에 놓여있었다. 그러는 사이 다른 무슬림 술탄국이 운남에서 독립을 선언했다. 많은 사

---

30 샤를르 니콜라스 코친(Charles-Nicolas Cochin, 1715~1790): 프랑스의 판화가이자 작가이다. 1752년 황실 회화 아카데미의 역사편찬 비서에 임명되어 있었고, 마리뉘 후작(1727~1781)이 이 판화작업을 총괄했다. 이 16개의 판화는 원래 살루티(Jean-Damascène Sallusti)가 그린 그림을 토대로 이루어졌다. 코친은 다른 판화가들을 섭외하여, 1767년에 시작하여 1774년이 되어서야 16개의 판화를 완성했다. 자세한 것은 앙리 꼬르디에(Henri Cordier)의 『중국 황제의 원정(Les Conquêtes de l'empereur de la Chine)』(1913)에 자세하다.

31 야굽 벡(Yaqub Bek, 1820~1877): Yakub, Yakoob, Yà qūb로도 표기한다. 카슈가르 왕국의 에미르(Emir: 사령관, 또는 총독의 의미)가 되었다. 코칸드 칸국(1709~1876)이 멸망하고 신장지역 일대를 중심으로 활약했으나 좌종당(左宗棠, 1812~1885)의 출정으로 근거지를 잃었다.

람이 중앙아시아에서 중국의 지배가 끝난 것으로 생각했다. 영국은 야쿱 벡에게 두 선교단을 파견했고, 러시아는 그와 협정을 체결했다. 그러나 순수 중국인이었던 한 장군은 수많은 어려움을 무릅쓰고 그의 군대를 경작하도록 했고, 수확을 기다리는 동안 삶을 확보하기 위해 오아시스들과 잃어버린 영토를 되찾았다(1871~1878). 야쿱 벡은 1877년에 죽었다. 아마도 독살되었을 것이다. 탄압은 운남에 있었던 것만큼이나 엄청났다. 동투르키스탄의 무슬림들은 반세기 만에 상당히 느슨했던 중국의 행정 조직화 덕분에 이러한 재난으로 벗어났다. 안정이 찾아오자 무정부 상태에서 조금씩 질서를 되찾았다. 그러나 최근의 사건들은 이 무슬림들이 그렇게 잊히지 않았다는 것을 보여주는 것 같다.

학술원 임원인 폴 펠리오의
삶과 작업에 관한 설명

루이 레누(Louis Renou, 학술원 임원)[1]

1899년 7월 7일 회의에서 아카데미는 폴 펠리오를 훗날 극동프랑스
학교(École française d'Extrême-Orient)라 불린 인도차이나의 고고학 탐사
대(Mission archéologique d'Indochine)의 유급연구생으로 임명했다. 그는
망(Mans)에서 군 복무를 마쳤다. 1878년 5월 28일 파리에서 태어난, 21
세의 펠리오는 꼴레주 스타니스라스(Collège Stanislas, 그랑제꼴)를 나와
문학사가 되었고, 정치학 학교(École des Sciences politiques)의 졸업장,

---

1 루이 레누(1896~1966): 프랑스 파리 출신의 인도학자이다. 1차 세계 대전으로 학업이
  중단되기도 했지만, 1920년 아그레가시옹(교사자격시험)에 합격했다. 언어학자 메이에
  (Antoine Meillet, 1866~1936)와 동양학자 실뱅 레비(Sylvain Lévi, 1863~1935)를 통해 인도학
  에 입문했다. 1925년 베다어 문법에 관한 두 논문과 두 박사학위 논문이 출판되었는
  데, 바로 『La valeur du parfait dans les hymnes védiques』, 『La Géographie de
  Ptolémée, l'Lnde(VII, 1-4)』이다. 리용 대학 문과대학 산스크리트어와 비교문법 전공
  학과장 라꼬트(Félix Lacôte, 1873-1925, 인도학자)의 자리를 이었다. 얼마 되지 않아 고등
  실용학술학교(EPHE), 제4분과 산스크리트 학부의 피노(Louis Finot, 1864~1935)의 후임으
  로 있다가, 소르본 대학 푸세(Alfred Foucher, 1865~1952)를 이었다. 1946년 레누는 금석
  문 및 문학 아카데미에 선출되어 폴 펠리오의 자리를 계승했다. 인도, 예일, 도쿄에
  서 학술 활동을 이어가 유럽에서 상당히 알려진 산스크리트어 전문가이다. 특히 비
  야카르나(Vyākaraṇa, 문법)에 조예가 깊었다. 필리오자(Pierre-Sylvain Filliozat), 『1969년 고
  등실용학술학교 연감(Annuaires de l'École pratique des hautes études) Année 1969』, 1969,
  44~50쪽에 실린 약전을 참고.

국립동양언어문화연구학교(Institut National des Langues et Civilisations Orientales)의 중국어 전공 졸업장을 받았으며, 콜레주 드 프랑스(Collège de France)에서 샤반느(Chavannes)와 실비앙 레비(Sylvain Lévi)의 수업을 이수하고, 고등실용학술학교(École Pratique des Hautes Études)의 정규 청강생으로 등록했다. 화학 산업에 종사했던 그의 아버지도 책을 좋아하여 출신 지역인 노르망디에 관한 서적들을 모아 두고 있었다.

1900년 2월 하노이에 도착한 몇 주 뒤에 그는 중국으로 조사를 떠났다. 중국에 반란이 일어났을 때 북경에 도착했다. 학술 활동을 하는 대신에 그를 기다리고 있는 것은 전투였다. 다르시(Darcy)[2] 대위의 명을 받아 의화단에 포위된 프랑스 대표부를 방어했다. 일련의 용감한 행동으로 펠리오는 적의 깃발을 빼앗아 22세의 나이로 레지옹 도뇌르(Légion d'Honneur) 훈장을 받았다.

1901년 사이공으로 돌아온 그는 곧바로 3월부터 5월까지 중국으로의 두 번째 임무를 맡았다. 이를 통해 그는 프랑스학교를 위해 중국, 티베트, 몽골 문헌들뿐만 아니라 예술품, 칠기, 법랑과 청동기를 가져왔다. 세 번째 여행은 다음 해에 있었는데, 5월에서 10월까지 유사

---

2 유젠느 다르시(Eugène Darcy, 1868~1938): 프랑스 해군 장교이다. 1900년 의화단 사건이 일어나 프랑스 대표부를 방어하기 위해 5월 29일 중국에 도착하여 임무를 성공적으로 이끌었다. 이 공로로 레지옹 도뇌르 무공 훈장을 받았다. 펠리오는 바로 이때 다르시의 소환을 받았다. 당시 군사 활동을 기록한 『북경 프랑스 대표부 방어(La défense de la légation de France à Pékin)』(1901)를 출간했는데, 1903년 아카데미 프랑세즈의 몽티옹(Montyon) 상을 받았다. 의화단 사건 연구에 있어 주목할 만한 자료이다.

한 결과를 얻었다. 현재 활용하고 있는 문헌 자료 24,000책, 많은 옛날 판본들을 가져왔다. 텅 비어 있었던 학교의 중국 장서고는 이제 중국과 일본 이외에 존재하는 것 중에서 가장 중요한 위치를 차지했다. 그 중에서 그림들은 루브르 박물관으로 옮겨졌다.

펠리오는 1904년 8월 프랑스로 돌아와, 1905년 알제리에서 있었던 제14차 동양학자 학술대회(Congrès des Orientalistes)에 참석했다가, 동양학 연구와 관련된 출판물들을 사들이기 위해 러시아로 갔다.

여기에서 초기 작업을 설명하기 위해 멈추도록 하자. 그의 작업은 『극동프랑스학교학보(BEFEO)』두 번째 권부터, 말하자면 1902년부터로, 13세기 중국에서 앙코르까지 사신을 수행한 중국의 문인 주달관(周達觀)[3]의 저술에 따른 것은 바로 캄보디아의 관습에 관련된 한 논

---

3 주달관(周達觀, 1266~1346): 13세기 말에서~14세기에 활동한 캄보디아로 가는 원나라의 사신단을 수행한 사람이다. 『원사(元史)』에는 그의 전기가 없으므로 당시 관리를 지내고 있었는지는 확인할 수 없다. 주달관은 원나라가 남송을 정복했을 즈음에

문이다. 분명, 이 자료는 이미 1세기 전에 아벨 레무사(Abel Rémusat)[4]에
의해 번역되었으나, 펠리오가 다시 상세한 주석과 함께 번역한 것으

태어났다. 당시 원나라는 참파, 안남, 캄보디아를 공략했으나 자연환경 때문에 실패
했다. 이들을 효과적으로 위협하기 위해 캄보디아 주변의 작은 왕국들을 귀순시키
려 했다. 이에 사절단을 꾸리게 되는데, 주달관이 여기에 참여했다. 그가 남해에 나
아간 경험이 있어서인지, 당시 온주(溫州)에 파견된 관리였는지, 아니면 그 나라 말
에 능통해서였는지는 밝혀지지 않았다. 주달관이 수행한 사신단은 원정(元貞) 2년
(1296) 명주(明州)에서 출발하여 온주(溫州)에서 바다로 나아가 3월 15일 참파에 도착
했고, 이후 역풍을 만나 7월이 되어서야 캄보디아 앙코르에 도착한다. 이듬해 서남
계절풍을 기다려야 했으므로 결국 1년을 앙코르에 체류하게 된 셈이다. 대덕(大德)
원년(1297)년 6월이 되어서야 귀국길에 올라 8월 12일 영파(寧波)에 도착했다. 귀국
한 뒤에 그는 『진랍풍토기(眞臘風土記)』를 지어 캄보디아의 도읍과 풍토, 인정, 여정
등을 자세하게 기록했다. 이 책은 늦어도 원나라 지대(至大) 4년(1311)에는 완성되었
음이 틀림없다. 분량은 8,500자에 달하며 41개 단락으로 나뉘어 있다. 이 책은 아
벨 레무사(Jean-Pierre Abel-Rémusat)가 『중국 역사에서 발췌한 이 나라에 대한 연대
기적 기술에 선행하는, 13세기 말 방문한 한 여행가가 지은 캄보디아 왕국의 기술
(Description du royaume de Cambodge par un voyageur chinois qui a visité cette contrée à
la fin du XIII siècle, précédée d'une notice chronologique sur ce même pays, extraite des
annales de la Chine)』란 서명으로 연구했고 이를 검토 보완하여 펠리오가 『주달관의
캄보디아 풍습에 관한 기술(Mémoires sur les coutumes du Cambodge de Tcheou
Ta-Kouan)』로 역주하였는데, 『진랍풍토기』 번역과 연구의 선구적인 책이다.

4 아벨 레무사(Jean-Pierre Abel-Rémusat, 1788~1832): 콜레주 드 프랑스(Collège de France)
중국학 초대 학과장으로 알려진 프랑스 중국학자이다. 의사로서 중국어를 공부하여
1811년에는 중국 문학과 언어(『Essai sur la langue et la littérature chinoises』)에 관한 논
문을 발표했다. 1814년 콜레주 드 프랑스의 교수로 임명되어 중국어와 몽골·만주어
학과장을 맡았다. 그는 『상서』, 『도덕경』, 네스토리안 비문, 공자의 삶에 관한 중국
어와 만주어 판본들을 강의했다. 이듬해 금석학 및 문학 아카데미의 임원으로 선출
되었고, 1824년에는 왕립 도서관의 동양 메뉴스크립트 큐레이터로 임명되었고 1832
년 보관소장이 되었다. 1822년 아시아협회의 발기인 중의 한 사람으로 죽을 때까지
사무국장으로 일했다. 그는 또한 국립도서관에 소속된 동양어학교의 교육과정에도
참여하기도 하였다. 특히 그는 중국의 『Iu-kiao-li(玉嬌梨)』 같은 소설을 유럽에 번역
소개하여 괴테와 스탕달 같은 대문호들의 관심을 받았다. 중국어 분야에서 중국어
가 가진 고유한 정신을 유럽어의 문법을 적용하여 설명한 당시 독보적인 연구성과
를 남겼고, 또한 일본학에서의 연구 활동 역시 이러한 토대 연구의 틀을 제공하고
있다. 마지막으로 1830년 『문헌통고(文獻通考)』의 첫 번째 권인 경전편을 번역하기
시작하여 1832년 첫 번째 책을 완성했으나 콜레라로 인쇄되기 전에 죽었다.

로, 이 초기의 연구 작업은 오늘날에도 옛 캄보디아를 연구하는데 중요한 자료가 되고 있다. 아이모니에(Aymonier)[5], 피노(Finot)[6], 그리

5 에티엔느 아이모니에(Étienne François Aymonier, 1844~1929): 프랑스 식민지 장교이자 행정관, 독학으로 성취한 학자, 참과 크메르 비문 연구를 개척한 사람, 프랑스 제국의 팽창 시기 캄보디아와 라오스 탐험가이다. 아이모니에는 현 베트남 남부에 있었던 참파 문명을 발견한 사람으로 알려져 있다. 여러 차례의 탐사를 통하여 아이모니에는 귀메 박물관에 크메르 예술품들을 가장 많이 기증했다. 그는 식민학교의 교장으로 파리에서 삶을 마감했다. 생 시르(Saint Cyr)의 제자였던 그는 1869년 인도차이나로 갔다. 1871년 사이공 남쪽의 원주민 문제를 조사하는 관리로 파견되었다. 그곳에서 그는 현지어인 크메르어를 배웠다. 1874년 그는 견습 행정관 연수원의 캄보디아어 교수로 임명되었고, 최초로 프랑스-캄보디아어 사전을 출간했으며, 1878년에는 크메르-프랑스어 사전을 출판했다. 인도차이나 발굴에 사로잡혀있었던 아이모니에는 비문 탁본을 했고, 정보원들을 고용했으며, 지리적 일람표를 만들 캄보디아인들을 구성했다. 1881년부터 그는 금석문 및 문학 아카데미의 바르트(Auguste Barth, 1834~1916), 세나르(Émile Senart, 1847~1928), 베르갠느(Abel Bergaigne, 1838~1888)와 같은 학자들에게 산스크리트어 비문을 제공하면서 크메르어와 참어에 대한 자료연구를 그만두었다. 그는 최초로 참어 문법(1889)과 그의 마그눔 오푸스(opus magnum)인 『캄보디아(Le Cambodge)』(1900~1904)을 출간했다. 1904년 인도차이나반도 남쪽에서 인도화한 고대 왕국인 부남과 연관하여 중국학자 폴 펠리오와 논쟁을 벌였다. 2년 뒤에 아이모니에는 앙뜨완 카바통(Antoine Cabaton)과 함께 쓴 캄보디아-프랑스어 사전을 『BEFEO』에 발표했다. 다산의 이 학자는 하나의 행정관으로 그치지 않았다. 그는 1886년~1888년까지 빈뜨완 성의 공관을 중심으로 진정한 식민 개혁을 이루어냈다. 그는 채무에 의한 노예제도를 폐지했고 안남인들을 통제하기 위해 참과 크메르인 사람들에 의지하려 했다. 상관에게 무모하게 주장을 편 끝에 아이모니에는 1888년 프랑스로 귀국했다. 당시 그는 인도차이나와 관련하여 전반적인 전시를 준비하고 있었다. 1889~1905년까지 식민학교 교장이었던 그는 미래의 행정관들과 아시아의 프랑스 관료들에게 안남어, 캄보디아어, 한자, 인도차이나의 역사와 법제를 가르치기 위한 인도차이나 학과를 개설하기도 했다.

6 루이 피노(Louis Finot, 1864~1935): 동남아시아의 문헌학과 비문에 조예가 깊은 프랑스의 고고학자이자 동양학자이다. 1890년 국립도서관 실습생이 되었고, 1892년에는 사서로 출발했다. 실뱅 레비교수에게 산스크리트어를 배워 1894년에는 학위를 받았고, 고등실용학술학교(EPHE)의 산스크리트어 조교로 임명되었다. 1897년 폴 두메(Paul Doumer, 1857~1932)가 세운 인도차이나 고고학 탐사대(1898년 극동 프랑스학교(EFEO)의 전신)의 교장이 되었고(이후 4차례를 더 맡음), 1920~1930년에는 콜레주 드 프랑스에서 인도차이나 역사와 문헌학과 교수를 역임했으며, 1930년 1월 사이공에서 돌아온 그는 뚤롱(Toulon)에 정착했고, 1933년에는 금석문 및 문학의 아카데미의 임원이 되었다. 2년 뒤인 1935년 3월 16일 뚤롱에서 수술후유증으로 사망했다. 하노

고 더 이후의 세데스(Coedès)[7] 씨의 기술들은 이 작업에 수반된 관심임을 입증해 준다. 같은 해, 펠리오는 중국에서 없어졌지만, 일본에서 되찾은 중국 문헌들을 다루었다. 그는 초기 음성학적 사전 중에서 당시 알려진 가장 오래된 활판 인쇄 사본으로서, 913년에 인쇄된 자료를 서술했다. 이러한 문헌 해제(Notes de bibliographie)들은 9년 뒤, 법률자료와 19세기 중국의 학자 육심원(陸心源)[8]의 저술에 관한

이와 다낭에 그의 연구 활동에 헌정하는 두 박물관이 세워졌다.

7 조르주 세데스(George Cœdès, 1886~1969): 프랑스 동남아시아 고고학과 역사학자이다. 고등실용학술학교(EPHE)의 종교학 분과 출신으로, 스승 푸세(Alfred Foucher)에게 산스크리트어와 고고학 그리고 도상학의 방법론을 배웠다. 1911년 10월 24일 극동 프랑스학교(EFEO)의 연수생으로 발탁되어 저명한 이집트 학자였던 가스통 마스페로(Gaston Maspero, 1846~1916)의 아들인 앙리 마스페로(Henri Maspero, 1883~1945)를 이었다. 이해 말에 캄보디아로 떠났다. 세계 1차 대전으로 연구자들을 잃지 않고자 했던 루이 피노(Louis Finot)의 개입으로 계획이 변경되었다. 그러나 1917년 시암은 독일과의 전쟁을 선포하면서 당시 방콕의 국립 도서관장이었던 오스카 프랑크푸르터(Oscar Frankfurter)가 독일로 돌아갔다. 담롱(Damrong) 왕은 세데스에게 그 자리를 제안하여 1917년 12월에 시암(태국) 정부에 들어갔다. 1929년 극동 프랑스학교의 수장으로 임명되었고 1946년까지 자리를 지켰다. 1947년 1월 중순에 그는 파리 엉네리(Ennery) 박물관의 큐레이터로 임명되었다. 1947년 대학에 들어와 인류학 교수로서 인도차이나 역사를 담당했으며, 특히 타이어 교육을 맡았다. 35년 동안 집요하게 아시아의 기념물들과 비문들을 판독해 내며, 현지의 학자들과 세계의 학자들을 연결해 준 경험은 동양학의 새로운 연구 세계를 형성하는 데 공헌했다. 세데스는 동남아시아 연구에 있어서 토대가 되는 두 저술을 냈다. 바로 『인도차이나와 인도네시아의 인도화한 정부들(Les États hindouisés d'Indochine et d'Indonésie)』(1948)과 『인도차이나반도의 민족들(Les peuples de la péninsule indochinoise)』(1962)이다. 우리가 수마트라섬의 남쪽 현 팔렘방의 자리를 차지하고 있었다고 생각했던 슈리비자야(Sri Vijaya)의 인도네시아 왕국을 '재발견'한 것은 바로 세데스의 공헌이다.

8 육심원(陸心源, 1838~1894): 청나라 저명한 장서가 중 한 사람으로, 자는 강보(剛甫) 호는 존재(存齋)이다. 함풍(咸豊) 9년(1859)에 거인이 되어 태평천국의 난을 진압하는 데 참여했고, 동치(同治) 4년(1865)에는 복건성 염운사(鹽運使)를 지내며 토적을 소탕하는 공을 세웠으나 이후 고발되어 삭탈관직을 당했다. 귀향하여 벽송루(皕宋樓), 십만권루(十萬卷樓), 수선각(守先閣) 등의 서고를 지어 장서 15만여 권을 소장했다. 그뿐만 아니라 유문(遺文)을 모아 『당문습유(唐文拾遺)』 72권과 『당문속습(唐文續拾)』 16권을 편집하여 문헌학에 공헌했다. 한편 금석학 분야에서도 조예가 깊어 광서(光緒)

연구로 이어졌다. 사람들은 오늘날까지 가장 다양하고 엄청난 문헌 자료 영역에서 펠리오를 하나의 출발점으로 본다. 그리고 이 육심원에 관한 작업은 20년 뒤에 동시대 학자인 왕국유(王國維)[9]의 저술에 관해 제시한 심오한 분석들과 쌍벽을 이룬다. 초기의 문헌 해제들부터 항상 깨어있는 비판적 감각을 갖춘 중국 문인처럼 읽은 것은 모두 기록하면서 그는 모든 분야에 정통했다.

프랑스의 중국학이 최소한 학술적 방면에서 스타니스라스 줄리앙 (Stanislas Julien)[10]이 죽은 이후로 쇠퇴하고 있었음을 생각해야 한다.

12년(1886) 『금석록보(金石錄補)』, 18년(1892)에는 『양리관과안록(攘梨館過眼錄)』과 같은 책을 편찬했다. 사후에 그의 아들 육수번(陸樹藩)이 경영에 실패하면서 대량의 책이 일본 이와사키(岩崎)의 세이카도우 분코(静嘉堂文庫)로 흘러 들어갔다.

9 왕국유(王國維, 1877~1927): 『인간사화(人間詞話)』와 『송원희곡고(宋元戲曲考)』를 대표 저서로 우리에게 잘 알려진 청말 민국 초의 인문학자이다. 그가 둔황학에 접근한 것은 나진옥(羅振玉, 1866~1940)과의 교유를 통한 것으로, 만년의 연구 분야이다. 1925년 청화학교 국학연구소에서 학생들을 가르치면서 중국 서북지역 지리, 몽골사, 둔황학 연구에 주력하여 『고사신증(古史新證)』, 『달단고(韃靼考)』, 『요금시몽고고(遼金時蒙古考)』등의 학술서를 남겼다. 1927년 6월 3일 이화원 곤명호에 투신자살하였다. 펠리오는 "근대 중국의 학자 중에서 세계적 석학으로 왕국유와 진원(陳垣, 1880~1971)이 있을 뿐이다"라는 평가를 남기기도 했다. 자세한 것은 류창교저, 『왕국유평전』(2005)를 참고하시오.

10 스타니스라스 줄리앙(Stanislas Aignan Julien, 1797~1873): 콜레주 드 프랑스 중국학과에서 40년 동안 활동한 프랑스의 중국학자로, 학문적으로 가장 존경할 만한 학자 중 한 사람이다. 그는 콜레주 드 프랑스의 학생으로 들어와 그리스어를 시작으로 아랍어, 히브리어, 페르시아어 그리고 산스크리트어를 배웠다. 1821년 그리스어 조교수로 임명되었다. 1823년 말 아벨 레무사(Jean-Pierre Abel-Rémusat)의 교수를 만나 중국어를 시작했고, 6개월 만에 『맹자』를 라틴어로 번역했다. 이어 그는 만주어를 학습했다. 1827년 그는 프랑스 학사원(l'Institut de France) 사서보로 임명되었고, 1832년 레무사의 죽음으로 그의 교수직을 이었으며, 이듬해에는 금석문 및 문학 아카데미의 임원으로 선출되었다. 중국문학 방면에서 솔로몬의 판결과 유사한 장면이 들어있는 잡극 『회란기(灰闌記)(L'Histoire du cercle de craie)』를 필두로 『조씨고아 (Tchao-chi kou eul)』를 번역하였다. 다음으로 도교 방면에서, 1835년 『태상감응편(太

255

다만 에두아르 샤반느(Edouard Chavannes)가 불꽃을 되살려 역사와 고고학 방면에서 놀라운 작업을 시도하고 있었을 뿐이다. 그러나 샤반느의 초기 연구라고 해봐야 실제로는 1893년을 거슬러 올라가지 않으므로 펠리오의 작업과는 겨우 9년밖에 차이가 나지 않는다.

펠리오는 1903년, 『BEFEO』에 오늘날 코친차이나와 캄보디아를 차지하고 있는 부남(扶南, 현 베트남, 캄보디아, 태국) 왕국에 관한 두꺼운 논문을 실었다. 펠리오는 당나라의 역사서에 따라, 3세기 중반부터 중국에서 마지막 사신을 보낸 6세기 중반까지의 역사를 서술했다. 중국의 자료들은 이 옛 왕국과 그 땅에서 크메르 제국이 건설되었다는 것을 밝혀주는 유일한 것들이다. 이 연구의 결론들은 아이모니에 씨와 매우 활발한 토론을 끌어냈다. 말하자면, 그 결론들은 대략 이러한 토론에서 나온 것으로 확인되었다.[11]

上感應篇)』을 번역했으며, 양잠과 관련하여 1837년에는 『상잠집요(桑蠶輯要, Résumé des principaux traits chinois sur la culture des mûriers, et l'éducation des vers-de-soie)』를 번역했다. 1839년 왕립 도서관의 사서보가 되면서부터 중국어의 문법과 문장론을 다루는 연구들을 출간했다. 1842년 『도덕경』을 번역했고, 이후 불교 문헌에 관심을 가지고 1853년에는 산스크리트어 지식을 동원하여 『대당서역기(大唐西域記)』을 번역해 냈다. 그로부터 6년 뒤에는 중국어와 산스크리트어의 음역과 판독 문제를 다루었다. 그의 관심은 도자기 예술에까지 이어져 『경덕진도록(景德鎭陶錄)』를 번역해 냈다. 만년의 가장 중요한 작업으로는 『중국어 통사론(Syntax Nouvelle de la Langue Chinoise)』(1869)을 들 수 있다. 학문적 엄격함과 천부적 재능을 가졌던 줄리앙은 고약한 성격의 소유자로 악명이 높았고, 당시 대부분 학자와 사이가 좋지 않았다. 하지만 줄리앙의 학술적 활동은 잘 알려졌고 19세기 유럽의 중국학자들을 이끌었다. 1872년 금석문 및 문학 아카데미는 스타니스라스 줄리앙 상을 만들어 1875년부터 매년 중국학 연구자들에게 수여하고 있다.

11 펠리오가 아이모니에와의 토론을 정리한 것은 바로 『BEFEO』, 1904년에 발표한 「8세기 말 중국에서 인도로 가는 두 갈래 여정(Deux itinéraires de Chine en Inde à la fin du VIIIe siècle)」이다. 펠리오는 논문 뒤에 별도로 한 장을 첨부하고, 아이모

한편, 이러한 연구 초기에 펠리오는 문헌상의 중국과 옛 캄보디아에만 국한되지 않았다. 그는 마지막으로 프랑스학교의 25주년 기념집인 『아시아연구(Études Asiatiques)』로 돌아와 인도화된 인도차이나에 관한 중국 문헌들을 기술했다. 카르디에(P. Cadière)[12]와 협력하여 그는 1904년 안남(安南, 현 베트남 하노이)의 역사에 관한 안남인의 자료들을 조사했다. 이 나라의 옛 역사적 문헌으로 남아있는 것에 대한 최초의 목록이다. 총 175호에 달하는 이 목록은 이후의 연구자들이 더 보탠 것들이다.

같은 해 토대 저술 중 하나가 나타났는데, 그로써 펠리오는 인도차이나 역사 지리 연구의 시조임을 입증하고 있다. 그것은 바로 8세기 말 통킹에서 운남과 미얀마를 경유하여 인도로 이르는 여정과 광주에서 남해를 경유하여 실론 그리고 카니아쿠마리(Cape Comorin)로

니에 씨의 오류를 낱낱이 검증했다. 이에 대해서는 역자의 『8세기 말 중국에서 인도로 가는 두 갈래 여정』(영남대학교 출판부, 2021)을 참고하시오.

12 레오폴드 카르디에(R. P. Léopold Cadière, 1869~1955): 파리외방전교회(Missions étrangères de Paris) 선교사이자 역사가, 언어학자, 인류학자로, 20세기 초 베트남 역사, 종교, 관습, 언어에 관한 250여 종의 연구성과를 남겼다. 가난한 농부의 아들로 태어난 카르디에는 1892년 9월 24일 신부 서품을 받고, 곧바로 10월 20일 베트남 후에에 도착하여 루이 가스파르(Louis Caspar, 1841~1917)와 합류했다. 1893년에는 안닌(An Ninh), 이듬해에는 푸쑤언(Phu Xuân) 신학교의 교수로 활동했다. 1901년부터 극동 프랑스학교학보(BEFEO)에 참여했고, 그의 학술적 성과는 1903년 금석문 및 문학 아카데미의 인정을 받았다. 1910년 귀국했다가 다시 아시아로 돌아와 후에 선교학교의 부속 사제가 되어 『옛 후에 우정 회보(Bulletin des amis du vieux Huê)』를 간행했다. 1918년 지 로안(Di Loan)의 주임신부가 되었다. 이후 비엣 민(Việt Minh)의 정치적 사건에 따른 희생양이 되어 1946~1953년까지 가택연금을 당하기도 했다. 이 신부의 학술적 성과 중에서 『안남어 음성학: 상부 안남의 방언(Phonétique annamite : dialecte du Haut-Annam)』(1903)과 『베트남인의 신앙과 종교 활동(Croyances et pratiques religieuses des Viêtnamiens)』(3책, 1944, 1955~1957)을 대표작으로 꼽을 수 있다.

이르는 중국의 두 갈래 길에 관한 연구로, 중간에 인도차이나를 가로지르는 다른 두 갈래 길이 분석되어 있다. 이 연구 작업은 초창기에 레무사와 스타니스라스 줄리앙에 의해 연구되고 샤반느와 실비앙 레비(Sylvain Lévi)의 연구로 이어지는 일련의 여행기록 중에서 한편의 대작에 들어간다. 드미에빌(Demiéville)[13]씨는 이 연구 작업을 '격랑(lame de fond)', '해일(raz de marée)'이라 언급하며, "아무것도 막을 수 없는, 아니 모든 것을 멈추게 한다. 중국의 옛 명칭들, 시암, 실론, 인슐린드(Insulinde, 말레이군도), 말레이시아의 기원, 강태(康泰), 현장(玄奘), 의정(義淨), 마르코 폴로의 여행들, 이 모든 탐험가의 운명은 언제나 그를 유혹했다. 왜냐하면, 그들은 그처럼 풀어야 할 난제들에 사로잡혀 미지의 세계로 나갔기 때문이다!"라고 덧붙였다. 옛 제자의 연구가 나온 뒤로, 스승이었던 샤반느의 증언에 따르면, "두 여정을

---

13 폴 드미에빌(Paul Demiéville, 1894~1979): 스위스 출신의 프랑스 중국학자이다. 1915년 런던에서 중국어를 공부하기 시작한 그는 국립동양언어문화연구학교(INALCO)에서 학업을 이어갔다. 이후 콜레주 드 프랑스에서 에두아르 샤반느의 제자가 되었고 실뱅 레비에게 산스크리트어를 배웠다. 이어서 극동 프랑스학교(EFEO) 유급 연수생이 되어 하노이에 체류했다(1920~1924). 1924~1926년까지 아모이 대학에서 산스크리트어와 철학을 교수했다. 1926~1930년까지는 도쿄의 프랑스-일본 회관(la maison franco-japonaise de Tōkyō)의 관장이 되어 불교 백과사전인 『호보기린(Hōbōgirin)』의 편집장을 맡았다. 1930년 프랑스로 돌아온 그는 프랑스 국적을 취득했고 이듬해 국립동양언어문화연구학교의 교수가 되었다. 1945년에는 고등실용학술학교(EPHE) 제4분과(역사 문헌학)의 연구교수가 되었고 1956년까지 불교 철학을 교수했다. 1946년에는 콜레주 드 프랑스 교수로 임명되어 앙리 마스페로를 이으면서 1964년까지 중국 문학과 언어를 담당했다. 한편 1945~1975년까지 『통보』의 회장이 되었다. 2차 세계 대전 이후, 폴 펠리오, 앙리 마스페로, 마르셀 그라네를 잇는 유일한 프랑스 중국학자로 남게 된다. 그의 학술 활동은 세계적 명성을 얻었으며, 남긴 연구성과는 문헌해제나 서평을 제외하고도 약 180책에 달한다. 드미에빌의 대표연구로는『중국학 연구 선집(Choix d'études sinologiques)』(1973), 『불교학 연구 선집(Choix d'études bouddhiques)』(1973), 『라싸의 종교회의(Le concile de Lhasa)』(1987)을 들 수 있다.

설명하기 위해⋯몇 개의 노선을 취하여⋯펠리오 씨는 3백 페이지에 달하는 책을 썼다.⋯.사람들은 그의 훌륭한 논문에 탄복할 것이다. 풍부하게 그는 정말 놀라운 자료들의 중심에서 움직였고, 박식함으로 중국, 인도차이나, 인도의 지리와 관련된 모든 출판물을 익숙하게 하였고, 근거의 완벽한 명료함으로 거의 설명될 수 없는 문제들을 다루었으며, 판단의 정확성으로 가장 어려운 경우에도 가장 그럴법한 해결책을 제시했다." 이는 펠리오의 한 성과지만 동일한 칭송이 어느 정도 적용될 수 있지 않을까?

그렇지만 이 위대한 한학자의 경력에서 결정적인 전환점이 이루어졌다. 바로 중앙아시아 탐사로, 1905년 8월에 부여되었다. 이 탐사는 학술원과 동양학 방면에서 존경할 만한 대표인 에밀 세나르(Emile Senart)가 모두 좋아하는 사람들을 우선으로, 여러 분야 학자들의 경쟁을 통해 조직되었다. 1906년 6월 15일, 지리학자 바이앙 박사(Dr Louis Vaillant), 자연사 연구자이자 사진가였던 누에뜨(Charles Nouette)와 함께 파리를 떠나, 말을 타고 서투르키스탄을 가로질러 카슈가르에 이르렀다. 테구르만(Tegurman, 카슈가르 북쪽)의 불교 유적지를 방문하고, 카슈가르와 쿠차 사이에 있는 오아시스인 툼슈크에 오랫동안 체류하다가 그곳에서 그륀베델(Grünwedel) 이후, 사람들이 무슬림이라고 생각했으나 사실은 불교였던 한 사원의 유적을 찾아냈다. 그는 그곳에서 대량의 유물조각과 9세기 이전의 그레코-불교 양식의 도자기류를 발굴했다. 도중에 그는 카슈가르 지역의 튀르크 방언을 배웠다. 『BEFEO』와 『아시아 저널(Journal Asiatique)』, 『통보

(T'oung Pao)』에 기고한 글들은 그의 여정에 점철되어 있다. 마찬가지로 우리 동료들에게 보낸 편지들은 세나르 씨가 읽어 주었다. 펠리오가 8개월 동안 체류한 쿠차 지역에서, 자세한 조사를 통해 알려지지 않은 언어인 브라흐미로 쓴 필사본들을 가져왔다, 실뱅 레비는 '토하라 B어'로 된 텍스트임을 보여주었고, 이들 중에 팔리어 제목이 유명한 『법구경(Dhammapada)』으로, 이중어로 된 모음집도 있었다. 펠리오는 인공의 석굴을 장식하고 있는 벽화들을 확인하고, 그곳의 건축과 장식이 헬레니즘, 이란, 인도의 영향이 섞인 것임을 입증했다. 그는 그 여정을 서술하고 지리적 명칭들을 고증했다.

한편, 1908년 초, 펠리오는 투르키스탄과 중국 본토 경계에 있는 둔황에 도착했다. 그 장소는 영국의 고고학자 아우럴 스타인(Aurel Stein)이 이전에 탐사했었다. 3월 3일 펠리오는 천불동에 기다리고 있는 '서가'에 접근했다. 이렇게 숨겨진 것은 11세기 초 벽이 만들어졌기 때문이다. 그곳에는 필사본들과 물품이 꽉 들어차 있었다. 우리는 문헌학 방면에서 이루어진 가장 놀랄만한 발견 중 하나를 마주하고 있다. 근거가 없는 것은 아니지만, 사람들은 감숙성에서 발견된 이 서가를 알렉산드리아의 화재가 경서 연구를 앗아간 서가에 비교했다. 게다가 원래 그대로의 대량의 중국어 필사본들, 그리고 산스크리트어, 티베트어, 튀르크 위구르어, 몽골어, 속드어, 동이란어로 된 것들이 있었다. 펠리오는 다음과 같이 말했다.

마침내 열쇠를 가져와, 3월 3일 화요일에 저는 그 석굴 안으로 들어갈 수 있었습니다. 저는 입이 벌어졌습니다. 지난 8년 동안

이 서가에서 빼내 갔으므로 매우 줄어들었을 것으로 생각했습니다. 사방 250㎝의 암실에, 삼면에 어른 키만큼, 두 겹 또는 세 겹의 두루마리들로 가득한 암실을 상상하신다면, 내가 놀란 것을 알 수 있을 것입니다. 두 판자 사이에 넣어 끈으로 묶어 놓은 엄청난 티베트어 필사본들이 한구석에 쌓여 있었습니다. 다른 곳에는 중국어와 티베트어 글자들이 묶음의 끝에서 나타났습니다. 저는 몇몇 묶음들을 풀어보았습니다. 필사본들은 대부분 조각나 있었고, 처음과 끝이 손상되거나 중간이 찢어졌거나 간혹 제목만 남은 것들이 있었습니다. 그러나 제가 본 몇몇 연도는 모두 11세기 이전이었고, 이 첫 번째 조사에서 저는 브라흐미어와 위구르어로 된 뽀티(poṭhī) 몇 장을 접하게 되었습니다. 저의 몫을 빠르게 챙겼지요. 적어도 서가 전체에 대한 개괄적 조사가 필요하여 그렇게 해야 했습니다. 이쪽에서 저쪽까지 15,000~20,000개의 두루마리가 그곳에 있었는데, 상상할 수도 없었습니다. 6개월 동안 보아도 다 보지 못했을 것입니다. 그러나 우리에게 새로운 것을 선물할 기회가 왔으니 적어도 모두 열어 보고 각 문서의 성격을 알아야 했습니다. 그래서 두 부분으로 나누었는데, 어떤 값을 치르더라도 얻어내야 하는 것과 얻으려 노력은 하되 때에 따라서는 단념할 수도 있는 것으로 말입니다. 부지런히 했음에도 불구하고 이러한 시도는 3주 이상이 걸렸습니다. 처음 10일간 나는 하루에 1천 개의 두루마리를 다루었습니다. 기록적인 일이었지요. 암실에 웅크리고 앉아 시간당 100개씩, 문헌학자들의 쓰임에 맞춘 자동차 속도였습니다. 그다음은 속도가 느려졌습니다. 우선 조금 지친 데다, 묶음들의 먼지가 내 목을 막히게 했습니다. 그리고 구매하는 협상이 시간을 끌었는데, 말하자면 그것들이 시간을 낭비한 것이었습니다. 또한, 성급한 작업은 당연히 돌발적인 위험이 없을 수 없었지요. 내가 차지하고자 했었던 문서들이 무르익은 조사과정에서 멀

261

어질 수 있었습니다. 아무튼, 나는 중요한 것을 빠뜨리지 않았다고는 생각하지 않습니다. 내 손을 거치지 않은 것이 하나의 두루마리나 한 조각의 종이가 아닙니다. 신만이 이러한 파편들이 있다는 것을 알 것입니다. 제가 마음속에 그렸던 범위를 벗어나 날 것 같은 그 어떤 것도 배제하지 않았습니다. 저는 제가 찾은 이것들을 당신께 알려주는 것만 남았습니다.

원한다면 그의 호기로움을 비웃을 수도 있다. 그러나 저러한 조건에서 중요한 두루마리들을 분별하고 한눈에 5천여 필사본을 선별하여 프랑스로 가져올 수 있었던 지식과 정신력을 떠올려 보라. 그 필사본들은 오늘날 국립도서관 펠리오 장서(Fonds Pelliot de la Bibliothèque Nationale)중 가장 중요한 부분을 이루고 있다. 그 나머지는 중국과 일본의 개인 서고에 들어가 있다. 장차 동서양 학자들의 연구들이 둔황의 자료를 통해 결정되고 이루어질 것이다. 무엇보다도 다양한 방면에서 동시적으로 이루어진 펠리오의 연구를 들어야 할 것이다.

필사본들 이외에 천불동 석굴의 벽화들—이 벽화들은 송나라 이전에 그려진 것으로 중국에서 알려진 유일한 것들이다—, 비단, 천, 종이에 그려진 그림, 수채화, 석조상, 제단, 다양한 색상의 회반죽, 수제품, 필사본 장식, 붓다를 표현한 것들의 윤곽을 따라 그리기 위해 잘린 이미지들과 화판들이 있었다는 것을 추가해야 한다. 이들 대부분이 복합적인 영향을 받았지만, 완전히 초기적인 양식은 중국예술 발전에 새로운 국면을 제시한다. 6권으로 이루어진 도판이 펠리오의 배려 속에 1920~1924년 사이에 출판되었다. 약간의 예술품들은 하노이 박물관을 풍성하게 했고, 다른 것들은 루브르, 귀메 박물관(Musée Guimet)을 채웠다. 이 귀메 박물관에서 나중에 하킨(Hackin)[14]이 이들에 대한 역사적 고증을 시도했다.

1909년 중국으로 돌아온 펠리오는 우리의 소장 도서에 빠져 있었던 3만 권에 달하는 대량의 책들을 확보하여, 서양에서 가장 풍부한 국가 도서관을 만들었다. 이러한 도서 구입에 관하여 사람들은 신랄한 어투를 보이는데, 여기에서 반복하고 싶지는 않다. 그가 가지고 있던 자금은 이러한 지출을 허용하지 않았다. 그러나 그는 북경의 군중들 속에서 브리지 게임을 했고, 확실한 기억력으로 얻어야 할 것에 대해서는 매번 이겼다. 그 모든 것들은 오늘날 헤아릴 수 없는 가치를 드러내고 있다.

---

14 요셉 하킨(Joseph Hackin, 1886~1941): 룩셈부르크 출신의 프랑스 고고학자이다. 파리 국립동양언어문화연구학교와 파리 정치대학(l'École libre des sciences politiques)을 졸업한 그는 1907년 동양 문화에 관심이 많았던 사업가 에밀 귀메(Émile Guimet, 1836~1918)의 비서가 되었다. 이듬해 고등실용학술학교에 들어가 산스크리트어와 티베트어를 배우고 1912년 졸업했다. 1912년 프랑스 국적을 취득하고 이듬해 귀메 박물관의 부 큐레이터가 되었다. 이후 1차대전에 참전하여 무공 훈장을 받았다. 세 번씩이나 다친 몸으로 1916년 박사학위를 취득하고 1923년 귀메 박물관의 큐레이터로 활동했다. 특히 1923년부터 아프가니스탄에서 바미얀, 베그람 등지에서 많은 탐사 연구를 수행했다. 또한, 1930~1933년에는 도쿄의 프랑스-일본회관을 지휘하며, 앙드레 시트로엥(André Citroën, 1878~1919)이 1931~1932년간 기획한 중앙아시아탐사(Mission Centre Asie)에도 참여했다. 이어 1934년에는 아프가니스탄 프랑스 고고학 대표단 단장을 역임하면서 아프가니스탄의 고고학적 많은 재발견을 이끌었다. 그의 대표 연구서로는 『중앙아시아에서의 고고학적 탐사 연구(Recherches Archéologiques en Asie Centrale)』(1931), 장 칼(J. Carl) 그리고 장 뮈니에(J. Meunié)와 공동으로 쓴 『아프가니스탄에서의 여러 고고학 연구: 1933~1940(Diverses recherches archéologiques en Afghanistan: 1933-1940)』를 들 수 있다.

하노이에서 몇 달을 머무른 뒤에 펠리오는 1909년 5월 중국으로 다시 떠났다가 10월에 파리로 돌아와 지리학회(Société de Géographie)와 프랑스 아시아 위원회(Comité de l'Asie française)에 의해 소르본 대학에 정중한 초빙을 받았다. 1910년 2월 25일 펠리오는 학술원에 보고서를 발표했다. 3월 12일 펠리오 공간이 루브르 박물관에 만들 어졌다.

1911년 콜레주 드 프랑스에 중앙아시아의 언어, 역사 그리고 고고학 분과의 설치가 승인되었다.

펠리오가 이 시기 발표한 작업은 직접 둔황에서 나왔다. 바로 1911년 『아시아 저널』에 발표했다. 이어서 1913년에는 샤반느와 협력하여, 북경의 한 학자가 간행한 중국어로 된 마니교 교리서를 번역했다.[15] 여기에는 파리로 가져온 중요한 조각들도 포함되었다. 이 번역은 풍부한 주석을 담고 있고, 이전에 알려지거나 보고된 50여 자료들과 비교했으며, 오늘날까지 극동의 마니교에 관한 중요한 최근 연구를 제시하고 있다. 펠리오는 이 주제에 관해 초기부터 관심을 보였지만 상당히 막연한 정보들을 모아 놓는 정도에 그쳤을 뿐이었다. 이제 사람들은 7세기 말에 중국인들이 투르키스탄을 정복하면서 마니교도들에게 동방으로 길을 열어 주었다는 것, 한 세기 이후에는

---

15 이 역주서는 샤반느(E.D. Chavannes)와 펠리오(P. Pelliot)가 『Journal Asiatique』 1911년 11~12월호와 1913년 1~4월호에 역주하여 발표하였고, 이를 그대로 발췌하여 1913년 『중국에서 찾은 마니교 교리(Un traité manichéen retrouvé en Chine)』란 제목으로 파리에서 단행본으로 간행되었다.

위구르인, 몽골과 투르키스탄의 튀르크인이 국교로 마니교를 채택했다는 것, 단 이슬람의 압박만이 결정적으로 마니교리의 전파를 막을 수 있었다는 것을 알게 되었다. 불경의 방식으로 편집된 둔황에서 찾은 논서는 694년 중국에 가져온 중국 마니교의 기본 저술인 『마니광불교법의략(摩尼光佛教法儀略)』의 한 부분일 것이다. 연구의 순서로 말하자면 1923년의 한 논문이 이를 다루고 있는데, 이 논문에서 펠리오는 복주(福州) 지역에서 17세기까지 광명교의 존속을 밝혔다. 이 논문은 중국학 관련 학술지인 『통보』에 실렸는데, 펠리오는 1911년에 쓰기 시작했고 1920년에 그 방향을 확정했으며 그것을 대체로 끝까지 이어갔다.[16]

그러나 우리는 분야마다 중앙아시아의 자료들을 해독해 갔다. 과거에는 사카어였고, 오늘날에는 호탄어인 바로 동이란어라고 부르는 것, 말하자면 불규칙한 이란 방언에 있어서 펠리오는 선구자 역할을 했다. 1913년 불교 자료인 『금광명경(金光明經, Suvarṇaprabhāsa Sūtra)』의 한 조각을 산스크리트 원본과 보관된 중국어 판본의 도움으로 이루어낸 번역은 이 어려운 언어를 더욱 분명하게 알아볼 수 있게 해주었다. 노르웨이의 스텐 코노브(Sten Konow)[17], 베일리(Bailey)[18]의 이

---

16 「복건성에 있는 마니교들의 전승(Les traditions manichéennes au Foukien)」, 『통보』, 22(1923), 193~208쪽에 수록되어 있다.
17 스텐 코노브(Sten Konow, 1867~1948): 노르웨이 동양학자이다. 1884년부터 오슬로 대학과 오슬로 크리스티나 대학에서 고전과 게르만 문헌학을 전공하고 1891년 석사 학위를 받았다. 이후 인도 문화에 관심을 가지고 산스크리트어를 독학했다. 할레(Halle)와 베를린에서 인도-유럽어 비교언어학과 인도 문헌학을 공부하여 1893년 할레에서 『사마비다나-브라마나에 관하여(Ueber das Sāmavidhāna-brāhmaṇa)』로 박사 학위를 받았다. 이후 1894~1896년까지 베를린 왕립 도서관 동양학 분야에서 사서

후 연구들은 부분적으로 둔황의 발굴 자료들에 근거하고 있다.

한편 펠리오는 오랫동안 이란 문제에 사로잡혀있었다. 이란인들은

보조로 일했고, 1896년에는 오슬로 대학에서 인도 문헌학으로 강사를 역임했다. 1900~1903년 조지 그리엘손 경(Sir George Grierson)의 인도의 언어학적 고찰 연구를 도왔고 1906년에는 정부 금석학자로서 인도에 가서 발굴에 참여했고 여러 지역을 여행했다. 1908년 노르웨이로 돌아왔고, 1910년에는 인도 문헌학 독립 강좌가 오슬로 대학에 만들어졌다. 1914년 함부르크에서 인도 문화와 역사 강의를 하다가 1919년 오슬로 대학으로 돌아와 1937년 은퇴할 때까지 인도학 교수를 역임했다. 그간 1924~1925년에는 비스바바라티(Visvabharati) 대학에서 방문학자로 있었다. 또한, 1922년에는 덴마크, 네덜란드, 노르웨이 동료학자들과 『악타 오리엔탈리아(Acta Orientalia)』 학술지를 창간하고 종신토록 편집장을 맡았다. 그는 북서쪽 인도 금석문에 관한 연구와 연관하여 중앙아시아에서 발굴된 필사본들에도 주목할 만한 연구하여 중앙아시아 지역의 인도 문화를 밝혀냈다. 신장 지역에서 나온 인도어 문헌들과는 별도로, 호탄인들의 사카어에 선구적 연구를 했다. 이러한 연구 성과는 1932년 『사카어 연구』, 1941년 『호탄어 문법(Khotansakische Grammatik)』으로 출간되었고 『호탄어 입문(Primer of Khotanese)』은 사후인 1949년에 출판되었다. 분리된 사카 방언을 확인한 것은 전적으로 그의 성과이다.

18 해롤드 월터 베일리(Harold Walter Bailey, 1899~1996): 호탄어, 산스크리트 그리고 이란어 비교연구에 정통한 영국의 저명한 학자이다. 농부의 가정에서 태어난 베일리는 독학으로 독일어, 이탈리아어, 스페인어, 라틴어, 그리스어를 공부했고, 타밀어, 아랍어 그리고 일본어가 포함된 성서를 한 권 얻으면서 동양 언어에 관심을 가졌다고 한다. 1921년 웨스턴 오스트레일리아 대학에 들어가 고전을 공부했고, 1927년 에우리피데스(Euripides)로 석사학위를 받았다. 해켓 장학금을 받아 옥스퍼드 대학에 청강했고, 이어 성 캐더린 칼리지(St Catherine's College)에 들어가 인도학자이자 티베트학자인 프레더릭 윌리엄 토마스(Frederick William Thomas, 1867~1956)의 지도로 수학했다. 1929년 수석으로 졸업한 베일리는 동양학 런던 학교(London School of Oriental Studies)에서 조로아스터교 강사로 임명되었고, 1936년 산스크리트어 교수가 되었고 케임브리지 퀸즈 칼리지(Queens' College) 선임연구원이 되었다. 2차 세계 대전 동안 왕립 국제문제 연구소(Royal Institute of International Affairs, 또는 채텀하우스)에서 일했다. 사후에 케임브리지 고대 인도와 이란 문고에 많은 도서를 남겼다. 50개 이상의 언어를 읽을 줄 알았던 그는 1929년 팔라비 문자로 기록된 중세 페르시아 조로아스터교 저술인 『위대한 분다신(Greater Bundahishn)』을 역주하여 박사학위를 받고 사카어의 호탄 방언, 호탄 왕국의 중세 이란어에 있어 독보적이고 세계적인 전문가로 거듭났다. 대표적 학술 성과로는 『호탄 사카어 사전(Dictionary of Khotan Saka)』(1979)를 들 수 있다.

수 세기에 걸쳐 인도 또는 근동과 중국 사이의 중개자들이었다. 1903
년부터 펠리오는 '천신(祆神)' 즉 조로아스터교에 관한 중국의 역사적
기술들을 분석했다. 그는 2세기와 3세기 중국의 역경사들이 우리가
과거 알고 있었던 것처럼 튀르크인들이 아니라 인도인들이었다는 것
을 밝혀냈다. 그들은 불교뿐만 아니라, 네스토리우스교를 전했는데,
이 종교는 7세기부터 아라본(阿羅本)과 함께 중국에 전해졌다. 30책이
되지 않는 네스토리우스교의 자료들이 중국어로 번역되었다. 가장 유
명한 것이 서안부(西安府)의 시리아어 비문으로, 이 비문은 '법사(法師)'
라는 불교식 칭호를 가진 네스토리우스교의 아담이 781년에 작성한
것으로, 이러한 전파를 입증해 주며, 중국의 문헌들은 양자강에 오도
릭(Odoric of Pordenone)[19]의 암시로만 알려져 있었던 이 종파의 교회
가 존재했다는 것을 확인해 주고 있다.[20] 이 주제와 관련하여 학술원
과 이루어진 교류에 있어서 펠리오는 사실상 유럽에서 이러한 작업
을 할 수 있는 유일한 존재였다.

---

[19] 포르데노네의 오도릭(Odoric of Pordenone, 1265?~1331): 이탈리아 프란체스코회 수도
사로, 가톨릭 동방 전교에 종사한 여행가이다. 실론, 수마트라, 자바, 보르네오를
경유하여 북경에 도착한 다음 3년간 체류하다가 1330년 5월에 귀국했다. 이러한
동방으로의 여정을 라틴어로 솔라냐(Friar William of Solagna)가 기록했는데, 원본은
소실되었다. 믿을 만한 판본으로는 가장 오래된(1350년경) 불어본이 『Les voyages
en Asie au XIVe siècle du bienheureux frère Odoric de Pordenone』앙리 꼬르디
에(Henri Cordier)에 의해 출간되었다(파리, 1891). 우리나라에서는 정수일씨가 『오도
릭의 동방기행』(문학동네, 2012)란 제목으로 번역 출간했다.
[20] 펠리오의 네스토리안 연구는 사후 유작으로 출간되었다. 『서안부의 네스토리안
비문(L'inscription nestorienne de Si-ngan-fou)』란 제목에, 안토니오 포르테(Antonino
Forte)의 보충을 담아, Kyoto, Scuola di Studi Asia Orientale; Paris Institut des
Hautes tudes Chinoises(Collège de France), 1996년에 출간되었다.

이란의 언어들 가운데 첫 번째 천년에 걸쳐 전파의 주요한 요소가
되었던 것은 바로 속드어이다. 둔황에서 찾은 당나라 시기의 한 필
사본은 7세기 로프노르 남쪽에 트란스옥시아나(Transoxiana, 시르다리아
와 아무다리아 사이의 지역)에서 온 속드인들의 카라반 식민지역이 있었다
는 것을 입증해 준다. 둔황에서도 『회인과경(繪因果經)』이라는 불교 논
저가 발견되었는데, 그 중국어 판본이 펠리오에 의해 간행되었고, 동
시에 속드어 판본이 중국어와 티베트어를 활용하여 고띠오(Gauthiot)
21에 의해 판독되었고 방베니스트(Benveniste) 씨22는 그 작업을 다시

---

21 로베르 에드몽 고띠오(Robert Edmond Gauthiot, 1876~1916): 프랑스 동양학자, 언어학
자 겸 탐험가이다. 1895년부터 고등실용학술학교의 앙뜨완 메이에(Antoine Meillet,
1866~1936)에게 수학하고, 1898년 독일 교사 자격을 취득하여 고등학교 교사생활을
하면서 언어학 연구와 여러 나라의 언어 조사를 수행했다. 아시아협회의 회원으로
1912년부터 펠리오와 함께 작업하며 17호 막고굴에서 찾은 『수다나태자 본생
(Vessantara Jātaka, 須達拏太子)』라는 속드어 필사본을 번역했다. 1913년 『인도-유럽어
에서 단어의 종결(La fin de mot en indo-européen)』에 관한 연구로 문학박사를 취득
했다. 같은 해 러시아 언어학자 이반 자루비네(Ivan Zaroubine, 1887~1964)와 함께 파
미르 고원 지역을 탐사했다. 1914년 동원령으로 프랑스로 귀국했고, 전쟁 중에 사망
했다. 그의 연구 영역은 인도-유럽어로 더 정확히 말하자면 이란어와 속드어에 관
한 분야이다. 특히 속드어에 관한 그의 연구는 오늘날까지 참고자료로 활용되고 있
다. 마지막으로 펠리오의 중앙아시아 탐사에 관한 전문 서적을 남겼는데 바로 『중
앙아시아 펠리오 탐사(Mission Pelliot en Asie centrale)』(1914~1946)이다.
22 에밀 방베니스트(Émile Benveniste, 1902~1976): 시리아 태생의 프랑스 언어학자로,
인도-유럽어의 비교문법학과 일반 언어학을 전공한 학자이다. 1913년부터 파리 유
대교 신학교에서 수학했으나 종교 연구를 포기하고 1920년 18세의 나이로 문학사
를 받았고 1922년에 문법 교사가 되었다. 고등실용학술학교의 앙뜨완 메이에의
제자였던 그는 1927~1969년까지 그 학교에서 교수했고, 1937~1969년에는 콜레주
드 프랑스에서 비교문법을 담당했다. 1940년 갇혔다가 이듬해 스위스로 도망하여
1945년까지 체류했다. 1945~1959년까지 파리 언어학회의 부간사, 1959~1970년까지
간사직을 역임했다. 이후 1960년에는 금석문 및 문학 아카데미, 1965년에는 유럽
에서 가장 오래된 학술기관인 린세이 아카데미(l'Accademia dei Lincei)의 임원으로
선출되었다. 1961년 끌로드 레비 스트라우스(Claude Lévi-Strauss, 1905~2009), 피에르
구루(Pierre Gourou, 1900~1999)와 함께 『인간, 프랑스 인류학 리뷰(L'Homme, revue
française d'anthropologie)』를 창간했고, 1964~1975년까지는 『아르메니아 연구 리뷰

보완했다.[23] 『본생경(Jātaka)』의 가장 중요한 『수다나(Vessantara)』도 같은 저자에 의해 해독된 이 텍스트와 다른 것들을 통해 속드어 내용으로 확인되었다. 이 언어의 문법을 설정할 수 있었던 것은 중앙아시아의 발견 덕분이며, 마찬가지로 앞에 열거한 학자들의 노력이 있었기 때문이다.

튀르크어 연구 분야에서 펠리오는 상당한 저술을 남겼다. 펠리오의 만년에 아시아협회와 주고받은 통신은 완전히 튀르크어와 알타이어에 관한 것들을 언급하고 있다. 1914년 펠리오는 둔황의 한 위구르어 텍스트를 번역했는데, 매우 훼손된 그 이전 판본은 당시 펠리오보다 튀르크학에 더 근접해 있었던 클레망 위아르(Clément Huart)[24]

(Revue des études arméniennes)』를 이끌었다. 그의 대표연구로는 『인도-유럽어에서 명사의 구성에 관한 기원(Les Origines de la formation des noms en indo-europeen)』 (1935)를 들 수 있는데, 인도-유럽어의 뿌리에 관한 이론을 제시했다.

23 고띠오(Robert Gauthiot)와 펠리오가 속드, 중국, 티베트 원문에 따라 편집하고 번역하여 1920년 『회인과경(Le sûtra des causes et des effets du bien et du mal)』(2Vol.)으로 파리에서 출간되었다. 이 작업은 방베니스트의 협력으로 이루어졌다.

24 클레망 위아르(Clément Huart, 1854~1926): 프랑스 동양학자로서 페르시아어, 터키어, 아랍어 번역가이다. 변호사의 아들로 태어난 그는 14세에 아랍어를 공부하여 국립 동양언어문화연구학교(INALCO)에서 아랍어, 페르시아어, 튀르크어, 현대 그리스어 학위를 받았다. 이어 고등실용학술학교에서 연구를 이어가 세리프 엣딘 라마 (Chéref-Eddîn Râmi)의 『미(美)의 묘사와 관련된 용어론(Traité des termes relatifs à la description de la beauté)』을 번역하여 박사학위를 받았다. 이후 외교부에 들어가 학생통역관으로 다마스에 있는 프랑스 영사관, 이어서 이스탄불 영사관에 파견되었다 (1878~1898). 샤를르 쉐퍼(Charles Schefer, 1820~1898)가 죽은 뒤에 국립 동양 언어와 문화 연구소에서 페르시아어 강좌를 맡았다. 1908년에는 고등실용학술학교에서 이슬람과 아라비아 종교의 연구교수로 임명되었다. 1919년 금석문 및 문학 아카데미의 임원으로 선출되었고, 1927년에는 총장이 되었다. 또한, 그는 아시아협회(1898, 1916~1926년에는 부회장을 역임), 식민지학 아카데미(l'Académie des sciences coloniales), 언어학회(1903~1904, 1918), 민족학회의 임원으로 활동했다. 중국 관련 연구로는 「개봉부와 서안부의 중국 무슬림 사원에 있는 아랍과 페르시아인의 비문들(Inscriptions

269

에 의해 확보되었다. 그것은 불교적 영감을 받은 서술적 이야기이며, 그 비슷한 것들이 티베트어와 중국어 경전에서 보인다. 불교사에서 전혀 관계가 없는 것은 아닌 이 텍스트는 알려진 튀르크어 자료 중에서 가장 오래된 것이기도 하다. 위구르어로 쓰인 오구즈 카간 (Oghuz Khagan)의 전설에 관한 1930년의 두꺼운 논문도 감숙성 조사에서 나온 것이다. 또한, 적어도 튀르크인들의 중국 이름에 관한 연구, 시베리아에서 온 튀르크 민족으로, 11세기 유럽의 이주하여 칭기즈칸이 이전까지 초원 지역의 주인으로 살다가 이후 오구즈인과 몽골인에 동화된 코만인(Comans)들에 관한 연구를 상기해야 한다.

펠리오는 또한 오늘날은 쿠차어라고 불리는 토하라어의 문헌 연구도 했다. 『아시아 저널』과 『통보』에 실린 그의 깊은 두 연구는 현장의 구법 여행에서 나온 증언과 투르키스탄에서 발굴한 문헌 조각을 통해 드러난 언어학적 내용과의 비교에 초점을 맞추고 있다. 실뱅 레비(Sylvain Lévi)와 함께 펠리오는 위구르어 간기(刊記)의 toxrï, 다르게는 '방언 A'라고 하는 것을 토하레스탄(Tokharestan)의 토하라어와 비슷한 쿠차의 고유한 언어인 'B어'로 식별하려 했다. 그리고 이 방언은 이란 출신의 민족에게 속한 것으로 추정했다.[25] 이러한 관점은 영국의 베일리와 독일의 쉐더(Schaeder)[26]에 의해 발전되었다. 실뱅

---

arabes et persanes des mosquées chinoises de K'ai-fong-fou et de Si-ngan-fou)」(1905)이 있다.

25 『JA』에 실린 펠리오의 연구는 「토하라어와 쿠차어(Tokharien et Koutchéen)」(1934, 23~106쪽)이고 『통보』에 실린 연구는 「'토하라어'에 관하여(A propos du 'tokharien')」로, Vol. 32(1936), 259~284쪽에 수록된 것을 말한다.

26 한스 하인리히 쉐더(Hans Heinrich Schaeder, 1896~1957): 독일의 동양학자, 이란학자,

레비와 메이에(Meillet)[27]가 탁월한 위치를 차지하고 있었던 직접적인 판독은 하지 않았지만, 그는 이들의 판독을 정확하게 하며 연구에 도움을 주었다. 그가 조심스럽게 가져온 자료들은 실뱅 레비의 출판물을 이끌었고, 그것은 오늘날 필리오자(Filliozat)[28] 씨가 다시 다루고

종교사 학자이다. 루터교 이론학자의 아들이자 이슬람 연구학자 귄터 륄링(Günter Lüling, 1928~2014)의 사촌 형이다. 쾨니히부르크, 라이프치히, 베를린, 괴팅겐 대학에서 교수를 역임했다. 특히 저명한 독일의 이란학자 빌헬름 아일러스(Wilhelm Eilers, 1906~1989)를 배출했다. 한편 마니교에 관해 주목할 만한 연구를 남겼는데, 바로 『마니교 체계의 원형과 교육(Urform und Fortbildungen des manichäischen Systems)』(1927), 「마니교와 고대 종교(Der Manichäismus und spätantike Religion)」, 「신과 현신에서의 차라투스트라(Gott und in der Mensch Verkündung Zarathustras)」 등이다.

27 폴 율 앙뜨완 메이에(Paul Jules Antoine Meillet, 1866~1936): 20세기 프랑스 언어학에서 중요한 학자 중 한 사람이다. 공증인의 아들로 태어난 그는 1884년부터 파리 문과대학(La faculté des lettres de Paris)에서 문헌학자 루이 아베(Louis Havet, 1849~1925), 콜레주 드 프랑스의 언어학자 미셸 브레알(Michel Bréal, 1832~1915), 고등실용학술학교의 구조주의 언어학자 페르디낭 드 소쉬르(Ferdinand de Saussure, 1857~1913)에게 수학했다. 1894년 『옛 슬라브어에서 속격-목적격의 사용에 관한 연구(Recherches sur l'emploi du génitif-accusatif en vieux-slave)』로 박사학위를 받았다. 1905년 콜레주 드 프랑스에서 비교문법 강좌를 담당했고, 인도-유럽어의 구조와 역사에 전념했다. 1902년 국립동양언어문화연구학교(INALCO)의 아르메니아어 학장을 역임했다. 파리 언어학회의 간사였던 그는 1924년 금석문 및 문학 아카데미 임원으로 선출되었다. 그는 에밀 방베니스트(Émile Benveniste, 1902~1976), 마르셀 코엔(Marcel Cohen, 1884~1974), 조지 뒤메질(Georges Dumézil, 1898~1986) 등등과 같은 한 세대 프랑스 언어학자들을 배출했다. 주요 연구서로는 『인도-유러피언 언어의 비교연구 입문(Introduction à l'étude comparative des langues indo-européennes)』(1903), 『그리스어의 역사 개괄(Aperçu d'une histoire de la langue grecque)』(1913) 등을 들 수 있다.

28 장 필리오자(Jean Filliozat, 1906~1982): 콜레주 드 프랑스 인도의 언어와 문학 학과의 학과장을 지낸 프랑스 인도학자이다. 1930년 의학 박사가 된 이후 1934년 고등실용학술학교(École pratique des hautes études)의 학위와 1935년 국립동양언어문화연구학교(INALCO)의 학위를 받았다. 이후 1941~1978년 고등실용학술학교의 연구교수가 되어, 1946년 문학박사 학위를 받았다. 1955년 퐁디세리 프랑스 연구소(L'Institut français de Pondichéry)를 설립했고, 1977년까지 극동 프랑스학교의 교장을 지냈다. 1966년에는 금석문 및 문학 아카데미의 임원을 역임했으며 1974년에는 『아시아저널』의 부회장을 맡았다. 의학을 연구의 중심에 두고 산스크리트어, 팔리

있다.

티베트 영역에서 1913년과 1915년 사이에 펠리오는 티베트 연대기 (Anciennes chroniques tibétaines)에서 육갑(六甲)을 기술하였고, 베를린에 필사본 형태로 보관된 칸주르(Kanjur) 목록을 고증하였으며, 중국식으로 음역한, 특히 822년 세워진 라싸의 비석들에 나오는 티베트 이름들을 번역했는데[29], 이 비석은 전문가들이 아시아 금석문에 있어서 중요한 기념물 중 하나로 치는 것이다. 다른 차원에서 우리는 여기에서 가베(Gabet)[30]와 윅(Huc)[31]의 타타리아와 티베트로의 여행을

어, 티베트어, 타밀어를 배워 인도 의학사에 관한 중요한 저술을 남겼다. 대표적 연구로는 『인도 의학의 전통 원리, 그 기원, 그리고 그리스와의 비교(La Doctrine classique de la médecine indienne. Ses origines et ses parallèles grecs)』(1949)를 들 수 있다.

29 둔황에서 찾아낸 티베트 연대기는 『티베트의 고대 역사(Histoire ancienne du Tibet)』라는 제목으로, 1961년(Paris, Librairie d'Amérique et d'Orient) 사후 유작으로 출간되었다.

30 조셉 가베(Joseph Gabet, 1808~1853): 라자리트(Lazarites)로 알려진 선교수도회(Congrégation de la Mission) 소속된 프랑스 가톨릭 선교사이다. 1833년 서품을 받고, 1835년 장 가브리엘 페르보이르(Jean-Gabriel Perboyre, 1802~1840), 조셉 페리(Joseph Perry) 신부와 함께 마카오에 도착하여 중국어를 배웠다. 이후 타타리아(만주지역)에 배속되었다. 1844년에 에바리스트 레지스 윅(Évariste Régis Huc), 몽골인 라마승과 함께 만주를 떠나 서쪽으로 향해 타타리아 지역을 탐사했다. 청해 근처 쿰붐 라마교 사원에서 6달을 체류하면서 티베트어와 불교 교리를 공부했다. 1845년 길을 떠나 북경에서 라싸로 돌아가는 달라이 라마의 사신을 만나 한겨울에 고원을 넘어 1845년 말 티베트에 라싸에 도착했다. 청나라 정부의 티베트에 상주하는 대신인 기선(琦善)의 의심을 받아 1846년 2월부터 추방되어 강정(康定), 성도를 거쳐 그해 9월 광주에 도착했다. 가베 신부는 곧장 유럽으로 가서 (자신들이 죽은 것으로 알고 있던) 라자리스트와 파리 외방전교회(Missions étrangères de Paris) 사이에서 벌어진 티베트 선교에 있어 영역 다툼을 해결하고자 했다. 그는 『중국 선교 상태에 관한 고찰(Coup d'œil sur l'état des missions de Chine)』를 지어 교황에게 바쳐, 현재 중국 선교의 문제점을 지적하고 전망을 피력했다. 하지만 그는 브라질 한 수도원 사제로 배속되었고, 45세의 나이로 황열에 걸려 죽었다.

31 윅(Évariste Régis Huc, 1813~1860): 프랑스 가톨릭 선교사이다. 타른에가론 (Tarn-et-Garonne)에서 태어난 그는 뚤루즈 신학교에서 공부하고, 1837년 파리에서 선교수도회(Lazaristes)에 들어가 2년 만에 서품을 받았다. 조금 뒤 중국으로 떠났

기록한 책의 영국 개정본에 대한 서문을 언급할 만하다. 마스페로
(Maspero)[32], 바꼬(Bacot)[33]씨, 라루(Lalou)[34]양 등의 이후 연구들은

고 마카오 선교수도회 신학교에서 18개월을 보냈다. 당시 기독교도와 장 가브리
엘 페르보이르(Jean-Gabriel Perboyre, 1802~1840)에게 박해가 가해져, 페르보이르는
오랜 고행 끝에 무한에서 공개 처형되었다(1840), 윅은 이 신부의 옷을 입고 타타
리아(Tartaria)로 떠났다. 1840년 타타리아-몽골지역에 새로 세운 보조교구 지역에
배속되어 700여 지역을 돌아다닌 뒤에야 새로운 직을 얻었다. 윅 신부는 3년 동
안 몽골과의 경계에 있는 한 지역에서 보냈다. 이어서 타타리아의 교황 보좌신부
로 임명되어 보조 교구 영역의 경계를 조사하러 갔는데, 그에게 더 탐사를 밀고
나갈 것을 권고하여 1844년 8월 3일 조셉 가베(Joseph Gabet, 1808~1853) 신부와 함
께 몽골인들을 개종시키기 위해 그들의 관습을 연구할 목적이었다. 이들은 라마
승 삼다치엠바(Samdadchiemba)와 길에 올랐다. 도론 노르(Dolon-nor, 대륜현), 귀화
성(歸化城), 오르도스 지역, 영하(寧夏), 알라산(Ala-shan)을 지나서 만리장성을 넘어,
감숙성에 있는 서녕에 도착했다. '서양의 라마승'으로 칭하며 쿰붐 라마사원에서
반년을 보내면서 티베트어와 불교를 공부했다. 마침내 북경에서 돌아오는 달라이
라마의 사신과 합류했다. 청해, 차이담, 바이얀 하르(Bayan Har) 산맥을 넘어 1846
년 1월 20일, 18개월 만에 라싸에 도착했다. 서양인에 반감을 품고 있던 만주인
대신 기선(琦善)은 중국 군대의 감시를 붙여 2월 26일 일행을 추방했다. 인도로
가는 것을 막았기 때문에 멀고도 험난한 중국으로 향했으며, 성도, 중경, 무한을
경유하여 1846년 9월 말 광주에 이르렀고, 10월에 마카오에 도착했다. 이후 윅 신
부는 자신의 모험담을 편집하다가 건강상의 문제로 1852년 1월 1일 중국을 떠나,
프랑스 군함을 타도 인도, 이집트, 팔레스타인을 거쳐 프랑스로 돌아왔다. 그의
여행기록으로 티베트를 여행하고 쓴『타타리아와 티베트로의 여행에 관한 기억
(Souvenirs d'un voyage dans la Tartarie et le Tibet)』이란 여행기를 파리에서 출간하자
나폴레옹 3세에게 알려지게 되면서 레지옹 도뇌르 훈장을 받았고 중국 관련 자문
관이 되었다. 그의 견해는 중국을 식민지화하려는 1860년 영불 원정군을 보내고
(이때 원명원이 불타고 약탈당하였음), 상해, 광주, 무한 그리고 인도차이나에 상관을 설
치하게 하는 황제의 결정을 이끌었다. 1854년에는『중국 제국(L'Empire chinois)』을
국립인쇄소에서 출판하게 하면서 큰 성공을 거두었다. 그러나 마지막 저술인『중
국과 티베트에서의 기독교(Le Christianisme en Chine et au Thibet)』(1858)는 별다른
시선을 끌지 못했다.

32 앙리 마스페로(Henri Maspero, 1883~1945): 도교 연구에 독보적 연구를 수행한 유대
  인 출신의 프랑스 중국학자이다. 이집트학자 가스통 마스페로(Gaston Maspero,
  1846~1916)의 아들이자 중국학자 조지 마스페로(Georges Maspero, 1872~1942)의 이복
  형이다. 국립동양언어문화연구학교(INALCO)에서 법학과 중국어를 공부했다. 1908
  년 하노이 극동 프랑스학교(EFEO)에 유급연구생으로 선발되어 인도차이나 민족의
  관습과 언어를 연구했다. 1911년 극동 프랑스학교의 교수가 되었다가 1918년 스승

1908년의 발굴에서 나온 것으로, 연관된 탐험들과 결합하여 티베트 연구를 새롭게 하였다.

펠리오는 아랍 문제도 다루었다. 중국에 있는 아랍 글자로 된 최초의 자료들을 분석했고, 몽골 시기 북중국으로 이주해온 사마르칸트의 무슬림 식민지역에 관하여 서술했다. 마지막으로 샤먼과 샤머니즘

인 에두아르 샤반드를 이어 콜레주 드 프랑스 교수직을 이었고, 이어서 마르셀 그라네(Marcel Granet, 1884~1940)을 대신하여 소르본 대학에서 중국 문명 수업을 맡았으며 고등실용학술학교에서 중국 종교 분야를 이끌었다. 1935년 금석문 및 문학 아카데미의 임원으로 선출되었다. 1944년 자식들이 테러 활동에 가담했다는 혐의로 나치에 체포되어 부헨발트(Buchenwald) 강제 수용소에 수용됐다가 1945년 3월 17일 죽었다. 그의 대표연구는 『고대 중국(La Chine antique)』(1927)과 『중국의 종교와 도교(Le Taoïsme et les religions chinoises)』(1950)를 들 수 있다.

33 자크 바꼬(Jacques Bacot, 1877~1965): 탐험가이자 프랑스 티베트학의 선구자이다. 1906년에는 티베트 여행을 통해 내적 영감을 얻고 프랑스로 돌아온 그는 1908년 실뱅 레비, 폴 펠리오와 함께 티베트 연구에 전념했다. 바꼬는 1907년 장강 유역을 탐사했고, 1909~1910년에는 인도차이나 북부, 1913~1914년과 1930~1931년에는 히말라야를 탐사했다. 그뿐만 아니라 인도, 중국의 서부, 티베트의 변경지역을 여러 차례 여행하기도 했다. 그는 티베트어 문법을 연구한 최초의 유럽학자로, 옥스퍼드 대학교 산스크리트어 교수인 토마스(F. W. Thomas, 1867~1956)와 함께 둔황 티베트 자료를 연구한 첫 세대 학자이다. 1936년 바꼬는 고등실용학술학교(EPHE) 티베트학 연구교수가 되었고, 1947년 금석문 및 문학 아카데미의 임원이 되었다. 또한, 펠리오의 뒤를 이어 1945년에는 아시아학회 회장을 역임했다. 그가 이러한 탐사를 통해 가져온 그림과 청동기들은 귀메 박물관에 소장되어있다.

34 마르셀 라루(Marcelle Lalou, 1890~1967): 20세기 프랑스의 여성 티베트학자이다. 변호사 가정에서 태어난 그녀는 예술사를 전공했다. 세계 1차대전에서 간호사로 복무하면서 불교 연구를 시작하여, 실뱅 레비에게 산스크리트어를, 자크 바꼬에게 티베트어를 배웠다. 1927년 고등실용학술학교(École pratique des hautes études)에서 박사학위를 받고, 그곳에서 1938~1963년까지 교수했다. 그리고 1950~1966년까지는 『아시아저널』의 편집장을 맡았다. 이러한 공헌으로 1963년 그녀는 레지옹 도뇌르 훈장을 받았다. 그녀가 티베트학에 이바지한 공로는 국립도서관에 소장된 펠리오의 티베트 사권들을 목록화한 것과 고대 티베트의 다양한 측면에 관한 논문들을 써서 티베트학 매뉴얼(『Manuel élémentaire de tibétain classique』)을 출간한 것을 들 수 있다.

이란 단어에 관하여, 문화의 원시적 형태들 속에서 1913년 연구와 관련된 것은 바로 아시아 전체였다.

우리는 얼마나 펠리오가 문화의 접촉에 관하여, 겉으로 보기에 고대의 아시아 각 민족의 고유한 역사를 밝혀 줄 수 있는 모든 것에 관심을 보였음을 보았다. 중국과 아랍 세계에 사이의 해상 무역에 관한 연구는 히어트(Hirth)[35]와 록힐(Rockhill)[36]이 편집한 13세기에 편

---

35 프레드리치 히어트(Friedrich Hirth, 1845~1927): 히어트(Friedrich Hirth, 1845~1927)는 베를린 라이프지그(Leipzig) 대학에서 그라이프스발드 박사(Greifswald, 1869년 박사학위를 받음)에게 수학하고, 1870~1897년까지, 하문(廈門), 상해, 진강(鎭江), 중경 등지에서 세관 업무를 담당했다. 이 기간 경험을 토대로 중국의 대외 교류사와 고대사에 주목하여, 『중국과 동로마(China and the Roman Orient)』(1885), 『중국 예술에 있어서 외국의 영향(Ueber fremde Einflüsse in der chinesischen Kunst)』(1896), 『조여괄(CHAU JU-KUA)』(1890) 등은 이 시기의 중요한 연구 업적이다. 특히 황실 아시아학회 중국 분회(China Branch of the Royal Asiatic Society)의 회장으로 유럽학자들의 중국 연구를 이끌었다. 1902년 컬럼비아 대학교수에 임명되어 한학(漢學) 강좌를 처음으로 개설했다. 이 시기는 『중국 고대사(The Ancient History of China)』(1908)가 대표적인 업적으로 손꼽힌다. 이후 1917년 미국을 떠나 독일로 돌아갈 때, 호적(胡適)의 박사학위 논문 발표에 참여하기도 했다. 2차 대전 이전 그가 간행한 책들과 중국 필사본들은 베를린의 황실 도서관에, 역사적으로 가치가 있는 도자기들은 고타(Gotha) 박물관에 소장되어있고, 베를린 주립도서관(Staatsbibliothek)에 있던 히어트의 컬렉션 대부분은 현재 크라쿠프(Kraków)에 있다.

36 윌리엄 우드빌 록힐(William Woodville Rockhill, 1854~1914): 1854년 필라델피아에서 태어난 록힐은 13세에 부친을 여의고 모친과 함께 프랑스로 이주하였다. 1844~46년 라싸를 여행한 아베 윅(Évariste Régis Huc, 1813~1580)의 여행기를 읽고 티베트에 관심을 보였다. 이후 국립도서관의 동양학자 레옹 페어(Léon Feer, 1830~1902)에게 극동에 관한 지식을 배우고, 생 시르 사관학교(École spéciale militaire de Saint-Cyr)에 입학하여 티베트어를 배웠다. 졸업 후 외인부대에 배속되어 알제리에서 장교로 복무한 그는 1876년 미국으로 돌아가 뉴멕시코에 목장을 사서 경영하다가 1881년 다시 팔고 스위스 몽트뢰(Montreux)로 이사하여 티베트어, 산스크리트어, 중국어를 익혔다. 이때 난조 분유(南条文雄, 1849~1927), 리우만(Ernst Leumann, 1859~1931)과 함께 부처의 삶에 관한 책을 저술했고, 바라제목차경(Prātimokṣa sūtra)을 불어로 옮겨 1884년 출간했다. 1883년 록힐의 아내는 7만 불의 상속자가 되어 록힐은 북경 미

집된 중국 자료에 의해 접근이 수월하게 되었다. 펠리오는 이에 대해, 부수적으로 이집트까지 나아가는 한층 더 발전된 주석을 제시했다. 예를 들어 펠리오는 1925년 2세기의 사서에서 동지중해를 지칭한 알렉산드리아의 명칭이 변형된 이간(犂軒)이란 명칭에 관하여 서술했다.[37] 게다가 최근에는 1933년과 1936년 사이 15세기 초 남해를 통한 정화(鄭和)의 항해에 관하여 자세하게 분석했다.[38] 이러한 정화

국 대표부에 무보수 직책을 맡았다(이후 유급으로 승진함). 1886~1887년에는 조선 참사관으로 근무했으며, 이후 록힐은 중국 서부, 몽골, 티베트에 두 차례 탐사하고 그 기록은 스미스소니언 협회(Smithsonian Institution)에 보내 1891년 『The Land of the Lamas』란 책으로 출판되었으며, 1893년에는 왕립지리학회의 금메달을 받았다. 그가 탐험에서 가져온 예술품들은 스미스소니언 협회, 국립 자연사박물관 고고학 분야의 컬렉션으로 소장되어있다. 이후 그로버 클리블랜드(Stephen Grover Cleveland, 1837~1908) 정부의 국무 차관보를 지낸 다음 1897년부터 그리스, 세르비아, 루마니아 대사를 역임했다. 이후 의화단 사건이 일어나자 국무장관 존헤이(John Hay)는 록힐에게 자문했고, 록힐은 문호개방정책(Open Door Policy)의 제안서 초안을 작성했다. 이로써 의화단 사건을 종결짓는 대사 회의에 미국특사로 파견되었고, 전쟁 배상금 분할을 주장하여 이른바 "Boxer Indemnity Scholarship Program(庚子賠款獎學金)"이 조성되게 되었다. 13대 달라이 라마를 고립시킨 영국의 티베트 원정(1903~1905)에 대한 갈등을 중재하기 위해 1905년 루즈벨트 대통령은 록힐을 중국 공사(公使)로 임명하자(1905~1909) 1908년 록힐은 5일 동안 오대산을 걸어 달라이 라마를 만나 중국, 영국과 평화를 모색할 것을 설득했다(록힐은 달라이 라마와 죽을 때까지 편지를 주고받은 것으로 알려져 있다). 1909년 하워드 태프트(William Howard Taft)는 록힐을 러시아 대사로(1909~1911), 1911년에는 터키 대사로(1911~1913) 임명했다. 이후 원세개(袁世凱, 1895~1916)의 고문을 지내다가 1914년 샌프란시스코로 돌아와 심한 감기로 인한 흉막염으로, 향년 60세로 죽었다. 록힐은 외교관이자 티베트 전문가였지만, 1894년 『1891년과 1892년 몽골을 거쳐 티베트로 가는 여행일기(Diary of a Journey through Mongolia and Tibet in 1891 and 1892)』라는 책에서 살라르(Salarlar)어에 관한 주석을 쓰기도 했다. 1911년 조여괄(趙汝适)의 『제번지(諸蕃志)』를 히어트와 함께 역주했고, 1914년 왕대연(汪大淵)의 『도이지략(島夷誌略)』을 부분 역주 하여 중국과 남해 교류사에 의미 있는 학문적 족적을 남겼다. 마지막으로 주목할 만한 것은 15세기 이래 한중관계사에 관한 저술도 있다는 점이다.

37 펠리오, 「대진의 다른 명칭 이간犂軒(Li-kien, autre nom du Ta-tscin)」, 『통보』, Vol 16(1915), 690~691쪽에 수록되어 있다.

38 여기서 말하는 펠리오의 연구는 「15세기 초 중국의 대항해(Les Grands voyages mar-

의 활동은 동남아시아로 향한 팽창이라는 중국의 본능에 강렬한 요철을 되찾게 해주었다. 마지막으로 같은 시기에 유사한 문제들이 펠리오 사후에 『통보』에서 16세기에서 17세기까지 중국에 정착한 중앙아시아 출신의 한 무슬림과 말레이 출신의 무슬림 가문의 연대기인 「『명사』에 보이는 호자와 사이드 후세인(Le Hôja et le Sayyid Husain de l'histoire des Ming)」[39]라는 긴 논문의 대상이 되었다.

1922년부터 표면적으로는 일상적인 연구에서 벗어나 어떤 문제에 천착했다.[40] 이는 일련의 연구를 하는 계기가 되었지만, 불행하게도 미완성으로 남겨졌고, 그것은 가장 결정적인 것에 들어간다. 사실 그는 13세기 몽골과 교황 사이에 있었던 관계에 관심을 가졌다. 특히 인노첸시오 4세(Innocent IV)는 1245년 칭기즈칸의 초기 계승자 중 한 사람인 구육 칸을 교회 당국으로 끌어들일 목적으로 프란체스칸 피안 델 카르피네의 조반니(Giovanni da Pian del Carpine, 1252년 죽음)를 남부 러시아로 파견했다. 몽골 칸의 대응은 전혀 고무적이지 않았다. 그래도 9년 뒤에 루이 9세(Louis IX)는 프란체스칸 기욤 드 루브릭(Guillaume de Rubrouck, 1255년 죽음)을 파견했다. 그는 몽케 칸의

---

itimes chinois au début du XVe siècle)」, 『통보』, Vol. 30(1933), 237~452쪽에 수록되어 있다. 이 논문은 15세기 중국의 남해에 관한 기록들인 마환(馬歡)의 『영애승람(瀛涯勝覽)』, 비신(費信)의 『성사승람(星槎勝覽)』, 그리고 16세기 황성증(黃省曾)의 『서양조공전록(西洋朝貢典錄)』의 내용을 기존에 발표된 학자들의 견해를 검증하고 주석한 책이다. 본 논문은 역자가 역주해 두고 출판을 기다리고 있다.

39 여기의 'Hôja'는 화자(火者), 'Sayyid Husain'은 사역호선(寫亦虎仙)으로 음역 되어있다. 모두 『명사』, 권329, 「서역전」에 보인다.

40 펠리오가 새롭게 천착한 연구는 「몽골과 교황(Les Mongols et la Papauté)」으로, 보르게치오(Borghezio), 마쓰(Masse), 티세랑(Tisserant)과 협력하여 역주한 것을 말한다. 『동양기독교 리뷰(Revue de l'Orient chrétien)』, 1922-23년호, 3~30쪽에 실려 있다.

조정이 있는 카라코룸에 체류했고, 매우 생생한 여행기록을 남겼다. 펠리오는 카르피네가 1246년 가지고 온 구육 칸의 인장이 찍힌 답장의 페르시아 원본을 로마에서 찾아내는 행운을 얻었다. 펠리오는 페르시아 몽골 칸들이 보낸 몽골어로 된 여러 편지와 네스토리우스교 총주교가 보낸 아랍어 편지들을 수중에 넣었다. 이들 자료를 통해 펠리오는 교황청과 왕실의 비밀 거래와 같은 세부 사항까지 정확히 할 수 있었고, 1세기가 넘는 중앙아시아의 기독교 공동체들의 운명을 추적할 수 있었다. 우리는 오래전부터 준비되어 온, 『십자군 역사에 관한 논집(Mélanges sur l'histoire des Croisades)』란 제목으로 이루어진 논집이 출간되기를 기다리고 있다.[41] 한편으로 펠리오는 가장 늦은 시기, 말하자면 16세기에서 18세기까지의 마테오 리치(Mathieu Ricci), 예수회와 프란체스칸의 미션들, 아드란 주교(L'évêque d'Adran)[42], 전

---

41 이 책은 위의 제목으로 1951년 파리, 국립인쇄소(imprimerie nationale)에서 출간되었다.

42 아드란 주교(L'évêque d'Adran): 피에르 조제프 조르주 피뇨(Pierre Joseph Georges Pigneau, 베트남 이름은 바달록 Bá Đa Lộc, 1741~1799)이다. 파리 외방전교회(Missions étrangères de Paris)의 신부로 코친차이나 주교로서 프랑스와 안남 제국 사이의 외교에 역할을 한 외교관이기도 하다. 1771년 클레멘츠 14세에 의해 아드란 주교로 명명된 그는 코친차이나의 대목구(vicaire apostolique)가 되었고, 1774년 메콩 델타지역인 신자 4천 명의 하띠엔(Hà Tiên)에 부임했다. 그 지역은 레 왕조의 응우옌 왕들과 떠이선(Tây Sơn) 형제들의 내전이 벌어지고 있었는데, 하띠엔의 지방관이 제공한 호아족 군대를 재구성하여 정권을 회복하려는 응우옌 푹 아인(Nguyễn Phúc Ánh, 이후 자롱 황제)이 활동하고 있었다. 1778년 캄보디아 도적들이 약탈하여 피노는 응우옌 푹 아인이 거주하고 있는 사이공 북쪽으로 피신하여 도움을 받았다. 1782년 중국 지원군에 몰린 떠이선 형제들은 사이공을 빼앗고 학살을 자행하여, 피뇨는 캄보디아, 푸꾸옥(Phú Quốc)섬으로 피신하게 되는데, 그 와중에 궁지로 내몰린 응우옌 아인을 만나 돕게 된다. 1787년 황제의 인장과 응우옌 아인의 동생과 함께 프랑스로 돌아와 안남 왕국과의 동맹조약 체결을 끌어냈다. 프랑스는 응우옌 아인의 집권을 돕기로 하고 다낭 항구와 푸로 콘도르(섬)에 대한 상업 독점권을 부여받았다. 1787년 8명의 선교사와 다시 코친차이나로 돌아왔다. 그러나 지원하겠다던 프랑스 지원은 미국의 개입으로 무산되었다. 그러자 피뇨는 응우옌 아인을 도와 의용군을 결성하여 1799

례 논쟁 등등에 관한 조사연구를 수행했다. 펠리오는 또한 아시아 자료들을 해결했던 것과 마찬가지로 유럽의 문헌들에 대해서도 그 전문성을 보여주었다.

이제 중국 자체에 관한 연구들만 남았는데, 예상했던 대로 그 논구할 자료들은 천불동의 많은 주요 필사본들로 구성되어있다. 이 필사본들의 대부분은 불교적인 것들이다. 당나라 서목들에 의해 알려진 많은 경전 문헌들과 다양한 위경(僞經)들이 있다. 이러한 책들은 1911년부터 학술원과 주고받은 통신에서 그 성격이 규정되었다. 펠리오가 중국학 형성에 있어서 불교에 가지게 된 관심은 특징적이다. 전체 작업의 3분의 1이 이러한 연구 순서와 관계가 있는데, 1903년부터 백련교(白蓮敎)와 백운교(白雲敎)라는 12세기의 이단 종파를 기술했다.43 이는 아시아의 고대 문화를 지배하고 서로 결합한 것이 불교이기 때문인가? 분명 샤반느에게 받은 본보기가 있었고, 이러한 맥락에서 그의 영향은 다른 분야에서도 부인할 수 없다. 먼저 1918년에 『모자리혹(牟子理惑)』44이라는 모자(牟子)의 소책자를 역주한 것을 들어볼 수

년 떠이선의 마지막 거점인 꾸이년(Qui Nhơn)을 공격하다가 포로로 잡혀 이질에 걸려 사망했다. 이후 1802년 응우옌 아인이 왕위에 올라 서방의 접근을 차단했지만, 피뇨의 선교사들에게는 예외의 특권을 줄 정도로 피뇨에 대한 예우는 극진했다. 한편으로 피뇨는 『안남-라틴어 사전(Dictionarium Anamitico-Latinum)』을 유고작으로 남기기도 하였는데, 이러한 피뇨의 선교와 외교적 활동은 프랑스의 베트남 진출의 밑거름이 되었다.

43 펠리오, 「백련교와 백운교(La Secte du Lotus blanc et la Secte du Nuage blanc)」, 『BEFEO』, 1903(3호), 304~317쪽.

44 『모자리혹(牟子理惑)』: 3세기경에 모자(牟子)가 유교, 불교, 도교의 이론을 비교한 책으로 37개 조목의 문답으로 구성되어있다. 저자의 서문에 따르면 불교에 귀의하지는 않았지만, 불교의 진리를 밝히고 불교를 비난하는 사람들을 반박하기 위해

있다. 일종의 불교 측 변호로, 중국에서 그의 갑작스러운 공격은 상당한 혼란을 초래했다. 이 텍스트는 펠리오가 수긍하는 바와 같이 2세기에 만들어졌다면, 남중국의 불교도 공동체들이 이미 공고히 자리 잡고 있었고, 한 세기나 일찍 초왕(楚王)의 개종을 증언하고 있다는 것을 입증할 수 있다. 펠리오는 이 난해한 저서를 번역하는데 15년 동안을 준비했다. 한편 펠리오는 메난드로스 1세(Menandros I)[45]와 나가세나(Nāgasena)의 대화로 잘 알려진 『미린다왕문경(Milinda Pañha)』의 중국어 판본에서 고유명사들을 논의했다.[46] 이는 드미에빌(Demiéville) 씨가 이 같은 전승에 할애한 방대하고 놀라운 연구의 실마리가 되었다. 또한, 펠리오는 647년 중국의 가장 유명한 승려인 현장(玄奘)이 카마루파(Kāmarūpa) 쿠마라(Kumāra) 왕에게 바친, 오늘날에는 전하지 않는, 『도덕경』의 산스크리트어 수정본을 다루었다.[47]

이 책을 지었다고 밝히고 있다. 저자에 관해서는 설이 분분하지만 어쨌든 유·불·도 삼교(三教)를 통섭하여 다룬 최초의 문건이라는 점에서 의미가 크다. 공자와 노자의 논점을 빌려와 불교를 옹호하며 유·불·도 정신의 일치를 주장하고 있다. 이에 관하여 펠리오는 「모자이혹론(Meou-tseu Les Doutes ôû Levés)」으로 역주하여 『통보』 Vol. 13(1922), 351~430쪽에 발표했다.

45 메난드로스 1세(Menandros): 산스크리트어로는 미란다(Milinda)로, 아프가니스탄, 파키스탄 그리고 인도 북부에서 그레코 박트리안 왕조를 계승한 인도-그리스 왕 중에서 가장 잘 알려진 왕이다. 기원전 약 160~130년경에 재위한 그는 수도를 사가라(Sagala, 오늘날 파키스탄 시알코트)에 두었고, 이후 불교로 개종한 것으로 보인다. 그와 승려 나가세나(Nagasena)의 문답 이야기인 『미란다왕문경(Milindapañha)』이 남아 전한다. 메난드로스의 재위는 그레코-불교예술에 큰 영향을 주었고, 그 예술은 쿠산제국에서 정점을 이루었으며, 유명한 카니슈카 왕으로 대표되는 인도-그리스 왕들에게로 전승되었다. 특히 이들 지역에서 발굴된 메난드로스 1세의 동전들은 그의 영향력을 잘 보여주고 있다.

46 펠리오, 「미란다왕문경의 중국어 번역본에 보이는 고유 명사들(Les Noms propres dans les traductions chinoises du Milindapañha)」, 『JA』, XI(1914), 379~419쪽.

47 펠리오, 「『도덕경』 산스크리트 역본의 저자(Autour d'une traduction sanscrite du Tao tö king)」, 『통보』, Vol. 13(1912), 351~430쪽.

이 책은 도교 연구들과 관련이 있으며, 이러한 도교 연구에 있어서 중앙아시아의 발굴들은 상당한 공헌을 했다. 4세기 도교의 한 경전의 부분이 거기에서 발견되었다. 우호적이면서도 대립했던 불교도와 도교도 사이의 관계가 정확하게 설명될 수 있었다. 1906년부터 펠리오는 중국에서 불교의 출발과 노자의 신도들과 뒤섞였던 초창기의 사람들을 보여주는 3세기의 자료인 『위략(魏略)』[48]에 관한 샤반느의 연구를 이어서 주석했다.

그러나 펠리오는 중국 전통에 대해서도 방기하지 않았다. 1928년 학술원에서 그는 잘 알려지지 않은 만큼 문제에 봉착해 있었던 주제인, 중국 인쇄술의 기원을 다루었다. 펠리오는 집요하게 목판술과 11세기로 거슬러 올라가며 중앙아시아에 이른 시기에 퍼져있었던 활자 인쇄술의 기원을 기술했다.[49] 1918년 『동아시아에 관한 논문집(Mémoires concernant l'Asie Orientale)』에서 펠리오는, 금문(今文)을 고문(古文)으로 바꾸라는 744년 황명이 내려지기 이전의 것인 『서경(書經)』의 불완전한 두루마리들이 어떻게 둔황으로 들어오게 되었는지를 보여주

---

48 『위략(魏略)』: 어환(魚豢)이 쓴 삼국시대 위나라 역사서지만 이후에 없어지고, 『후한서』, 『삼국지』, 『법원주림(法苑珠林)』, 『태평어람(太平御覽)』 등에 인용된 문장들이 남아있을 뿐이다. 청나라 역사가로서 『돈황석실진적록(敦煌石室眞迹錄)』을 편집한 왕인준(王仁俊, 1886~1913)과 장붕일(張鵬一, 1867~1943)이 각각 일문들을 모은 작업을 했지만, 장일붕의 집본(輯本)이 우수하다는 평가이다. 펠리오는 샤반느의 연구를 이어, 「에두아르 샤반드, 『위략』에 따른 서역의 나라들(Éd. Chavannes, 'Les pays d'Occident d'après le Wei lio')」를 『BEFEO』, 1906(6), 361~400쪽에 발표했다.

49 중국의 인쇄술에 관한 연구는 사후 『중국 인쇄술의 출발(Les Débuts de l'imprimerie en Chine)』라는 서명으로 1953년 파리, 아드리앙 메종네브(Adrien-Maisonneuve)에서 출간되었다.

었다. 이렇게 문헌 교감과 고대 중국어의 서체와 발음에 관한 연구
에 있어 하나의 새로운 도약이 각인되었다.[50] 마스페로와 칼그렌
(Karlgren)[51]은 이러한 조사연구를 더 밀고 나아갔다. 정확하게 말해
언어학자는 아니었지만, 말하자면 스스로 자신의 언어의 수준을 드러
내려 한 것은 아니지만, 펠리오는 음역 문제에 있어서 특별한 가치
를 부여했다. 특히 외래 단어나 고유명사의 중국어 음역에 있어서,

---

50 펠리오, 「『고문상서』와 『상서석문(尙書釋文)』(Le Chou king en caractères anciens et le
   Chang chou che wen)」『동아시아에 관한 논문집(Mémoires concernant l'Asie Oriental
   e)』, II(1916), 123~177쪽.
51 클라스 베른하르드 요한네스 칼그렌(Klas Bernhard Johannes Karlgren, 1889~1978): 스
   웨덴의 중국학자, 문헌학자로 학문적 영역으로서 중국학을 세운 학자이다. 엔셰핑
   (Jönköping)의 라틴어와 고대 그리스어 교사 아들로 태어난 그는 스웨덴 방언에 많
   은 관심이 있었다. 1917~1919년 웁살라 대학에서 수학하며 비교 음성학에 연구하
   고 있는 슬라브어 학자 요한 오구스트 룬델(Johan August Lundell, 1851~1940)에게 러
   시아어를 배웠다. 그로부터 그는 비교 역사 음성학 방법을 중국어에 적용하려는
   초유의 시도를 하게 되었다. 당시 스웨덴에는 중국어를 교육하는 기관이 없어 세
   인트 페테르부르크로 가서 알렉세이 이바노비치 이바노프(Aleksei Ivanovich Ivanov)
   에게 두 달 동안 중국어를 배웠다. 이후 1910~1912년 중국에서 살면서, 중국 방언
   에 관한 정보들을 수집하기 위해 3,100자의 한자의 설문지를 준비하여 상해어, 복
   주어, 민동어, 광동어 와 같은 19개의 다른 중국 방언들의 자료를 모았고, 설문지
   상에 언급된 글자들의 일본어와 베트남어 어원들에 대한 것도 빠뜨리지 않았다.
   1912년 유럽으로 돌아온 칼그렌은 런던과 파리에 체류하면서 폴 펠리와 만났다.
   이후 웁살라로 돌아온 그는 1915년 『중국 음성학에 관한 연구(Études sur la phono-
   logie chinoise)』라는 논문으로 박사학위를 받았다. 이를 통해 칼그렌은 중국 고어와
   중세 중국어의 음을 최초로 재구성해냈다. 1918년 예테보리(Göteborg) 대학교 아시
   아 언어 교수가 되었고 1931~1936년까지는 총장이 되었다. 1939년 칼그렌은 설립
   자인 요한 군나르 안데르손(Johan Gunnar Andersson, 1874~1960)을 이어 극동고고학
   박물관(Östasiatiska Museet)을 1959년까지 맡았다. 칼그렌은 안데르손의 측근에서 박
   물관의 저널인 『극동 고고학 박물관 관보(Bulletin du musée des antiquités de l'Ext-
   rême-Orient)』의 편집을 맡았고, 많은 논문을 발표하기도 했다. 1946년부터 칼그렌
   은 고대 중국의 사료를 검증하기 시작했다. 한나라 이전의 역사와 관계된 자료를
   검토하면서, 칼그렌은 『고대 중국의 전설과 숭배(Legends and Cults in Ancient
   China)』란 저술을 남겼는데, 고대 중국의 역사를 기술하면서 다른 시기의 자료들
   을 무분별하게 활용한 것을 비판하고 있다.

대응 음가의 정확한 체계는 차용과 어휘적 결합 문제에 있어서 진실을 결정하게 해주며, 그로부터 역사적 맥락이 좌우된다고 본 것 같다. 여기에서 그는 한 세대의 음성학자와 언어학자의 선구자였다. 이와 같은 의도에서 그는 희귀한 문자들을 연구했다. 예를 들어 타타르 민족에게서 나와, 거란이란 이름으로 당나라의 몰락 이후 중국의 북쪽 변방 지역을 차지했고, 그 언어는 퉁구스어에서 영향을 받은 몽골 방언인 거란어의 비문들을 들 수 있다. 티베트-미얀마어를 쓰는 민족인 탕구트의 문자로, 중국어로 제한된 글자로 11세기에 만들어져, 불교적 논서들에 활용된 서하문자가 있다.[52] 마지막으로 몽골어의 음소에 맞춘 티베트 문자에 따라, 라마의 티베트인에 의해 13세기 몽골 추장의 명으로 만들어진 파스파(Phags-pa) 알파벳이 있다.

예술사의 문제들도 문헌학과 거의 대등하게 1913년부터 다루었다. 사실 그는 여기에서 역사적 연관성을 확정할 방법을 찾았다. 그 과정에서 그는 작품들의 연대를 수정했고 우리 박물관은 채우고 있는 거짓들을 벗겨냈다. 연대순으로 주요한 공헌들을 밝히자면, 1913년 우리의 논문집에 발표한 고대 중국에서 책의 삽도에 적용된 나무와 돌에 새겨진 것들에 관한 연구가 있고, 중국 도자기의 역사에 관한 기술이 있으며[53], 건조 옻칠 기법에 관한 것[54], 오래된 옥에 관한

---

52 서하문자에 관한 펠리오의 연구물은 찾지 못했다. 다만 네브스키(Nicolas Nevsky)의 『A brief manual of the Si-hia characters』에 대해 쓴 리뷰가 『통보』, Vol. 24(1926), 399~403쪽에 보인다.
53 펠리오, 「중국 도자기 역사에 관한 주해(Notes sur l'histoire de la céramique chinoise)」, 『통보』, Vol. 22(1923), 1~54쪽.
54 펠리오, 「중국 고미술에서의 옻칠한 조상들(Les Statues en laque sèche dans l'ancien

것55, 둔황과 비교하면서 상대적 현대성을 보여준 유몰포푸로스 (Eumorfopoulos)56 컬렉션의 프레스코에 관한 연구들이 있다. 한 일반 론적 연구는 중국 예술과 마주한 시베리안 예술을 다루고 있다. 고 대 청동기, 도자기에 관한 기술들은 수집가들뿐만 아니라 역사가들에 게도 귀중한 것들이다. 우리는 이러한 일련의 연구에, 7세기와 9세기 의 조각가나 모형제작자들, 이들의 자세한 전기들, 이들 작품의 작가 추정에 관련된 극동의 문헌 자료들에 관한 비평을 덧붙일 수 있다. 그는 상당히 조심스럽게 정보가 가장 정확한 것으로 보이는 명나라

art chinois)」, 『JA』, 1923, 182~207쪽.

55 펠리오, 『루 씨가 소장한 중국의 고대 옥(Jades archaïques de Chine, appartenant à M. C. T. Loo)』, 파리와 브뤼셀, Librairie nationale d'art et d'histoire G. Van Oest, 1920.

56 조지 아리스티드 유몰포푸로스(George Aristides Eumorfopoulos, 1863~1939): 전문적으 로 중국, 한국, 근동 예술품을 수집한 영국의 동양학자이다. 특히 728년 죽은 당나 라 장군 유정훈(劉定訓) 무덤의 조상(彫像)을 수집한 사람으로 유명한데, 그 유물들 은 현재 대영박물관에서 소장하고 있다. 1819년 농산물 수입회사에서 일했던 그는 1922년 런던 첼시 임뱅크먼트(Chelsea Embankment)에 살면서 박물관 사업으로 전향 했다. 초기에는 중세 유럽과 르네상스 예술 18세기 일본을 포함한 도자기 제품들 에 초점을 맞추었으나 점차 1906년 이후 중국 예술품으로도 확장했다. 마침내 1921년 동양 도자기 학회(Oriental Ceramic Society)를 설립하고 죽을 때까지 회장을 맡았다. 1930년대 대공황으로 소장품 일부를 빅토리아 앤 알버드(Victoria & Albert) 박물관과 대영박물관에 팔기도 했다. 1936년 왕립 아카데미의 버링턴 하우스에서 국제 중국 예술품 전시회를 기획했을 때, 유몰포푸로스는 중국으로 건너가 국민당 정부로부터 자금성의 보물들을 선정하여 빌려오는 일에도 참여했다. 이 컬렉션에 관한 펠리오의 연구는 「홉슨, '조지 유몰포푸로스 컬렉션. 중국, 한국 그리고 페르 시아 도자기 목록'(R. L. Hobson, 'The George Eumorfopoulos Collection. Catalogue of the Chinese, Corean and Persian pottery and porcelain')」라는 제목으로 『통보』, Vol. 24(1926), 268~270쪽에 실렸다. 또한, 둔황 석굴의 프레스코와 비교한 연구로, 「둔황 프레스코와 유몰포푸로스의 프레스코(Les Fresques de Touen-Houang et les Fresques de M. Eumorfopoulos)」라는 논문은 『아시아 예술 리뷰(Revue des arts asiatiques)』, 1928(5), 142~163, 193~214쪽에 실려 있다. 마지막으로 컬렉션의 청동기에 관하여, 「예트 씨가 출판한 '유몰포푸로스 컬렉션의 청동기들'(I과 II)('Les Bronzes de la col- lection Eumorfopoulos' publiés par M. W. P. Yetts (I et II)」라는 글을 『통보』, Vol. 27(1930), 359~406쪽에 발표했다.

말기의 감식가들의 견해를 따라야 한다고 지적했다. 마지막으로 우리가 연대순으로 위치시킬 수 있도록 둔황 그림들에서 추출한 전체적인 구상을 미리 기술해 주었다.

대부분의 아시아 대륙에 펼쳐진 이러한 방대한 작업은 해마다 마르코 폴로의 저명한 저작인 『세계의 기술(Description du Monde)』에 대한 주석을 풍부하게 만들었다. 모울(A. C. Moule)[57]과 펠리오의 주요한 편집본이 1938년 영국에서 출간되었는데, 예고된 4책 중에서 톨레도(Toledo)의 라틴어 판본과 영어본에 할애된 첫 두 책에 해당한다. 1936년부터 콜레주 드 프랑스의 수업 중에 준비된 펠리오의 주석들은 출판을 앞두고 있다.[58] 물론 모든 측면에서 진실은 아니지만, 우리는 소아시아에서 페르시아와 오뜨아지를 경유하여 중국으로, 이어서 중국을 가로질러, 북경에서 운남 또는 복건성까지, 마침내 중국에서 바다를 통해 페르시아로 독자들을 이끄는 모든 지역에 관한 풍부한 정보들을 담은 소중한 기술이 6세기 뒤에 같은 교차로를 다시 가는 학자를 매료시킨 것이라고 이해하고 있다.

---

57 아더 크리스토퍼 모울(Arthur Christopher Moule, 1873~1957): 영국의 성공회 중국학자이다. 1873년 중국 항주에서 태어난 그의 부친과 삼촌들이 중국에서 선교 활동을 하고 있었다. 케임브리지에서 수학한 그는 건축을 전공하여 중국으로 돌아왔지만, 집안의 선교 사업을 계승해야 했다. 북중국에서 4년간 활동하다가 1918년 케임브리지 인근 트럼핑턴(Trumpington)으로 돌아와 중국학자로서의 삶을 살았다. 그의 대표작은 펠리오와 함께 번역한 『마르코 폴로의 세계사 기술(Marco Polo The Description of the World)』이며, 『1550년 이전 중국의 기독교도(Christians in China Before the Year 1550)』는 중국 기독교사를 연구하는데 역작으로 평가된다.

58 『마르코 폴로에 관한 주석(Notes on Marco Polo)』의 1938년 본은 확인하지 못했다. 사후 출간된 I책은 1959년, II책은 1963년, III책은 색인집으로 1973년, 파리, 국립인쇄소, 아드리앙-매종네브(Adrien-Maisonneuve)에서 출판되었다.

그러나 이 작업은 우리를 이미 사후의 저술까지로 안내한다. 원고가 준비되었거나 적어도 편집된 저술들을 출판하기 위해 1946년 르네 뒤쏘(René Dussaud)[59]씨를 회장으로, 한 위원회가 구성된 것으로 알고 있다. 이러한 연구들은 대략 10여 편에 달하는데, 상당한 규모이다. 이들 중 세 편이 출간되었거나 인쇄 과정에 있다. 교황청에 관련된 문집을 제외하고, 대부분이 산만하고 부수적인 간행물들만 대상으로 하는 몽골과 관련된 것들이지만, 콜레주 드 프랑스에서 펠리오가 교육하면서 이들이 그의 관심사에서 얼마나 중심 자리를 차지하고 있는지를 입증해 준다. 그것들은 바로 칭기즈칸 제국의 서쪽 왕국인 금장칸국의 역사[60], 몽골 이전 시기 투르키스탄의 지리, 칼미크(Kalmouk) 역사[61] 등등에 관한 연구들이다. 우리가 이미 언급했던 서안부(西安府)의 비문도 방대한 주석의 대상이 되었다. 그뿐만 아니라 고대 티베트 역사, 캄보디아에 관한 논문을 완전히 수정한 재판[62],

---

59 르네 뒤쏘(René Dussaud, 1868~1958): 프랑스 동양학자로, 특히 히타이트, 후르리인, 페니키아, 시리아의 종교, 역사, 문화를 연구하여 주목할 만한 저술을 남겼다. 1895년부터 수차례 시리아 고고학적 탐사를 수행했다. 루브르 박물관의 큐레이터였고 금석문 분야에서 저명한 감식가였다. 『종교사 리뷰(Revue de l'histoire des religions)』의 공동 회장을 지냈고 1920년에는 『시리아』란 학술지를 창간했다. 1923년 스승인 끌레르몽 가노(Clermont-Ganneau, 1846~1923)를 대신하여 금석문 및 문학 아카데미의 임원으로 들어갔다. 1920년대 후반은 그로젤(Glozel) 유물의 위조 여부를 놓고 소송에 휘말리기도 했다.

60 『금장칸국의 역사에 관한 주석. 'ar'로 끝나는 사람과 민족에 관한 튀르크어 이름들을 조사함(Note sur l'histoire de la Horde d'Or. Suivi de Quelques noms turcs d'hommes et de peuples finissant en 'ar')』, 파리(Librairie d'Amérique et d'Orient, Adrien-Maisonneuve), 1950.

61 『칼미크 역사에 관한 비판적 주석(Notes critiques d'histoire Kalmouke)』, Paris(Librairie d'Amérique et d'Orient, Adrien-Maisonneuve), 1960.

62 펠리오가 1902년 『BEFEO』, 123~177쪽에 발표한 『진랍풍토기(Mémoires sur les coutumes du Cambodge)』를, 미완성의 보충 주석을 붙여 새로 펴낸 『주달관의 진랍풍

알타이어족에 관한 상당한 분량의 주석들, 초기 중국 인쇄술에 관한 논문 등이 있다. 특히, 그가 선호한 저술 같지만, 그가 3년간 작업한 『몽골비사(Histoire secrète des Mongols)』의 편집과 번역[63]이 있다(불행하게 완성하지 못함). 이는 몽골의 언어와 역사에 관한 헤아릴 수 없는 자료로, 칭기즈칸이 죽은 지 겨우 13년 만에 쓰인 것이다. 펠리오는 한문으로 번역된 것을 통해 그 원문을 재구성했다.

이제 우리가 이어가고자 하는 삶의 흐름으로 돌아갈 때이다. 세계 1차 대전은 그를 대위로 다르다넬스(Dardanelles)로 데려갔다. 거기에서 펠리오는 대사관 무관으로 북경으로 갔다. 그다음 블라디보스토크, 이르쿠츠(Irkoutsk)로 갔는데, 그곳에서 자신의 역량을 발휘했다. 1921년 5월 6일 펠리오는 우리 지부에 라스테이리(Lasteyrie) 백작의 후임으로 소환되었다. 당시 43세도 되지 않았지만 누가 이러한 영전이 이르다고 할 수 있겠는가? 이 해부터 1938년까지 학술적 여정이 빠르게 이어졌다. 국제 동양학 대회를 위해 보스턴에, 버링턴 하우스 (Burlington House)[64]와 인도 협회(India Society)의 콘퍼런스를 위해 런

토기(Mémoires sur les coutumes du Cambodge de Tcheou Ta-Kouan)』(파리, Librairie d'Amérique et d'Orient, Adrien-Maisonneuve, 1951)를 말한다.

63 몽골어 원문을 재구성하고 1~4장까지 불어 번역을 실은 『몽골비사(Histoire secrète des Mongols)』로, 1949년, 파리(Librairie d'Amérique et d'Orient, Adrien-Maisonneuve)에서 출간되었다.

64 버링턴 하우스(Burlington House): 런던 메이페어(Mayfair) 피카디리에 있는 건물로, 원래 버링턴 백작(Earl of Burlington) 소유의 팔라디오식 맨션이었다가 19세기 중반에 영국 정부에서 사들였다. 일반인들에게 황실 아카데미의 예술 임시 전시장으로 잘 알려졌지만, 이 건물에는 5개의 중요한 학술협회, 즉 런던 지리학회(Geological Society of London), 런던 린네학회(Linnean Society of London), 황실 천문학회(Royal Astronomical Society), 런던 고고협회(Society of Antiquaries of London), 황실 화학학회

던에, 같은 해 연구소 일로 카이로, 모스코바, 세인트 페테르부르크에, 미국의 여러 대학에서 이루어진 후속 콘퍼런스를 위해 뉴욕, 마드리드, 웁살(Upsal)에 갔으며, 극동으로는 두 차례 갔는데, 그 두 번째는 1936년 런던에서 개최된 중국예술 전시회를 준비하기 위해서였다. 같은 해 영국에 갔고, 하버드, 로마 등등 틀림없이 우리가 기억하지 못하는 곳들이 있을 것이다.

2차 세계 대전은 이러한 펠리오의 이동을 정지시켰지만, 연구 활동은 그렇지 않았다. 그는 자신의 작업을 되돌아보았다. 실뱅 레비가 죽음에 따라 그는 1935년 12월 13일부터 19세부터 참여했던 아시아협회(Société Asiatique)를 이끌었다. 여기에 새로운 영예와 새로운 임무가 추가되었다. 바로 이란 연구 협회(Société des Études iraniennes), 동양 우정협회(Association des Amis de l'Orient), 귀메 박물관(Musée Guimet) 이사회, 고등 한학 연구소(Institut des Hautes Études chinoises)의 회장직을 맡았다. 그는 1927년부터 실질적으로 교육에는 참여하지 않았지만, 고등학술연구원(École des Hautes Études)의 지도교수를 역임했다. 또한, 1939년부터는 『중앙연구원학보(Academia Sinica)』의 통신원을 맡았고, 그 이전에는 세인트 페테르부르크 과학 연구원(Académie des Sciences de Leningrad) 등등의 통신원을 지냈다.

2차 세계 대전 동안 그는 대담한 발언 때문에 파면 또는 구속될 뻔했다. 필요한 허락을 요청하지 않고 그는 아시아협회의 학회를 열어, 레지스탕스를 위한 대학 사회를 규합하는 과정에서 상당한 역할

(Royal Society of Chemistry)가 차지하고 있다.

을 했다. 적이 떠나기 전이었지만 해방의 순간 그는 큐레이터로 있었던 엉네리 박물관(Musée d'Ennery)에서 깃발을 게양했다.

대전이 끝나자 그에게는 시간이 너무 짧았다. 겨우 재개된 대륙간 한 차례의 교류로, 1945년 1월과 3월 사이 미국에 머무르며, 나기아르(Naggiar)[65] 대사를 도와, 버지니아 핫 스프링스(Hot-Springs) 태평양 관계 연구소(Institut des Relations du Pacifique)에서 개최된 콘퍼런스에 참여한 것이 전부이다. 몹시 힘들었던 이 여행에서 돌아오자, 그는 침대에서 일어나지 못하고 1945년 10월 26일 운명했다. 그가 불치의 선고를 받은 것을 납득했는지 묻는 괴로운 물음에 분명하게 대답할 수는 없었지만, 그는 끝까지 의식 상태를 유지했다. 당시 그는 겨우 67세였다.

이와 같은 학술 활동을 요약할 수 있다고 생각하는 것은 분명 부질없고 편치 않다. 몇몇 콘퍼런스를 제외하면 그는 일반 대중을 위한 글을 쓰지 않았다. 그는 어떠한 책도 쓰지 않았다. 그렇지만 그의

---

65 폴 에밀 나기아르(Paul-Emile Naggiar, 1883~1961): 시리아 출신의 프랑스 외교관으로 1926년 상해 총영사로 부임하여 상해 프랑스 조계에 중국인 이사를 참여시키는 등 프랑스 조계의 행정관리 체계를 고쳤다. 이후 1931년까지 오타와에서 총영사로 근무했다. 1933~1935년에는 유고슬라비아 대사로 부임했고, 1934년 유고슬라비아 국왕 알렉산더 1세를 수행하여 마르세이유까지 여행하기도 했다. 이후 체코슬로바키아 대사, 중국 대사(1937~1938), 러시아 대사를 지냈다. 1943년 5월 18일~6월 3일까지 프랑스 대표단을 이끌고 미국 버지니아주 핫 스프링스(Hot Springs)의 식량 농업 기구(Food and Agriculture Organization of the United Nations) 회의에 참석했다. 펠리오가 수행한 것은 바로 이 회의를 말하는 것으로 보인다. 1946 나기르는 유엔 총회 프랑스 대표단과 워싱턴 극동위원회(Far Eastern Commission)의 프랑스 대표를 역임했다.

많은 논문은 두꺼운 책들보다 더 충실한 내용을 갖추고 있다. 그는 자신의 작업을 통해 다른 사람들이 종합해내도록 장려했다. 아시아 역사가 구루쎄(Grousset)[66] 씨도 자신에게 도움을 준 것을 기꺼이 시인했다. 펠리오는 그렇게 할 준비가 되어있지 않았다고 생각했다. 언제나 접근할 새로운 연구들이 필요한 것 같았고, 그가 나아감에 따라, 목표는 더욱 원대해졌으며, 그쪽으로 산재한 자료들이 그를 이끌어갔던 것으로 보인다. 그는 유동적인, 기상천외한, 종종 그 앞에 막 피어난 분야에서 연구했던 것은 사실이다. 20세기 한가운데, 여러 측면에서 그의 작업은 선구자로서의 면모를 갖추고 있다. 죽음의 침묵이 아니라면, 그의 책들이 대단원을 지연시키도록 정확하고 파란을 일으키는 천재성 없이 나타나지 않았을 것이다.

아무도 그와 같은 수준에 오르지 못했던, 완벽한 동양학자로서 그

---

66 르네 그루세(René Grousset, 1885~1952): 프랑스의 역사가이자 아시아 전문학자로 아카데미 프랑세즈의 임원이다. 몽펠리에 대학교에서 역사학을 전공하고, 문화부(Ministère de la Culture et des Communications)산하 예술 분과에 근무했다. 세계 1차 대전에 참전하여 1915년 상처를 입어가며 복무한 뒤, 국립동양언어문화연구학교(INALCO)의 역사와 지리 교수가 되었다. 이어 파리 정치대학(École libre des sciences politiques), 루브르 미술학교(École du Louvre)의 강의를 맡았고, 루브르 박물관의 큐레이터, 1929년부터는 귀메 박물관의 수석큐레이터를 역임했으며, 1933년부터는 체르누치 박물관(Musée Cernuschi) 관장을 역임했다. 이후 아시아저널(Journal asiatique)의 간사와 국립박물관 위원회 임원이 되었다. 1946년 아카데미 프랑세즈에 투표를 통해 임원으로 선출되었다. 여러 차례 재판된 『십자군 역사(L'Épopée des Croisades)』(1934~1936), 『십자군과 예루살렘 프랑코 왕국의 역사(l'Histoire des croisades et du royaume franc de Jérusalem)』는 오늘날까지도 십자군 연구에 참고자료로 활용되고 있다. 또한 『극동아시아 역사(Histoire de l'Extrême-Orient)』(1929)와 『유목제국: 아틸라, 칭기즈칸, 타메를란(L'empire des steppes: Attila, Gengis-Khan, Tamerlan)』(1939)은 중앙아시아 역사와 문화를 연구하는 중요한 자료로 평가된다. 그루쎄는 플레이아데스파 백과사전 (Encyclopédie de la Pléiade)의 세계사편을 이끌었고, 이 작업은 그가 죽은 뒤에 에밀 기욤 네오나르(Émile-Guillaume Léonard, 1891~1961)가 완성하여 1956~1958년에 편집되었다.

는 무엇보다도, 우리가 본 바와 같이, 아시아 문화 상호 간의 연관성을 설정하는데 사로잡혀있었다. 둔황이 그의 삶에서 결정적인 불씨였을까? 그러나 그의 초기 연구 작업이 증명하는 것처럼 얼마 되지 않아 그런 식으로 상황이 전개되었다. 이 중국학자에게는 몽골어와 튀르크어를 배우고, 다른 고대와 근대의 언어들을 잘 활용할 필요가 있었다.

그의 글쓰기 스타일은 분명하고, 완전히 수식과 과장을 배제하여 얼핏 보면 초고와 같다. 독자들은 이러한 지옥행 열차를 타고, 그의 모든 우여곡절을 따라가야 하는 만큼 수월하지는 않지만, 사고는 언제나 새로운 실마리로 들어갈, 순서대로 다른 사람들을 끊임없이 불러들이는 문제들을 해결할 채비가 되어있었다. 주석들은 자기 책의 여백에 써넣은 참조 사항처럼 쓴 작업에서 서로 뒤섞여, 일종의 뚫을 수 없는 그물처럼 자신의 방대한 서가의 요소들을 이어주었다.

이 서가로부터 그는 중요한 저술을 이처럼 주석할 수 있었다. 자일스(Giles)[67]의 인명사전(Biogïaphical Didionary)같은 사전이 완전히 새

---

67 허버트 알렌 자일스(Herbert Allen Giles, 1845~1935): 영국의 외교관이자 중국학자로 토마스 웨이드(Thomas Wade, 1818-1895)의 중국어 표기 방안을 수정 보완하여 웨이드-자일스(Wade-Giles) 표기법을 고안한 사람으로 잘 알려져 있다. 성공회 성직자 집안에 태어난 그는 차터하우스 스쿨(Charterhouse School)을 졸업하고 1867년부터 1892년까지 청나라 영국 외교관으로 근무했다. 1897년 토마스 웨이드 교수를 이어 이른 나이로 케임브리지 대학 중국어 조교수가 되었다(당시 케임브리지에는 중국학자가 없었음). 이 대학에서 35년간을 교수로 재직했지만, 석학회원이 되지 못했다. 1897년 자일스는 『중국인명사전(Chinese Biographical Dictionary)』을 만든 공으로 스타니스라스 줄리앙상(Prix Stanislas-Julien)을 받았다. 당시 여건으로 보았을 때, 이 사전은 대단한 성

로 만들어졌다. 이 같은 색인표는 내용을 확인하고 각 판본을 알려주는 데 필요한 모든 정보와 함께 수많은 텍스트의 분석할 수 있도록 해주었다. 그가 아니었다면 누가 그와 같은 열정으로, 몇몇 독자들만이 따라갈 수 있었던 매우 전문적인 방면에서 아시아협회의 주목을 받을 수 있었겠는가? 그의 주된 연구 대부분이 서평이고 다른 책에 대한 글들이지만, 인쇄상 오류에서부터 반론에 이르기까지 조금씩 그 세부 사항들을 다루었다는 것은 대단한 의미를 지닌다.

그는 전문학자로서 권위를 잘 활용하여 초창기 즉 아마추어들이 영향력을 펼치고 있는 분위기를 정화해야 했던 시기를 제외하면 조금도 논쟁의 여지를 남기지 않았다. 그는 저술의 색인을 갖출 여가 이외에는 어떠한 논쟁의 틈도 없었다. 말하자면 그는 앞으로만 나아갔다. 중앙아시아로부터 돌아온 것을 겨냥하고, 콜레주 드 프랑스에 지원했을 때 실질적인 비방전으로 이어진 비겁한 공격들은 얼마 지나지 않아 매우 명백하게 소멸하였다. 실망한 수집가들의 이러저러한 중상들, 칼 한츠(Carl Hentze)[68] 또는 폰 자흐(von Zach)[69]의 비난들은

과였지만, 그의 또 다른 사전인 『중영사전(Chinese-English Dictionary)』과 마찬가지로 수많은 오류로 점철되어 있다. 이 밖에도 『논어』, 『도덕경』, 『장자』등 중국학 전반에 걸친 번역작업을 남겼지만, 상당히 조심스럽게 접근할 필요가 있다.

68 팔 필립 한츠(Carl Philipp Hentze, 1883~1975): 독일의 중국학자이자 화가로 『Artibus Asiae』의 공동이사를 역임한 것으로 알려졌지만, 그의 학문적 활동에 대한 자료를 찾지 못했다.

69 에르빈 폰 자흐(Erwin von Zach, 1872~1942): 오스트리아-헝가리 제국의 관리 집안에서 태어난 그는 비엔나 대학에 다니다가 건강상의 문제로 1895년 라이덴으로 이사했고, 그 대학에서 네덜란드 중국학자이자 박물학자인 구스타프 슐레겔(Gustaaf Schlegel, 1840~1903)에게 중국어를 배웠다. 이후 만주어, 티베트어를 공부했다. 자흐는 만주어 문법에 관한 논문을 두 편이나 내면서 학계에 진출했으나 외교관으로

더는 유지되지 않았지만, 이들은 독일에서도 어울리는 맞수를 찾아냈다. 펠리오는 "모든 이론과 당파와는 별도로 결과에만 관심이 있다."[70]라고 하였다.

마지막 20여 년 동안 펠리오는 먼저 아시아 예술 분야에서 국제적 전문가로 활동하며 종종 조언해주었다. 이어서 정치적 방면에서 역사와 관련된 현실적 감각은 바람직한 영향력을 만들어 주었다. 신속하고, 확실한 그의 화법은, 어떨 때는 약음기로, 어떨 때는 증폭기로, 시선을 끌었다. 그의 교육 성향과 그것에서 나오는 엄격함은 제자가 없게 만들었다. 그러나 뒤를 잇는 사람도 없었다는 것을 말하지 않

활동을 시작했다. 1901~1907년 북경주재 오스트리아-헝가리 제국 영사관에서 근무했다. 그러면서 그는 서방 학자들이 중국학 관련 선행 연구들을 비평한 『사전편찬 기여(Lexicographische Beiträge)』라는 4권의 책을 출간했다. 바로 이 책으로 1909년 비엔나 대학에서 박사학위를 받았다. 이후 홍콩, 요코하마, 싱가포르 등지에서 외교활동을 하던 그는 1919년 1차 세계 대전으로 오스트리아-헝가리 제국을 위한 외교활동은 중지되었고, 다시 인도네시아 네덜란드령 동인도회사에서 외교활동을 1925년까지 이어갔다. 이 시기에 중국 문학과 번역에 관한 주제의 논문을 많이 발표하였고, 주로 『문선(Die Chinesische Anthologie: Ubers. Aus Dem Wen Hsüan)』과 두보(杜甫), 이백(李白)의 시를 번역하였다. 폰 자흐는 다혈질 성격과 다른 중국학자들에 대한 신랄한 비판으로 그의 연구성과는 유럽에서 퇴색된 편이다. 하지만 그는 극으로 치닫지는 않았고 자신의 연구를 중국 아시아 학계의 주요 저널에 발표하면서 그러한 약점을 만회했다. 1930년대 초 폴 펠리오는 자흐의 거칠고 상대방을 비하하는 글쓰기를 더는 참을 수 없다고 생각했고 『통보』에 논문을 발표하지 못하도록 영구제한시켰다. 자흐의 출판물들은 종종 자신이 '개선(verbesserung)'이라고 부르는 것으로, 다른 학자의 오류를 철저하게 확인하고 비판했다. 그는 반론에 대해 조롱했고 단지 자신만이 옳고 다른 사람은 틀렸다는 식이었다. 이러한 그의 오만함은 학계로부터 소외되었지만, 그의 재능과 시각은 출판되었고 질적으로 인정을 받았다. 1942년 2차 세계 대전이 정점에 이르고 있을 때, 자흐는 69세의 나이로 스리랑카로 가다가 일본 뇌격기의 공격으로 배가 좌초되어 죽었다.

70 『아시아 예술지(Revue des arts asiatiques)』(vol. 6, 1929~1930, 103~122쪽)에 실린 펠리오가 『Artibus Asiae』의 공동이사인 칼 한츠에게 보내는 공개편지에 보인다.

는다. 그의 친구들, 학자 동료들은 그가 진정으로 동양학의 영속성을 확보하기 위해 연구하는 사람들을 도울 진정성을 가졌다고 알고 있다. 이러한 연구들이 보호되어야 할 곳이 필요하며, 문화(연구는 문화의 구성요소임)가 위협받고 있는 오늘날, 그의 부재가 얼마나 절실하게 느껴지는지 모른다. 다소 거친 태도 이면에는 현실적인 관대함과 감수성이 숨겨져 있었다. 그의 오랜 동지였던 앙리 마스페로(Henri Maspero)의 슬픈 죽음을 알리려고 입에 올린 감동적인 단어들을 그 누구도 잊지 않을 것이다.

한마디로, 그를 가까이했던 사람들의 가슴에 남겨질 무게감이다. 불굴의, 타협하지 않는 정신력이다. 과도하게 허용된 물리적 힘, 다른 누구보다도 유해했던 작업 능력이다. 몇 번이나 그의 책들 속에서 여명을 느꼈던가? 펠리오는 "잠을 잘 여행의 시간은 있다."라고 말했다. 이는 문헌학적 노력 속에 투영된 행동가의 기질, 즉 여유로움과 숙련성, 열정 그리고 생활 규범이다. 너그럽게 하는 말이지만, '천재적(génial)'이라는 단어가 우리가 여기에서 소개한 연구들 속에서 그 의미를 유지할 수 있다면, 나는 주저 없이 폴 펠리오에게 적용할 것이다.

부록

TOUEN-HOUANG - Le Ts'ien-fo-tong à hauteur du temple où nous logions.

▋ 참고 사진 1. 『둔황 석굴(Les grottes de Touen-Houang)』 제1책, 사진 VII. 이 사진 아래에는 "우리가 묵었던 곳과 같은 높이의 천불동"이라는 설명이 달려 있다.

▌참고 사진 2. 『둔황 석굴(Les grottes de Touen-Houang)』 제1책, 사진 CCCLV. 사진 아래에는 "모래언덕 한중간에 있는 반달 모양의 호수"라는 설명이 달려 있다.

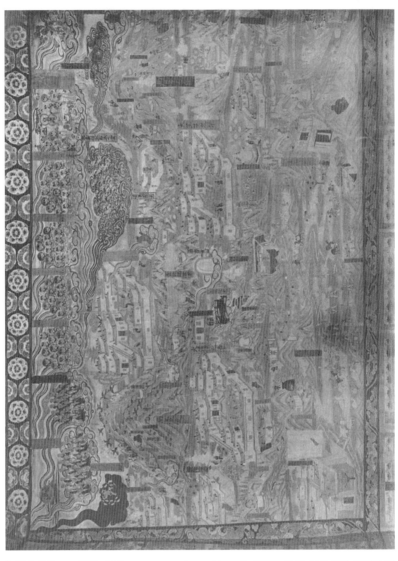

▎ 참고 사진 3-1. 『둔황 석굴(Les grottes de Touen-Houang)』, 제4책, 117호 석실 주벽, 오대산 지
도, 사진 CCXXI

참고 사진 3-2. 『둔황 석굴(Les grottes de Touen-Houang)』 제4책, 117호 석실 주벽, 오대산 지도, 사진 CCXXII

■ 참고 사진 3-3. 『둔황 석굴(Les grottes de Touen-Houang)』, 제4책, 117호 석실 주벽, 오대산 지
도, 사진 CCXXIII

참고 사진 3-4. 『둔황 석굴(Les grottes de Touen-Houang)』 제4책, 117호 석실 주벽, 오대산 지도, 사진 CCXXIV

▌ 참고 사진 3-5. 『둔황 석굴(Les grottes de Touen-Houang)』 제4책, 117호 석실 주벽과 천정, 사
진 CCXXV

▌참고 사진 4. 『둔황 석굴(Les grottes de Touen-Houang)』 제6책, 천불동의 한 석실에서 의식을 거행하고 있는 승려, 사진 CCCLXXI

탈고하고 둘러보니 처음 의도했던 것과는 달리 자꾸만 욕심이 생겼다. 그것은 이렇게 구성한 책이 펠리오 연구의 한 부분만 보여주는 것에 그치기 때문이리라. 펠리오의 전체 연구 활동을 연대순으로, 연보를 작성하듯, 일목요연하게 볼 수 있도록 만들어 붙이고 싶었다. 아무래도 진행 중인 이 작업은 다음으로 미루어야 할 것 같다. 펠리오의 굵직하고 분량이 많은 것들은 여러 번 읽고 번역도 해두었지만, 작은 논문들은 아직 독서가 미흡하다. 다음에는 중국의 예술에 관한 연구를 역주해 출간했으면 한다. 그렇게만 된다면, 펠리오의 연구는 어느 정도 그 대략을 가늠할 수 있을 것이다.

여기 글들을 역주하면서 아들과 아들의 친구인 조다민 군에게 약간의 신세를 졌다. 아들에게 나는 이렇게 공부하는 사람이라고 '폼' 좀 잡고 싶었는데, 아들은 중국에 졸업여행 갔던 것이 전부이다. 나의 이 책을 들고 읽을 아들의 얼굴을 떠올려 보니 웃음이 돈다. '공부'하는 아비를 만나, 이런저런 눈치 보며, 혼자 커 버린 아들에게

미안한 마음이 크다. 해와 달도 같은 시간에 보지 못하는 먼 공관이지만, 동서양을 이어주었던 아랍문화에 사는 만큼, 이 책을 보고 조금이라도 지적 여행의 설렘이 무료한 밤을 달래주지 않을까 하는 마음에 이 책을 배에 실어 보낸다.

메토도스 인문과학연구소에서

2020년 9월 30일

추석 전야에 역자 씀.

찾아보기

지은이 **폴 펠리오**(Paul Pelliot, 1878~1945)

프랑스 동양학자이자 언어학자이다. 에두아르 샤반느(Édouard Ch
avannes)의 소개로 저명한 동양학자 실뱅 레비(Sylvain Lévi)의 제자
가 된다. 어학 능력이 뛰어나 중국어, 만주어, 몽골어, 티베트어, 아
랍어, 페르시아어, 튀르크어 등 13개 언어를 구사했다. 극동프랑스학
교(École Française d'Extrême-Orient)의 유급연구생이 되어 1900년
하노이로 갔고, 곧바로 중국 도서를 확보하기 위해 북경으로 여행했
다. 마침 의화단 사건이 발발하여 프랑스 대표부를 방어하는 군사작
전에 참여했는데, 그 공로로 레지옹 도뇌르 훈장을 받았다. 이후 겨
우 23세의 나이로 극동프랑스학교 중국 문학 교수가 되었다. 1906년
6월 중앙아시아 탐사대를 이끌고 카슈가르에 도착하여, 툼슈크, 쿠
차, 투루판, 둔황 막고굴을 탐사했다. 둔황 장경동에서 일일이 확인
하며 선별한 6,000여 필사본을 얻어냈다. 이러한 펠리오의 행운과
탁월한 혜안은 프랑스를 유럽 중국학의 중심으로 이끌었고, 20세기
동서양의 중국학계를 둔황학으로 향하게 했다. 1909년 프랑스로 돌
아온 1911년부터 그는 콜레주 드 프랑스(Collège de France)에서 중
앙아시아, 역사, 문화, 언어의 교수로 활동했고 1920년부터는 유럽
중국학의 산실인 『통보(T'oung Pao)』를 앙리 꼬르디에(Henri Cordier)
와 함께 편집했으며, 이듬해에는 금석문 및 문학 아카데미(Académie
des Inscriptions et Belles-Lettres)의 임원으로 선출되었고 1930년부
터는 파리 엉네리(Ennery) 박물관장을 역임했다.

옮긴이 **박세욱**

프랑스 E.P.H.E. IV(파리 소르본)에서 둔황 문학과 예술로 박사학위
(2001)를 받고, 귀국하여 동서양 문화교류를 중심으로 연구하고 소개
하는 일에 전념하는 독서인이다. 역서로는 『돈황이야기』(공역), 『실크
로드』, 『중국의 시와 그림 그리고 정치』(공역) 『안득장자언』, 『바다의
왕국들: 제번지 역주』, 『정원에 물을 주며(관원 선생 문집)』, 『8세기 말
중국에서 인도로 가는 두 갈래 여정』 등이 있다.